U0567949

东西中国

贺雪峰 等 著

中国人民大学出版社
·北京·

总　序

谢富胜*

党的十八大以来，以习近平同志为核心的党中央高度重视县域工作。习近平总书记强调："要把县域作为城乡融合发展的重要切入点，推进空间布局、产业发展、基础设施等县域统筹，把城乡关系摆布好处理好，一体设计、一并推进。"①实施乡村振兴战略，是党的十九大作出的重大决策部署，是新时代"三农"工作的总抓手。中共中央办公厅、国务院办公厅2022年发布《关于推进以县城为重要载体的城镇化建设的意见》，明确提出"以县域为基本单元推进城乡融合发展"②。党的二十大提出，着力推进城乡融合发展，深入实施新型城镇化战略。如何以县域为基本单元推进城镇化建设，做好乡村振兴工作，需要在实践中和理论

---

* 中国人民大学出版社总编辑、中国人民大学经济学院教授。

① 习近平．坚持把解决好"三农"问题作为全党工作重中之重 举全党全社会之力推动乡村振兴．求是，2022（7）：16.

② 中办国办印发《关于推进以县城为重要载体的城镇化建设的意见》．人民日报，2022-05-07（1）.

上进行长期的探索。

近年来，由于国内外形势的变化，我国原有的经济增长模式受到了冲击，国内大循环的重要性凸显，与此同时，一些地方社会展现出令世人瞩目的活力。一、二线城市不能完整反映中国的全貌，千差万别的县乡才更具“中国味”、更代表真实的中国。中国经济社会的韧性、潜力、活力在很大程度上源于县乡。县乡的繁荣、活跃、稳定不仅是县乡经济发展的需要，也是中国经济高质量发展的需要，更是县乡群众获得幸福感的需要。人口、人才、资金、教育资源、医疗资源等向大城市过度集聚会带来一系列负面效应。县乡与大中城市的发展并行不悖、相辅相成，县乡并不是大中城市的附庸，而有自己的主体性。在中国经济发展中，以大城市为核心的城市群是龙头，县乡是战略纵深，二者应该齐头并进、互相成就。发展县域经济、推进以县城为重要载体的城镇化建设已于 2020 年 10 月明确写入《中共中央关于制定国民经济和社会发展第十四个五年规划和二〇三五年远景目标的建议》。

2015 年 6 月 30 日，在会见全国优秀县委书记时，习近平总书记讲道：“郡县治，天下安。我多次讲过，在我们党的组织结构和国家政权结构中，县一级处在承上启下的关键环节，是发展经济、保障民生、维护稳定的重要基础，也是干部干事创业、锻炼成长的基本功训练基地。”[①]在实现中华民族伟大复兴的征途

---

① 习近平 . 做焦裕禄式的县委书记 . 北京：中央文献出版社，2015：66-67.

中，我们将面临惊涛骇浪和各种艰难险阻，需要千千万万的社会主义建设者和接班人进行伟大斗争。县乡是培养建设者和接班人的丰厚沃土，焦裕禄、谷文昌、杨贵就是从县乡群众中成长起来、带领群众艰苦创业、在群众中享有崇高威望的优秀干部的典型代表，未来还会有大量的领导干部从县乡走出。就党群关系来讲，县乡群众与基层政府打交道多，群众对党和政府最切身的体会就来自他们与县乡干部的互动。

与过去的乡土中国相比，今天的中国已发生天翻地覆的变化，进入以城市型社会为主体的阶段。但我国目前依然有1 800多个建制县，分布在广大的疆域中，而且我国有一半左右人口生活在县域，大城市中的许多居民、外来务工人员与县乡也有千丝万缕的联系。县乡社会中蕴含着推动社会进步的巨大能量，县乡中有大量鲜活的实践经验需要总结、提炼、升华，县乡中有许多时代问题需要回答，县乡也比大中城市保留了更多的地域文化传统。调查县乡、研究县乡，将有助于中国化时代化的马克思主义在中国大地落地生根、深入人心，有助于实现马克思主义基本原理同中国具体实际相结合、同中华优秀传统文化相结合。

基于上述种种，我们计划出版县乡中国系列图书。该系列图书定位为基于田野调查的、问题导向的、以学术为支撑的高品质学术大众图书，每种图书都以中国广大县域为研究范围，呈现县乡大地上发生的活生生的事实，回应领导干部、学术界、社会大众重点关注的县域现象和问题，并提出可操作的解决方案。

该系列图书是开放性的，其开放性包括以下几个方面：一是研究主题的开放性，包括教育、养老、女性、青年成长、经济发展等县域中的重要主题；二是所涉学科的开放性和交叉性，涉及社会学、政治学、经济学、公共管理等学科；三是写作风格的开放性，写作风格上倡导百家争鸣、不拘一格，尊重作者的创作主体性，鼓励作者进行创新；四是作者的开放性，我们希望与在县乡领域既有深入研究又致力于田野调查的优秀学者合作；五是对策的开放性，力求对县乡热点问题提出开放性、创造性的解决思路。我们致力于将该系列图书打造成品质一流、能引领学术潮流的原创学术大众图书。在出版节奏上，我们不追求短时间内出齐，而是陆续推出，成熟一本出版一本。

我们推出县乡中国系列图书，既是为了帮助社会各界尤其是青年人深入了解县域国情，帮助从县乡走出的读者了解家乡的发展变迁，也是为了服务于政策制定和创新，给各级干部实事求是地开展工作带来启发和助力。该系列图书的大部分基于作者们扎实的田野调查和深厚的学养写成，关注就业、教育、养老等群众急难愁盼的具体问题，用通俗易懂的语言揭示县域各个方面的真实情况，探寻现象背后的规律和本质，提出建设性的思路和办法。2023 年 3 月，中共中央办公厅印发了《关于在全党大兴调查研究的工作方案》。县乡中国系列图书正是这一文件精神的体现。

2022 年 4 月 25 日，习近平总书记在中国人民大学考察时强调：“加快构建中国特色哲学社会科学，归根结底是建构中国自主的知识体系。”①社会科学的中国化和社会科学自主知识体系的建构是当前与未来我国学术界的奋斗方向。社会科学的基本概念、理论、范式来自对社会现象的总结和提炼，县乡中国系列图书扎根中国县域社会，以学术的方式讲故事、讲道理，希望能给学术界带来鲜活的事实和理论，促进中国自主的知识体系的建构。

我们将以饱满的热情和专业的能力做好这一系列图书的编辑出版工作，也真诚地期待这一系列图书能够助力我国的乡村振兴和县域高质量发展。

2023 年 7 月

---

① 坚持党的领导传承红色基因扎根中国大地 走出一条建设中国特色世界一流大学新路．人民日报，2022-04-26（1）.

目　录

导论

第1章

东西中国：中国区域差异的经济视角

党的二十大报告全面深刻地阐述了中国式现代化理论。报告指出，中国式现代化是人口规模巨大的现代化。我国十四亿多人口整体迈进现代化社会，规模超过现有发达国家人口的总和，艰巨性和复杂性前所未有，发展途径和推进方式也必然具有自己的特点。我们始终从国情出发想问题、作决策、办事情。深刻认识国情，为中国式现代化的推进提供理论洞见，是学界的重要使命。中国最大的国情之一是地域广大，不同区域发展不平衡。深刻认识中国区域差异，理解区域发展不平衡的内在规律，尊重规律，才能更好地推进城乡融合和区域协调发展，推进中国式现代化，实现中华民族伟大复兴。

中国人口众多，地域广大，不同地区情况差异极大，对中国的认识不能只停留在笼统总体的层面，而需要深入区域层面。笔者最近二十多年一直在全国农村调研，发现中国农村有两个十分重要的区域差异：一个是村庄社会结构层面的南北差异，另一个是经济发展水平层面的东西差异。

从村庄社会结构层面来看，中国村庄可以分为三种类型：宗族主导型村庄（团结型）、小亲族主导型村庄（分裂型）、原子化村庄（分散型）。这三种类型的村庄具有显著的区域分布特征，其中宗族主导型村庄主要分布在华南地区，如广东、广西、福建、海南，以及南方的江西、鄂东南、湘南、浙南地区。简单地说，中国南方地区村庄多为宗族主导型村庄。小亲族主导型村庄中往往存在众多以五服血缘关系为限的户族等血缘联结，不同小亲族之间合纵连横，在村庄中既团结又斗争，形成了与聚族而居的南方宗族地区完全不同的村庄结构。小亲族主导型村庄主要集中在华北、西北地区，尤其在黄淮海地区，村庄小亲族结构清晰有力，具有典型特征。华北和西北地区农村可以统称为北方农村。长江流域村庄的典型特征则是村庄内缺少强有力的建立在血缘关系基础上的行动单位，甚至兄弟之间也相互独立，自己对自己负责，村庄高度原子化。这类村庄缺乏超出家庭的血缘联结，村庄结构与南方团结型村庄和北方分裂型村庄不同，是分散型村庄。长江流域大致介于南北之间，属于中部地区，中部地区多为原子化村庄。东北地区迟至晚清才开始大规模开发，村庄内部社会结构相对简单，村庄规范约束力比较弱，村庄社会原子化程度很高，其社会结构与长江流域十分类似，多为原子化村庄。从村庄社会结构来看，长江流域和东北地区可以统称为中部地区。依据村庄社会结构，可以将中国村庄划分为南方宗族主导型村庄、中部原子化村庄和北方小亲族主导型村庄，由此形成对中国南方、中部、北方农村的区域性认识。村庄社会结构不仅会影响村庄中每个人的心理与行为模式，而且会极大地影响村庄治理面貌，以及与村庄以外的政策、法律、制度对接的方式①。

中国农村还存在着另外一个区域差异，即与区域经济发展水平、发展方式以及发展路径有关的区域差异。这种区域差异首先表现在地区经济发展水平与发展方式的差异上，这些差异又会影响村庄社会分层以及村民的行为模式。简单地说，当前中国农村已经形成具有显著特征的东西差异，其中东部沿海地区已经形成沿海城市经济带，沿海城市经济带内的农村实际上已成为城市经济的内在组成部分，村庄具有发展二、三产业的条件。广大中西部地区农村则已失去在村庄发展二、三产业的机会，农村人口流出，出现了“空心化”“老龄化”现象。与东部沿海地区农村仍然保持繁荣相比，中西部地区部分农村日益萧条。

本章拟讨论当前中国东西（特别是农村）差异的现状、成因与影响。

一、中国经济的东西差异

中国经济重心集中在东南地区。著名的胡焕庸线，即从黑龙江黑河到云南腾冲画一条线，线东南侧以占全国 43.18% 的国土面积集聚了全国 93.77% 的人口，创造了 95.7% 的国内生产总值

---

① 具体讨论可以参见贺雪峰 . 论中国农村的区域差异：村庄社会结构的视角 . 开放时代，2012（10）.

（GDP），压倒性地显示出高密度的经济、社会功能[①]。

除胡焕庸线差异以外，当前中国经济还具有显著的东西差异，其中最为重要的是，东部沿海地区以相对较小的地域面积集聚了大量的人口和创造了巨大的 GDP，这里所指的东部沿海地区远远小于胡焕庸线的东南侧。东部沿海地区以外的中西部地区，包括了胡焕庸线东南侧大部分地区和整个胡焕庸线西北侧地区，面积巨大，人口与 GDP 则相对不够集中。

按国家统计局的划分，我国大陆区域整体上划分为三大经济地区（地带）。这三大经济地区由于自然条件与资源状况的不同而有着各自不同的发展特点。按国家统计局的统计，2020 年年末东中西部地区的面积、人口和 GDP 情况见表 1–1。

根据国家统计局的数据，东部 11 个省市，以 11.2% 的国土面积，承载了全国 43.26% 的人口，创造了全国 54.55% 的 GDP；中西部地区则以 88.8% 的国土面积承载了全国 56.74% 的人口，创造了全国 45.45% 的 GDP。

表 1–1　2020 年年末中国东中西部地区基本情况

	人口（亿人）	GDP（万亿元）	面积（万平方公里）	包含省级行政区
东部地区	6.10（43.26%）	55.10（54.55%）	106.80（11.20%）	北京、天津、河北、辽宁、上海、江苏、浙江、福建、山东、广东、海南

① 中国科学院国情分析研究小组 . 生存与发展 . 北京：科学出版社，1989.

续表

	人口（亿人）	GDP（万亿元）	面积（万平方公里）	包含省级行政区
中部地区	4.20（29.79%）	24.60（24.36%）	281.80（29.55%）	山西、内蒙古、吉林、黑龙江、安徽、江西、河南、湖北、湖南
西部地区	3.80（26.95%）	21.30（21.09%）	565.10（59.25%）	重庆、四川、广西、贵州、云南、西藏、陕西、甘肃、宁夏、青海、新疆

数据来源："国家数据"，国家统计局网站，https://data.stats.gov.cn/easyquery.htm?cn=E0103。

注：括号里是各地区数据占全国总数的比重；该统计不含港澳台地区。

从国家统计局的数据看，东部地区与中西部地区在人口和经济密度上存在显著差异。计算下来，东部地区人口密度与GDP密度分别约为中西部地区的6倍和9.5倍。若按人均GDP来计算，东部地区只约为中西部地区的1.6倍，虽然存在差距，却没有那么显著。

国家统计局划分东中西部地区在很大程度上是依行政区域和行政区位进行的，不能准确反映当前中国人口与经济的区域分布，因此还有各种更加具体的划分。如果将被国家统计局划分为东部地区但经济发展相对滞后的省区不算作东部沿海发达地区，而算作东部沿海发达地区以外的中西部地区，则留在东部沿海发达地区的省级行政区就只有北京、天津、上海、江苏、浙江、福建、山东和广东，共五省三市。

2021 年东部沿海发达地区五省三市的地域面积、人口与 GDP 情况见表 1-2。可以看出，东部沿海发达地区五省三市以 7.2% 的国土面积承载了全国 34% 的人口，创造了全国 47.75% 的 GDP。以上东部沿海发达地区情况统计是以省级行政区划为单位的。众所周知，省级行政区划内不同地区经济发展也是不平衡的，尤其是广东、山东两省，省内经济发展相当不平衡。广东省人口和经济重心集中在珠三角地区，珠三角地区的总面积为 5.5 万平方公里，占全省面积不到三分之一，而 GDP 占全省的比重为 80%，人口占全省的比重为 60%。山东省人口和经济重心集中在沿海地区，鲁西南、鲁南、鲁西地区经济相对欠发达，而面积占全省一半以上。同样，江苏的苏南、苏中经济远比苏北发达，浙江面积较大的丽水、衢州两市相对不够发达，福建的闽北地区远不如闽南发达。也就是说，在东部沿海发达地区的五省三市中，主要人口和 GDP 其实也只集中在小部分地区。计算下来，全国 40% 左右的 GDP 和接近 30% 的人口，集中在面积不到 5% 的国土上，这就是当前中国人口与经济分布的大致情况[①]。

① 在东部沿海的五省三市中，除经济最为发达的北京、天津、上海、江苏、浙江外，对福建、山东和广东三省只选取 GDP 超五千亿元的城市进行计算，加总后得出，2021 年这些省市 GDP 总量为 45.7 万亿元，占比 40.1%；人口加总为 3.52 亿人，占比 25%，接近 30%；面积加总为 37.18 万平方公里，占比近 4%，不足 5%。数据源自各省市人民政府网站，由于涉及省市过多，不逐一列出。

表 1-2 2021 年东部五省三市基本情况

	北京	天津	上海	江苏	浙江	福建	山东	广东	合计	占全国比例
面积（万平方公里）	1.68	1.13	0.63	10.26	10.20	12.13	15.38	18.00	69.41	7.20%
人口（亿人）	0.22	0.14	0.25	0.85	0.65	0.42	1.01	1.26	4.80	34.00%
GDP（万亿元）	4.10	1.57	4.37	11.74	7.40	4.96	8.29	12.44	54.87	47.75%

数据来源："国家数据"，国家统计局网站，https://data.stats.gov.cn/easyquery.htm?cn=E0103。

东部沿海发达地区人口与经济高度密集，除了因为工业化本身要求规模经济和经济聚集以外，还与改革开放以后中国加入世界经济体系（如加入世界贸易组织）、承接世界制造业产能、成为“世界工厂”有关。改革开放以来，国家优先开放沿海地区，设立经济特区，政策上允许先行先试，而东部沿海地区具有远优于中西部地区的加入世界经济体系的优势（海运是重要因素）。沿海地区率先加入世界经济体系，成为“世界工厂”。珠三角地区和长三角地区出口导向的制造业蓬勃发展，吸引了全国劳动力与世界资本，在相对有限的地域范围内实现了人口高度聚集和经济快速成长。结果，东部沿海地区几乎所有土地上都建设了二、三产业，或者说沿海几乎所有土地都适合二、三产业发展。

早在 20 世纪 70 年代，以苏南为代表的中国农村就已开启乡村工业化之路，典型举措是发展乡镇企业。浙江则是以小作坊为典型代表的民营企业快速发展。乡村工业化和乡镇企业发展早期是服务于国内市场的。改革开放初期，中国工业品短缺，在卖方市场条件下，乡镇企业提供了大量社会稀缺工业品，既满足了社会需要，丰富了市场，还为农民集体和个人赚取了利润。随着中国加入世界贸易组织，融入世界经济体系，沿海乡村工业很快就成为面向世界的制造业，中国成为“世界工厂”，长三角和珠三角地区成为“世界工厂”最重要的“车间”。

随着中国经济持续发展，珠三角和长三角地区产业逐渐饱和，开始淘汰“落后产能”，实现“腾笼换鸟”。随着政策优惠逐渐减少，地价和劳动力价格上涨，附加值相对较低的“落后产能”逐步搬离东部沿海发达地区的核心区域，其中一部分转移到越南、印度等国家，还有一部分向中西部地区转移。东部沿海地区拥有极其强大的产能，中西部绝大多数地区不再可能复制沿海地区的工业化道路。

换句话说，东部沿海地区的“世界工厂”之路无法被中西部地区复制。中西部地区可能承接东部沿海地区淘汰下来的部分“落后产能”，也可以在区域中心城市发展高附加值的产业，却不再可能复制沿海农村工业化模式。东部沿海地区拥有强大的产能及高度密集的人口与经济，中西部地区缺乏模仿东部沿海地区经验的市场条件。东部沿海地区与中西部地区的发展走上了两条不同的道路。东部沿海地区形成包括农村在内的庞大沿海城市经济带，这个城市经济带内的农村实际上已经二、三产业化了，是城市经济体系的内在有机组成部分。中西部地区农村大体上失去了工业化的可能，农民离开村庄，进入城市寻找二、三产业的就业机会。东部沿海地区农村经济仍然保持繁荣，中西部地区农村经济则日渐衰落。

二、东部城市经济带与县域经济

早在 20 世纪 70 年代人民公社后期，国家就提倡发展农村“五小”产业，到 80 年代，乡镇企业蓬勃发展，乡镇企业产值很快就占据农村经济半壁江山。全国乡镇企业有不同的形态，典型的有苏南乡村集体举办的乡村工业，浙江以家庭小作坊为代表的民营企业，珠三角靠“两头在外”发展起来的“三来一补”工业。乡镇企业让农民“离土不离乡，进厂不进城”，实现了就地工业化。在全国工业品短缺的背景下，乡镇企业迅猛发展。到 90 年代，随着短缺经济的结束，乡镇企业由盛转衰，大量关停。

乡镇企业的重要性在于为农村工业化提供了可能。一方面，乡镇企业的发展占用了大量农村集体土地，土地非农化使用为后来乡村发展二、三产业提供了土地保障；另一方面，乡镇企业的发展为农村工业化提供了资金、技术、人才乃至基础设施条件。正是借助乡镇企业发展积累下来的优越条件，中国加入世界贸易组织后，依靠出口导向型经济和中国制造的巨大优势，沿海发达地区实现了从主要面向国内市场的乡镇企业到主要面向国际市场的现代制造业的华丽转身。

简单地说，虽然全国农村在20世纪80年代都出现了兴办乡镇企业推动乡村工业化的热潮，却只有东部沿海地区借出口导向的有利时机与良好的地缘条件，实现了乡村工业由内循环向外循环、由模糊产权向现代产权的转换。结果就是，进入20世纪90年代，全国中西部地区农村乡镇企业大量关停，乡村再次“去工业化”，东部沿海地区乡村工业却迎来新的发展高潮。以出口为导向，建立在招商引资基础上和建立了现代企业制度的东部沿海地区成为“世界工厂”的主要“车间”，乡村工业化，农村变成城市的内在组成部分，城乡界限变得模糊。体制上仍然是农村，比如土地是农村集体所有，但这些土地已经非农使用，成为后来所谓的集体经营性建设用地。

中国加入世界贸易组织，融入世界经济体系，成为“世界工厂”，东部沿海地区利用优越条件吸引资本和劳动力，持续发展工业，形成了不分城乡的全域工业化，区域内基础设施、产业配套逐步完善，具备发展二、三产业的良好条件。这也正是东部沿海地区只用不到5%的国土面积就承载了全国接近30%的人口和创造了全国40%左右的GDP的原因。

农村工业化，以及不分城乡的持续经济成长，在东部沿海地区形成了有利于二、三产业发展的全域条件，其农村地区虽然体制上仍然属于农村，但是实际功能上早已变成城市的有机组成部分，东部沿海地区形成了规模庞大的城市经济带。在这个城市经济带内的农村仅仅是体制上带有农村特征，实际功能与城市无异。

正是由于农村工业化，大量农地非农使用（包括已经征收为国家建设用地的和仍然属于集体经营性建设用地的），县域二、三产业快速发展并可以提供大量二、三产业就业机会，吸引劳动力流入。

作为东部沿海城市经济带内在组成部分的东部沿海地区县域经济具有良好的二、三产业发展条件。尤其重要的是，其县域范围有大面积的土地，之前土地主要用于农业，而农业能创造的GDP和吸纳的劳动力都十分有限。现在县域农地非农使用，就可以容纳规模极为巨大的二、三产业，东部沿海地区县域经济因此就有了巨大的发展潜能。例如，紧邻上海的苏州工业快速发展，前提是苏州总面积达8 657平方公里，比上海的面积（6 340平方公里）还要大，其中苏州市代管的县级市昆山市面积达931平方公里，如此巨大的面积带来发展二、三产业的巨大空间。2021年上海的GDP为4.32万亿元，苏州为2.27万亿元，昆山也突破了4 700亿元[①]。同样，紧邻深圳的东莞工业也快速成长，1988年东莞由县级市升格为地级市。东莞同样拥有广阔的土地，

① 数据来源："统计数据"，上海市统计局网站；"统计数据"，苏州市统计局网站。

深圳国土面积为 1 997 平方公里，东莞为 2 460 平方公里。2021 年深圳的 GDP 为 3.07 万亿元，东莞也有 1.09 万亿元[①]。

正是借助沿海城市经济带的优势，中国东部地区县域经济规模将中西部地区远远甩到后面。2021 年全国百强县前 30 名中，江苏占 13 席，浙江占 7 席，福建占 3 席，山东占 2 席，剩下 5 席基本上是中西部地区省会城市所辖县市和资源型县市。之所以广东没有进入前 30 名的县市，是因为珠三角地区县市都已经直接升格或变成市辖区，不再纳入百强县排名。东莞过去是县级市，其 GDP 是百强县之首昆山市的两倍多，深圳市南山区 2021 年 GDP 也有 7 600 多亿元[②]，远远超过昆山市 2021 年 4 700 亿元的规模。

发达的县域经济，良好的基础设施，完善的产业配套，家门口的二、三产业就业机会，造就了当前中国东部沿海发达地区不分城乡的全域城市化，形成了沿海城市经济带。东部沿海发达地区农村本质上是城市的内在组成部分，与中西部地区农村有本质差异。

---

① 数据来源：“统计数据”，深圳市统计局网站；东莞市 2021 年国民经济和社会发展统计公报，东莞市人民政府网站。

② 数据来源：深圳市南山区 2021 年国民经济和社会发展统计公报，深圳市南山区人民政府网站。

三、中西部地区的城市化与县域经济

从全国层面来看，当前中西部地区农村工业化基本上已无可能。由于农业收入有限，农民要提高收入水平就必须进城务工经商，因此开启了中国农村高速城市化的浪潮。刚开始只是农村剩余劳动力进城务工经商，很快，进城后获得了稳定就业与收入机会的农户就可能全家进城。中国城镇化率由 2000 年的 36.2% 快速上升到 2021 年的 64.7%。

农民进城的目标是在城市获得稳定的就业机会与较高的收入，从而可以在城市体面安居。相对来讲，沿海发达地区和大中城市才有较多高收入的就业机会，而中西部县域经济很难为进城农民提供充分就业的机会。农民主要进入沿海发达地区和大中城市务工经商，但他们的收入却不足以在这些有较多就业机会的城市体面安居。进城农民大多在老家县城买房，由此造成农民工作地点与买房地点的分离。这个分离再加上往往只是青壮年劳动力进城而其年老父母留村，就形成当前中西部农村普遍存在的老人留村务农、年轻人到沿海地区务工、上学儿童由家长陪同在县城接受相对较好教育的“一家三制”的现象[①]。

当前，中西部地区很少有县能成为全国百强县，即使能上百

① 张一晗．教育变迁与农民“一家三制”家计模式研究．中国青年研究，2022（2）.

强县榜单，也大多是省会城市所辖县市或资源型地区，比如湖南长沙县、浏阳市和宁乡市就是省会长沙市代管的三个县（县级市），陕西神木是全国煤炭资源最多的县。既缺少诸如省会城市等特大城市依靠，又缺少资源的县域经济，不具备发展现代制造业的条件，其经济规模太小，产业配套、基础设施和技术服务水平很难为现代制造业提供发展所需最低限度的条件。

相对来讲，中西部以省会城市为代表的特大城市具有良好的产业配套、基础设施和技术服务水平，可以为现代制造业提供良好的发展条件。除省会城市以外，中西部地区还有大量以地级市为代表的区域中心城市，比如中部地区省会以外的第二大城市，GDP 往往也在五千亿元量级，这个量级区域中心城市也可以为现代制造业提供发展所需的条件。

当然，中西部地区还有大量经济规模在一千亿元量级的地级市，和大量经济规模在一百亿元量级的县。从目前的情况来看，一千亿元经济规模量级的地级市还很难成为区域中心城市，难以为现代制造业提供较为可靠的发展条件。一个地级市往往下辖五六个甚至上十个县，中西部一百亿元量级的县就更不可能为现代制造业提供发展所需的条件了。

现在的问题是，在东部沿海城市经济带和中西部省会城市、区域中心城市所容纳的现代制造业以外的过剩产能，向其他一般地级市和县城转移时，如果鼓励县城与地级市竞争，有限的产能在市县之间分散布局，结果很可能是县城因规模太小难以支撑现代制造业的发展，而在县城参与竞争的情况下，地级市经济规模也迟迟难以上去，无力为现代制造业提供合适的发展条件。也就是说，东部沿海城市经济带、中西部省会城市和区域中心城市以外的制造业产能相对有限，若将这些有限的产能分散在中西部地级市和县域布局，结果很可能是县城没有发展起来，地级市又垮下去了。从这个意义来看，当前中西部地区应当重点支持地级市的产业发展，使其成长为可以有效承接现代产业尤其是现代制造业的区域中心城市。中西部地区县城发展现代制造业的空间不大、机会不多，绝对不可能每个县城都成为制造业中心。集聚和集中本来也是制造业和现代产业发展的规律。

现代制造业的重要性在于可以提供第二产业的就业机会，只有有了大量制造业就业，才可能有第三产业发展机会，城市也才可能为进城农民提供大量就业机会。

县城一旦难以有效容纳现代制造业，就不可能为进城农民提供稳定且收入较高的就业机会。中西部地区农民即使在县城买房，也无法在县城就业，甚至越是在县城买了房，他们就越要到就业机会多、工资收入高的沿海地区务工，以及越要保留父母在农村的务农机会。

这样看来，当前中西部地区绝大多数县域经济还是建立在农民工外出务工收入以及农户农业收入的基础上，中西部地区县域经济本质上仍然是农村和农业发展的逻辑，这与已经成为东部沿海城市经济带有机组成部分的沿海地区县域经济根本不同，甚至完全相反。

总的来说，中西部地区的未来发展必然是农民进城。中西部地区农民进城有两个不同的层面：一个层面是进入沿海发达地区和大中城市务工经商，获得二、三产业就业机会与收入；另一个层面则是在县城买房，以享受县城良好的公共服务。中西部地区农民进城的以上两个层面意味着，农民很可能还要二次进城，最终要实现工作与居住生活在同一个地方，即进入区域中心城市。同时，进城农民一般不会放弃农村土地，甚至农民越是进城，就越要让年老父母保留农业收入和农村养老条件[①]。农民进城了，让渡出农村获利的机会，留守农民也就可以从农业和农村发展中增加收入。

四、土地制度实践的区域差异

在《中华人民共和国土地管理法》(以下简称《土地管理法》)出台前，农村集体土地可以不经过国家审批即用于建设用途。20世纪70年代发展乡镇企业基本都占用了集体土地，包括集体耕地。

《土地管理法》于1986年通过、1988年修正、1998年修订(后于2004年第二次修正、2019年第三次修正)。在《土地管理法》颁行之前，农村集体兴办乡镇企业可以占用集体土地。直

① 贺雪峰．积极应对农村老龄化的村社养老．社会科学研究，2022(4).

至 1998 年《土地管理法》修订，第四十三条规定“任何单位和个人进行建设，需要使用土地的，必须依法申请使用国有土地”，同时仍然留有余地，规定“兴办乡镇企业和村民建设住宅经依法批准使用本集体经济组织农民集体所有的土地的，或者乡（镇）村公共设施和公益事业建设经依法批准使用农民集体所有的土地的除外”。

总体来讲，在 1998 年《土地管理法》修订之前，一些地方以兴办乡镇企业名义占用了大量农地，形成后来所谓集体经营性建设用地，其中最典型的是苏南和珠三角地区。当前全国农村有集体经营性建设用地 4 200 万亩，主要集中在东部沿海地区。因此，在苏南和珠三角地区的农村，用村集体土地修建厂房，招商引资，农民坐地收取租金，成为普遍情况。廉价土地是“中国制造”具有较大国际竞争优势的一个原因。

当然，因为乡村工业化的起点不同，东部沿海各地区形成了相当不同的土地利益分配模式。以苏南为代表的是由集体兴办乡镇企业的模式。苏南乡镇企业采取由集体出土地、融资，并且由集体经营的模式。土地是集体的，并不稀缺，村集体兴办乡镇企业能否赚钱关键在于村集体是否善于经营，其中村支书往往是灵魂人物。苏南因此出现了一批经营集体企业的农民企业家，企业成败的关键不在于土地而在于企业家的个人能力。结果，在苏南乡镇企业发展过程中，集体土地似乎没有发挥作用，农民也不会因为乡镇企业使用了集体土地就认为自己应当分享集体土地股权收益。

珠三角地区农村的乡村工业化往往是村集体将土地租给资本建厂，或村集体在土地上建好厂房再招商出租。村集体主要靠收租来参与乡村工业化，租金来自集体土地，而集体土地归全体村民集体所有，因此，珠三角地区普遍有“共有制”的概念。因为土地可以收租分利益，珠三角地区农民有强烈的土地权利观念，土地股份合作制成为珠三角地区农村土地集体所有制的主要表现形式[①]。

苏南与珠三角地区乡村工业化的不同起点导致苏南地区农民认为土地是集体的，土地收益应当归集体，珠三角地区的农民则认为土地是个人的，土地收益应当分红。

浙江乡村工业化则是从家庭作坊开始的，家庭作坊持续扩张，形成民营企业。随着经营规模的扩大，民营企业逐步从房前屋后的违规搭建变成违法占地，形成不同于苏南也不同于珠三角地区的农村建设用地模式。其中的核心是，浙江农地非农使用收益既没有增强村集体的经济实力，也没有变成农户分红收益，而往往是民营企业非法占地，上级国土部门查处，在一定程度上形成地方政府土地罚没收入。

东部沿海地区农村有大量农村经营性建设用地，这些土地用于发展二、三产业带来远高于农业用途的收益。因此，东部沿海

① 蒋省三，刘守英．土地资本化与农村工业化：广东省佛山市南海经济发展调查．管理世界，2003（11）．

地区农村变成了一块可以产生利益的热土。

相对来讲，虽然中西部地区也在20世纪80年代发展了一些乡镇企业，但是到90年代，乡镇企业大量关停，之前在集体土地上进行的建设不复存在，集体建设用地自然而然复耕。当前，中西部地区农村绝大部分土地为耕地和宅基地，真正的经营性建设用地面积很小，且缺少对经营性建设用地的需求。相对于东部沿海地区用于建设的土地可以创造出来的高额地租，中西部地区农业用地收益则相当有限。

东部沿海地区乡村工业化，农村集体土地用于发展二、三产业，不仅为农民带来了大量家门口的二、三产业就业机会，而且可以为农民带来财产性收入：集体土地租金分红，住房出租可以获得租金收入，且农民的宅基地变得特别值钱。相对来讲，中西部地区农民缺少来自土地的财产性收入。农民进城后，村庄出现“空心化”现象，农民宅基地往往没有人要，住房也租不出去。

在东部沿海地区农村，土地非农使用可以产生巨大收益，使村集体很容易通过集体土地出租或建厂房出租来获得集体收益。苏州目前将村集体年收入低于四百万元的村定义为集体经济相对薄弱村。苏州帮扶集体经济相对薄弱村的办法很简单，就是给它们适量建设用地指标，允许村集体用建设用地指标征转农地进行建设，比如建酒店出租，每年租金收入就可以达几百万元。苏州可以通过给建设用地指标帮扶集体经济相对薄弱村，前提是苏州经济和产业繁荣，对建设用地需求旺盛。当前中国有两万多个集体经济发展良好的村庄，集体经济实力雄厚。这些村主要集中在东部沿海地区，集体收入主要来自土地和物业租金收入。

相对来讲，随着农民进城，中西部地区农村即使有农村集体建设用地，其产业发展对农村建设用地的需求也不大，因此，中西部地区绝大多数农村集体很难获得土地和物业租金收入。在这种情况下，中西部地区农村要发展集体经济，村集体就必须通过市场经营来增加集体收入。这显然又是极其困难的，因为市场经营风险很大，不考虑村干部的道德风险，仅仅是市场经营的市场风险，就是农村集体经济不可承受之重。

五、农业农村现代化

东部沿海城市经济带在十分有限的区域聚集了大量人口，并创造了巨额 GDP，使这些地区的土地实现了规模经济和集聚效应，从而可以容纳以现代制造业为代表的二、三产业。同时，东部沿海城市经济带往往也是地势平坦、土地肥沃的三角洲地区，典型代表就是长三角和珠三角地区，这些地区一直是粮食主产区，土地具有很高的粮食生产能力。即使沿海城市经济带适合发展二、三产业，也仍然有相当一部分土地用于农业生产，种植粮食作物和蔬菜等。

因为家门口有大量二、三产业企业，东部沿海城市经济带内的农民很容易获得二、三产业就业机会，他们主要依托二、三产业就业，不再从事小规模农业生产，也不需要保留小块农村承包地作为基本保障和就业失败的退路。因此他们愿意将承包的农地让渡出来，由村社集体集中统一经营，村社集体通过“反租”已经承包给农户的土地，对农地进行统一整理，形成便于规模经营的条件，再将农地租给大户经营，由此就很容易实现农地经营的规模化、机械化和现代化。由大户进行规模经营，国家农业标准比较容易落实，管理较容易实施，因此，在东部沿海城市经济带内，虽然农业规模很小，却很容易实现现代化。沿海城市经济带内二、三产业的发展为农业现代化提供了良好的条件。

同时，普遍的乡村工业化，便利的二、三产业发展机会，加上土地非农使用带来的土地增值收益，使东部沿海城市经济带内的农村变得富裕，大量外来人口流入使其变得繁荣。当地农民不仅可以有便利的二、三产业就业机会与稳定的收入，而且不必与家庭分离，可以住自己的房子，在村庄熟人社会中天然拥有更多社会资本，集体有时还分红。二、三产业发展带来的集体收入和地方充沛的财政能力，使这些地区农村不仅容易获得良好的基础设施和公共服务，而且财政有余力建设高标准的美丽乡村，农村现代化气息扑面而来。

当然，东部沿海地区只是我国的一小部分，其面积占全部国土面积还不到 5%，超过 95% 国土面积的绝大多数地区都可以粗略算作中西部地区。中西部地区有包括省会城市和区域中心城市在内的二、三产业发展中心，其余地区则大多缺少发展二、三产业的条件，人口流出，县城往往只是农村公共服务中心，农民在县城买房却很难在县城找到稳定的就业机会。因此，中西部地区大量青壮年劳动力进入东部沿海城市经济带和中西部省会与区域中心城市务工经商。

因为缺少在家门口的二、三产业就业机会，以及大量青壮年劳动力进城务工经商，留守农村的中老年人就必须务农且依靠农业收入。他们耕种承包地，从土地上所获的收入虽然不高，却是家庭收入的重要补充。有农户全家进城了，会将耕地流转给邻里亲友，其邻里亲友就可能通过扩大耕种面积，形成适度规模经营，成为农村的“中坚农民”。总体来看，当前中西部地区，70%左右的农民仍然耕种自家承包地，承包地面积较小，地块分散，地权同样分散，农业基础设施建设往往很难与细碎的地权相匹配。以适度的规模经营、配套的基础设施、高度的机械化来衡量，中西部地区农业现代化水平往往比较低。

长期来看，中西部地区农村城市化将是一个相对漫长的过程。一方面，农户家庭往往只是青壮年劳动力进城，中老年人则留村务农；另一方面，农户普遍愿意保留进城万一失败后的退路，因此，当前中西部地区农村，地权细碎分散基础上的小规模经营还会持续，“老人农业”将长期具有合理性。中西部地区农业现代化将长期与东部沿海城市经济带农业现代化有相当大的差异或差距。

中西部地区农户正在快速城市化。农民城市化意味着农村人财物资源由农村流向城市，农村出现“老龄化”“空心化”现象，逐渐变得萧条。这个时候，国家为农村提供与城市均等的基本公共服务的目标，就不同于东部沿海城市经济带农村建设舒适的美丽乡村的目标，中西部地区农村现代化与东部地区农村现代化也因此完全不同，不具有可比性。

总之，因为位于东部沿海城市经济带的农村实际上已是城市经济的内在组成部分，其农业农村现代化的逻辑与中西部地区完全不同。中西部地区农业农村现代化首先要服务于仍然依托农业和农村生存的广大农民，缺少进城机会的农村弱势群体是最应当受到关注的，也是当前中国农业农村现代化的关键。相对来讲，东部沿海地区农业农村现代化实际上已脱离当地农民生产生活实践，当地农民身份上虽然还属于农户，但实际上无论是从职业还是从生活与消费方面来看都早已变成城里人。

六、村庄社会结构的东西差异

因为东部地区乡村工业化，农村融入城市经济带，在村庄熟人社会中就会出现过去熟人社会一般没有的剧烈社会分层。而中西部地区村庄缺少获利空间，村庄精英离开村庄进入城市创业。在城市成功的创业者，他们不是在村庄获得成功的，也不在村庄生活，几乎不参与村庄政治社会生活。同时，中西部地区经济条件相对较好的农户往往全家进城，他们也很少再参与村庄政治社会生活。中西部地区农村因此缺少社会分层[①]。

具体来说，在当前快速城市化的背景下，中西部地区农村已经很难发展二、三产业。农村青壮年劳动力进城务工经商，他们中的成功人士不仅有稳定的就业，而且有较高的收入，甚至成为各行各业的精英人士。不过，这些人是在村庄以外获得成功的，他们的成功与村庄没有太大的关系，因此很少参与到村庄利益关系中，而只是与村庄有关的在外“乡贤”。

留守村庄的主要有两个农民群体，其中一个群体是不具备进城能力的老年人群体，他们缺少在城市就业的机会，而与子女同住在城市，无论是心理成本还是经济压力都比较大。所以，农村老年群体往往愿意保留土地，住在农村，成为当前中西部农村留守的主力人群。

当然，中西部留守农村的老年人内部也是有所差异的，可分为三种。第一种是子女经济条件特别好的老年人，他们没有经济上的压力，虽然也种地，但种地的主要目的是从农业生产中获得充实感，与城市老年人种花养草是相同的逻辑。这样的老年人就是农村“负担不重的人”，他们留在农村是享受人生。第二种是家庭经济条件不是很好、仍然有经济压力的老年人，他们要种田、打零工，以获取收入。总体来讲，农村生活成本不高，老年人只要身体健康，进行适当的土地耕种，一般都能解决个人温饱问题，并有

---

① 贺雪峰．论中国村庄结构的东部与中西部差异．学术月刊，2017（6）．

很多闲暇时间。第三种是身体不是很好甚至生活难以自理的高龄老年人，他们需要子女照料，不然就会生活艰难。一般来讲，只要身体健康，留守农村的老年人都会种地，从而形成“老人农业”。

此外，中西部越来越多的农民家庭进城后将承包地流转给不愿进城的青壮年农民，这部分青壮年农民便是留守村庄的第二个主要群体，他们扩大经营规模，形成适度规模经营，从而在农村就可以获得不低于外出务工的收入，成为农村的“中农”，在社会结构中就是“中坚农民”。

当前中国中西部地区正在形成“90%（老年人）+10%（‘中坚农民’）”的相当稳定的社会结构。从某种意义上讲，中西部地区农村是去分化的，社会结构简单清晰。当前，将农村外出“乡贤”资源调动起来，变成村庄治理资源，是中西部农村值得做的一件工作。

相对来讲，东部沿海地区的农村，因为家门口有大量二、三产业就业机会，农村青壮年劳动力就不必离村。也正因为家门口就有二、三产业，村庄精英就可能利用地利优势在村庄成功创业，成为利润丰厚的企业家。以浙江为例，农民先开办家庭作坊，再逐步形成农民企业家群体。浙江大部分农村都有占比不大但从家庭作坊发展起来的民营企业家，这些民营企业家的收入远远超出一般农户家庭。

从东部沿海城市经济带的农村农户收入情况来看，除了本土成长起来的企业家以外，一般农户家庭收入要靠务工获得。在劳动力市场已经形成的条件下，本地人务工收入往往与外来农民工收入无异。当地农村年轻人不愿与外来农民工同工同酬，尤其不愿进入生产线工作。相对来讲，因为在当地有较多熟悉的社会关系，本地人可以有比较多的中层管理、销售等相对灵活的就业机会，年龄较大的则仍有在服务行业的就业机会，比如开店、当门卫等。因为存在大量家门口的就业机会，农户家庭可能一家三代都可以从市场上获利，家庭收入远高于中西部地区农户家庭。

东部地区村庄还有一定数量的企业家或富人，他们仍然生活在村庄熟人社会中，参与村庄人情循环，在村庄中自我实现，他们在经济条件上的优势很快就变成社会资本优势，从而在村庄形成社会排斥和政治竞争。东部地区村庄因为经济分化而产生了远比中西部地区农村复杂的村庄社会分层与政治竞争。

七、财政资源密集与基层治理内卷

东部沿海发达地区的农村，因为聚集了大量二、三产业，有较高的GDP，地方政府有丰厚的财政收入，村集体也有大量的集体经济收入。

因为财政资源充足，东部沿海地区农村基层治理就能够做得比较精细，可以采用更多新技术，购买更多服务，在防止小概率事件上投入更多的行政资源，以及进行更多创新、创建的活动。

从村一级来看，因为村集体有资源，且乡村工业化也造成村庄治理事务大幅增加，自然而然地，村干部工作专职化，待遇工资化，村级组织变成正式科层组织，村干部不再只是拿误工补贴的不脱产干部。

从乡镇一级来看，因为财政资源密集，在正式行政编制有限的情况下，乡镇通过合同聘用、临时聘用、购买服务，大幅增加了乡镇工作人员。在经济发达的沿海地区，乡镇正式编制人员与聘用人员的比例可以达到 1∶4①。

东部沿海发达地区的乡村干部的待遇要远高于当地劳动力市场待遇。一般来讲，当前沿海地区工厂生产线上的工人月薪可达 5 000 元至 8 000 元，当然这些工人十分辛苦且往往要加班；乡镇有正式编制的工作人员年薪可以达到 20 万元至 30 万元，合同制聘用人员的年薪也可以达到 10 万元至 15 万元。可见合同制聘用人员的待遇比生产线上的工人待遇好得多，因此，在东部沿海地区，聘用制的城管和大学生村官队伍都相当稳定。

合同制以外还有临时聘用人员，其典型是珠三角地区村庄聘用的治安巡逻队。各种临时聘用人员主要是本地年轻人。他们不愿进入工厂生产线，又找不到合适的白领工作，就从事由村集体支付报酬的临时聘用岗位。笔者在东莞一个村调研发现，村办公大楼里竟然有三百多人上班，其中 90% 为当地没有找到合适工作的临时聘用人员，待遇低于工厂生产线，大约只有 3 000 元 / 月。

① 笔者根据多地调研数据估算的结果。

临聘人员队伍往往是不稳定的。

因为财政资源密集，基层治理中就可能为防止出现意外而在许多小事上投入大量资源，做得过于精细。在常规治理中，虽然存在治理内卷的问题，却还不是特别严重。万一遇到非常规事件，过度精细、确保万无一失的治理模式的底线就可能会被击穿，导致治理失败。

东部沿海发达地区基层治理资源密集主要得益于地方经济的发达。相对来讲，中西部地区基层治理的资源主要来自国家财政转移支付。

党的十八大以后，国家资源下乡力度加大，伴随国家资源下乡的是国家规范、标准和程序的下乡，以及检查监督的下乡。中西部地区基层治理的中心工作由之前主要从农村汲取资源并因此主要是做群众工作，变成主要是协助国家资源安全下乡，以及应对上级检查监督。基层治理的重心发生重大转换。

从农村汲取资源时期，村干部的主要工作是协助征收税费，上级安排任务相对有限。当前，国家下乡的资源越来越多，规范越来越严，检查越来越频繁，基层忙于应付上级检查，仅靠拿误工补贴的不脱产干部已经应付不过来了。因此，当前村干部普遍脱产化、专职化和收入工资化，有些地区的基层治理变成悬浮于农村与农民的空转或内卷[①]。

---

① 陈义媛．内卷化的基层政权悬浮：县域多中心工作模式下的基层治理困境．湖北行政学院学报，2023（6）.

从东西比较的角度来看，东部沿海发达地区的基层治理具有丰厚的内部行政资源，要回应当地治理中的问题，在党的十八大以前基层治理就已正规化，基层治理体系变得庞大起来。中西部地区基层治理体系与国家资源下乡有更加密切的关系，正是国家资源的下乡，使中西部地区基层治理体系的重心由做群众工作变成完成上级安排的任务。有趣的是，当前中西部地区上级给基层安排的任务大都是惠农工作。而群众工作不足，农民没有关于公共品需求与偏好的表达渠道，惠农任务就很容易走偏。

以上讨论可以列表概括如下（见表 1–3）。

表 1–3　东部地区与中西部地区区域差异

	东部地区	中西部地区
经济密度	高	低
人口密度	高	低
土地用途	非农使用比例高	主要是农业用途
集体经济	以收租为主	实力薄弱
农业农村现代化	水平高，适度规模经营	水平一般，“老人农业”
农民收入来源	以本地二、三产业为主	外出务工 + 农业收入
农村社会结构	社会结构复杂	“老人农业” + “中坚农民”
乡村干部	回应基层治理的内卷	悬浮的内卷
县域经济	城市有机组成部分	提供农村公共服务

八、大国经济、内循环与相对均衡的中国经济图景

当前中国经济分布出现的中西差异，与中国加入世界经济体系、成为“世界工厂”有密切关系。正是因为具有良好的区位优势，以长三角和珠三角为典型的沿海地区才吸引了全世界资本和全国劳动力，生产了大量供给全球的加工制造产品。中国人口和经济高度聚集到沿海地区，沿海地区农村工业化，在相当有限的国土面积上形成极为密集的人口与经济规模，也就是形成了沿海城市经济带。

中国加入世界贸易组织以后，政策上支持出口导向型经济，对沿海地区实施更加优惠的特殊政策，经济持续集聚，形成强大的规模经济。良好的基础设施、完善的产业配套、畅通的物流、面向国际国内的市场，进一步强化了东部沿海地区的产业优势，并带动形成其他优势，如金融、科技优势。

东部沿海地区发展到一定阶段，就要实现产业升级，淘汰“落后产能”，“腾笼换鸟”，一部分被淘汰下来的产能向中西部转移，中西部通过对接东部沿海地区淘汰产能，实现了经济成长。具有对接东部沿海地区产能的合适空间的，除了省会城市以外，还有大量具有经济成长性的地级市。经过持续的产业成长，一些地级市就可能发展为适合现代产业发展的区域中心城市。

中国加入世界经济体系以后，东部沿海地区利用区位优势获得了更快的成长。但中国幅员广阔，不可能只有东部沿海地区的

经济成长。以省会城市和区域中心城市为代表，中西部地区有些城市一直是区域人口与经济中心，经济、科技和教育实力强大，不但具有良好的对接东部沿海地区淘汰产能的能力，而且本身就是十分重要的制造中心，实际上经济也获得了持续成长。典型的有武汉、重庆、成都、西安、郑州，以及大批区域经济中心城市。

因此，当前中国的主要经济中心或产业中心大概可以分为两个部分：一个是东部沿海城市经济带，这个经济带在相当有限的土地上创造了占全国 40% 左右的 GDP；另一个则是中西部地区以省会城市为典型的区域中心城市，这些区域中心城市同样创造了全国大约 40% 的 GDP。东部沿海城市经济带和中西部区域中心城市以外的广大地区，占据了中国最多的国土面积，人口和 GDP 规模却很有限。

当前时期，中国经济强调内循环，中国经济成长到一定程度也必然会以内循环为主。在内循环的条件下，东部沿海地区的区位优势就没有过去显著，经济区域均衡布局开始变得重要起来。相应地，国家之前特别给予东部沿海地区的产业、金融等优惠政策，也会更多地给予中西部地区，这就给了中西部地区区域中心城市更多的机会，也给了中西部地区一些具有潜力的地级市甚至县域经济成长的机会。

九、东西差异与政策的底层逻辑

仅仅从农村基层治理的角度来看待东西差异很有趣，即实际上，当前东部沿海地区已经形成城市经济带，这个城市经济带内的农村已经工业化，变成城市经济的内在组成部分，无论东部地区农村是否仍然是农村建制，其实质都已是城市的逻辑。广大的中西部地区农村则不再可能实现乡村工业化，农民很难有家门口的二、三产业就业机会，青壮年农民不得不进城务工经商，农民快速进城，这样的农村就完全不同于东部沿海地区的农村。

当前中国绝大多数百强县都位于东部沿海地区。东部沿海地区百强县的发展实际上不再服从之前的农业农村逻辑，而是呈现出真正城市经济的特征。相对来讲，中西部地区绝大多数县域经济都建立在农民外出务工收入和有限的农业收入的基础上，即使县城开发了大量房地产，也主要是卖给在外务工赚钱的农民工。农民在县城买房后却无法在县城找到合适的二、三产业就业机会，他们就一定还要进行第二次城市化，直到生活的地方与工作机会相匹配。

当前中国沿海发达地区农村创造的各种先进经验，比如江苏率先实现农业农村现代化、浙江进行美丽乡村建设、上海促进家庭农场发展、珠三角发展集体经济等，以及沿海发达地区强劲的县域经济、精细的社会治理、正规化的基层政权和基层组织建设，都正在成为广大中西部地区农村学习的重要内容。

现在的问题是，假若东部沿海发达地区农村本质上已是城市的内在组成部分，不过只是保留了农村的名，早已不存在农村的实，那么，东部沿海地区农村创造出来的先进经验其实是城市发展内在逻辑的组成部分。在人口快速流出，二、三产业几乎没有发展空间的情况下，中西部地区农村学习本质上已是城市的东部沿海地区农村创造出来的经验，结果可能适得其反。

深刻认识当前中国的东西差异，对理论研究和政策制定都有十分重要的意义。

第一篇

第 2 章
区域经济带与县域经济

经济活动的开展具有明显的空间集聚和分化特点，这就需要我们从区域的角度去认识不同空间中的经济形态。中国幅员辽阔，经济发展存在显著的区域分化，在空间分布上表现出明显的东西差异，其中东部沿海发达地区在区位优势下形成沿海经济带，中西部欠发达地区经济发展水平则相对较低。不同地区经济发展方式不同，塑造的发展样态与经济结构也不同，只有立足区域差异，才能深入到经济发展的时空脉络中，形成对中国经济社会发展的基本认识。

县是非常重要的一级行政建制，伴随城市化的发展，尤其是乡村振兴战略和城乡融合战略的实施，如何发挥县在国家发展战略中的作用成为亟待回答的问题。县域经济作为一个县的发展底色是认识和定位县的重要参照，理解县域经济的发展逻辑，才能理解县域在国家与社会、城市与乡村发展中的角色和定位。立足中国经济发展的区域差异，县域经济高度嵌入在这一区域经济结构中，只有从区域视角才能精准定位县域经济的发展，且通过对不同区域县域经济发展的认识，才能理解县域经济在中国式现代化发展中所扮演的角色及其发挥的作用。

一、生产要素集聚与区域经济带

经济发展是土地、资本、劳动力等生产要素不断集聚的过程。依托生产要素集聚的集聚经济是城市经济发展的重要驱动因素，城市的兴起和区域经济带的形成与集聚经济高度关联。城市作为政治、经济中心，伴随人口的集中，交易活动不断扩大，由此吸纳更多的生产要素集聚，乃至形成规模经济以降低交易成本，提高交易效率。只有当过度集聚产生规模报酬递减时，也即伴随分工水平的提高和交易规模的扩大，过度集聚产生了过度拥挤等规模不经济现象时，生产要素的集聚才会发生裂变，围绕原中心城市不断向四周扩散，产生与中心城市紧密相连的次中心城市或城镇，形成城市的分层结构[①]。区域经济活动在大城市、中等城市和小城镇等不同层级城市中展开，这些不同职能分工、不同等级规模的各类城市基于空间分布结构组成有机的城市体系或城市群，区域经济带在很大程度上就是建立在此城市体系或城市群基础上的。

客观上，生产要素的集聚建立在要素禀赋和要素流动基础上，要素禀赋塑造一个地区的比较优势，强化其要素的集聚效

① 安虎森，等 . 新区域经济学 . 3 版 . 大连：东北财经大学出版社，2015：24-31.

应；要素流动则有利于要素的集聚，并强化流入地的要素禀赋，形成优势叠加。要素禀赋具有先赋性，并不是普遍存在的，要素集聚的核心是要素流动形成的集聚优势。影响要素流动的因素有很多，其中最为关键的因素是市场的开放度和流通性，市场越开放，要素流动的限制相对越少，其市场流通性就越高，生产要素的集聚程度也相对越高，形成的市场规模就越大，经济发展和城市化发展的水平也就越高。

新中国发展初期实施的是计划经济体制，社会资源被统筹在国家和集体手中，生产要素的配置是按照计划进行的，其流动受到限制，如乡村劳动力被限制进城，非法进城的被视为“盲流”等。这一时期市场的开放度和流通性较低，且在重工业优先发展战略下，部分生产要素的集聚是服务于重工业发展的，多数生产要素则相对分散在各地，形成全面开花的社队企业，区域之间的经济分化乃至城乡分化相对较小。

改革开放以后，国家经济体制从计划经济向市场经济转变，市场经济的开放度大大提高，市场竞争性也不断加剧，社队主导的乡镇集体企业在激烈的市场竞争中越发难以为继，大多面临破产或转制。在企业转制过程中，沿海、沿江、沿重要陆路的地方，市场流通性更高，容易形成生产要素集聚和促进城市经济发展。尤其是随着 2001 年中国加入世界贸易组织，国内市场与国际市场不断接轨，沿海等交通便利的地区占据区位优势，经济发展加速，为企业转制和经济发展转型提供先发优势。

以东部沿海地区为例，长江三角洲和珠江三角洲地区基于较好的区位，经济得到了较大发展。一是土地要素的经济效应凸显。其依托集体土地建设厂房进行招商引资或发展民营经济，形成集体经营性建设用地，产生巨大的土地价值和收益。二是资本大规模集聚。东部沿海地区因区位优势而成为资本进驻的首选地，珠三角地区依托外来资本发展“三来一补”的招商引资经济，浙江虽然主要遵循民营经济的发展路径，但同样是依托高市场流通性壮大市场规模，强化资本集聚效应。三是劳动力的大量涌入。东部沿海地区基于沿海的优势区位，依托廉价土地和资本集聚率先发展起来，成为制造业的“世界工厂”，从而不断吸纳中西部的剩余劳动力，形成大规模的“民工潮”和“孔雀东南飞”现象。在此生产要素的集聚和优势叠加下，东部沿海地区成为中国经济最发达的地区。

与此相对的是，中西部普通农业型地区受到区位劣势的限制，在激烈的市场竞争中，乡镇企业纷纷破产，用于建设厂房的集体土地基本复耕，并未形成土地价值的放大效应，资本和优质劳动力也大量外流，与东部沿海地区的经济发展水平不断拉开差距，中国经济发展的区域两极分化从此形成。这种空间结构的“增长极”特征，使得中西部内陆地区很难通过平衡发展实现区域经济地位的提升[①]。

① 尹虹潘．开放环境下的中国经济地理重塑：“第一自然”的再发现与“第二自然”的再创造．中国工业经济，2012（5）．

按照新经济地理学提出的“中心—外围”理论，城市的发展根据市场潜力的大小呈现出系统的层级关系，中心城市经济发展不断向外辐射和扩散，带动周边城市的发展，从单中心城市发展为多中心城市，进而形成城市群和城市经济带[①]。中国具有突出特点的六大核心经济带分别是环渤海经济圈、东海经济圈、南海经济圈、西三角经济圈、长江中游经济带、黄河中游经济带，这些经济带主要分布在东部沿海、长江流域、京哈—京广线和陇海线等重要铁路沿线。为方便分析，此处将中国的区域经济带简化为沿海经济带、长江经济带和黄河经济带，其中沿海经济带由最核心的长三角经济带、珠三角经济带（粤港澳大湾区）和环渤海经济带构成；长江经济带由下游的长三角经济带、中游的中三角经济圈[②]和上游的成渝经济圈构成；黄河经济带由山东半岛城市群、中原城市群、关中平原城市群和兰西城市群组成，实现东西的串联。这三大经济带具有交叉性，为便于表达，按照人口和经济集聚程度，本章将三大区域经济带进一步具体化为东部沿海经济带、长江中上游经济带和黄河中游经济带（后两

---

① 陆铭，向宽虎，陈钊．中国的城市化和城市体系调整：基于文献的评论．世界经济，2011（6）.

② 中三角即长江中游城市群，地跨湖北、湖南、江西三省，具有承东启西、连南接北的区位特点。

者可视为中西部内陆经济带）[①]，并选取代表省份进行呈现（见表2–1）。

表 2–1　2021 年中国区域经济带的空间分布及经济情况

<table>
<tr><th colspan="2">区域经济带</th><th>代表省份</th><th>面积总量与全国占比</th><th>人口总量与全国占比</th><th>GDP 总量与全国占比</th></tr>
<tr><td colspan="2">东部沿海经济带</td><td>北京、天津、上海、山东、江苏、浙江、福建、广东</td><td>69.41 万平方公里，7.20%</td><td>4.81 亿人，34.00%</td><td>54.53 万亿元，46.46%</td></tr>
<tr><td rowspan="2">中西部内陆经济带</td><td>长江中上游经济带</td><td>安徽、湖北、湖南、江西、重庆、四川</td><td>127.31 万平方公里，13.26%</td><td>3.47 亿人，24.58%</td><td>26.54 万亿元，22.60%</td></tr>
<tr><td>黄河中游经济带</td><td>河南、内蒙古、山西、陕西</td><td>171.23 万平方公里，17.84%</td><td>1.97 亿人，13.95%</td><td>13.18 万亿元，11.23%</td></tr>
</table>

数据来源：由国家统计局官网数据计算所得，详情见 https://data.stats.gov.cn/easyquery.htm?cn=E0103。

从表 2–1 可以看出，在三大经济带中，从东部沿海经济带到长江中上游经济带再到黄河中游经济带，国土面积不断递增，人口总量和 GDP 总量的全国占比却是不断下降的，这说明人口密

① 需要说明的是，这是根据国家区域经济发展规划划分的理想类型，这一理想类型只是经济带，而并非严格意义上的城市经济带，也即其并不完全具有经济地带和城市地域系统双重特征。严格来说，只有东部沿海经济带建立在多中心城市组成的城市群上，是真正的城市经济带，广大中西部内陆经济带是以孤立的核心大城市为依托的，城市群的特征并不显著。

度和经济体量在三大经济带的分布是极不均衡的。其中，东部沿海经济带是全国人口最为稠密、经济最为发达的经济带，2021年这五省三市以全国7.2%的国土面积，占据全国GDP总量的比重高达46.46%，其中最繁荣的单个经济体当属长三角经济带的上海、江苏、浙江这两省一市，其经济总量占全国经济总量的比重为20.38%；长江中上游经济带主要包含中部四省和长江上游的川渝一省一市，这五省一市的国土面积较东部沿海经济带大，但GDP总量占全国的比重只有22.60%；对比更鲜明的则是黄河中游经济带，涉及四个省份，其国土面积占比最多，GDP总量占比却最少，只有11.23%。东部沿海经济带的五省三市GDP总量超过中西部内陆经济带九省（自治区）一市GDP总量之和。

区域经济带是理解区域经济差异的重要切入点，县域经济是嵌入在区域经济带中的，理解不同区域经济带的发展逻辑及其属性，才能理解区域经济体系中的县域经济发展性质及其定位。

二、辐射与虹吸：东西部城市发展的底层逻辑

不同经济带的区位条件不同，发展方式不同，其发展属性与发展逻辑不同，对周边县市尤其是对县域经济发挥的作用就不同，塑造的区域经济发展样态也不同，这就需要进一步理解不同经济带的城市经济发展逻辑。

区域经济学中有一组有趣的概念：经济辐射效应和经济虹吸

效应。二者是一体两面的，由资源配置效率决定，当区域之间的资源过度集中导致资源配置效率降低时，就产生“辐射效应”；当区域之间的资源配置效率差距过大时，就产生“虹吸效应”。按照这个原理，重新审视这三大经济带的城市发展逻辑。从宏观区域经济结构看，在东部优先发展战略下，东部沿海经济带无疑是通过对中西部内陆地区人、财、物的虹吸发展起来的；从单个区域经济带内部看，东部沿海经济带与中西部内陆经济带的城市发展逻辑又有不同。客观上，东部沿海经济带的经济规模最大，经济密度最高，2021 年 GDP 上万亿元的城市有 17 个，且呈现出区域集中连片的多中心城市样态；而位于中西部内陆的长江中上游经济带和黄河中游经济带，GDP 上万亿元的城市只有 7 个，且基本集中在单中心省会城市①。由此，东部沿海经济带基于沿海区位的先发优势，成为发展最早、最快也最好的区域，其生产要素的高度集聚使其成为经济增长极，这种增长的极化效应在生产要素高度集聚到达临界值后将向外扩散，产生辐射效应，故形成多个 GDP 上万亿元的中心城市；而中西部内陆经济带经济体量较小，在区域经济内部基本是以单中心城市为主，很难形成多中心城市，其城市发展的虹吸效应更显著。

---

① 2021 年，东部沿海经济带 GDP 上万亿元的城市包括北京、天津、上海、青岛、济南、苏州、南京、无锡、南通、杭州、宁波、福州、泉州、深圳、广州、佛山、东莞，位于中西部内陆的长江中上游经济带和黄河中游经济带 GDP 上万亿元的城市包括合肥、武汉、长沙、重庆、成都、郑州、西安。

具体而言，改革开放后，我国实施沿海城市优先发展战略，东部沿海城市基于区位优势迅速与海外市场对接，承接外商投资，便利的交通、廉价的土地、优惠的政策使其不断吸引资本和劳动力等生产要素的集聚，要素和产业的高度集聚在壮大经济规模的同时，也不断提高要素的价格。当经济集聚效应落后于土地、劳动力等生产要素的价格上升时，经济就会不断向周边扩散，尤其是附加值较低的配套企业逐步向外迁移，带动周边城市的发展，从而不断从单个中心城市扩展为多中心城市，形成城市群和经济带。以经济最密集的长三角经济带中的江苏省和浙江省为例，江苏省下辖 13 个地级市，2021 年 GDP 突破 5 000 亿元的城市有 9 个，其中上万亿元的城市有 4 个，形成多个中心城市带动发展的趋势；浙江省下辖 11 个地级市，2021 年 GDP 突破 5 000 亿元的城市有 7 个，其中上万亿元的城市有 2 个。在此辐射效应下，东部沿海经济带形成“极强多中心城市 + 较强非中心城市”的均衡发展格局（见表 2-2）。

表 2-2　江苏、浙江两省 2021 年经济强市分布情况

省份	下辖地级市个数	GDP 上万亿元城市	GDP 5 000 亿～10 000 亿元城市
江苏省	13	苏州、南京、无锡、南通	常州、徐州、扬州、盐城、泰州
浙江省	11	杭州、宁波	温州、绍兴、嘉兴、台州、金华

数据来源：两省人民政府官网。

与此相对，中西部内陆经济带尽管在沿江、沿重要铁路线上，但是区位优势远不如东部沿海地区，在改革开放优先发展东部的战略布局下，劳动力、资本、技术等各生产要素大规模向东部地区集聚，使得中西部内陆城市面临生产要素外流的局面，发展空间有限。中西部内陆地区各省会城市由于交通等基础设施便利、公共服务供给完善、产业结构相对完整等特点，成为人口和资本集聚的首选地，这些省会城市将本省及周边省市有限的要素和产业进一步吸纳进来，形成经济的虹吸效应。从表 2-3 可以看出，长江中上游经济带与黄河中游经济带中 9 个省份 GDP 突破 5 000 亿元的城市共计只有 12 个，不足江苏和浙江两省之和，且

表 2-3　中西部内陆经济带九省份 2021 年经济强市分布情况

省份	下辖城市个数	GDP 上万亿元城市	GDP 5 000 亿～10 000 亿元城市	省会城市 GDP 在全省占比
安徽省	16	合肥	无	26.76%
湖北省	13	武汉	襄阳、宜昌	35.4%
湖南省	14	长沙	无	29.1%
江西省	11	无	南昌	22.48%
四川省	21	成都	无	36.92%
河南省	17	郑州	洛阳	21.86%
内蒙古自治区	12	无	无	15.12%
山西省	11	无	太原	22.27%
陕西省	10	西安	榆林	35.9%

数据来源：各省份人民政府官网。

GDP 上万亿元的城市集中在单个省会城市，其中江西、内蒙古和山西三地没有 GDP 上万亿元的城市，内蒙古甚至没有 GDP 突破 5 000 亿元的城市。不仅如此，GDP 上万亿元的省会城市占本省 GDP 比重的平均值高达 30.99%，其中占比较高的四川省成都市、陕西省西安市和湖北省武汉市，比值均在 35% 以上，其虹吸全省资源成为绝对的首位城市。在此虹吸效应下，这两大内陆经济带形成“极强单中心城市 + 较弱非中心城市”的不均衡发展格局。

不同区域经济带的城市经济发展逻辑不同，其县域经济的发展逻辑及发展样态也不同，理清不同区域经济带的城市发展逻辑，才能进一步分析城市经济与县域经济的关系及县域经济发展的底层逻辑。详述之，东部沿海经济带的经济体量大、经济密度高，形成多中心城市组成的密集经济带，嵌入其中的中小城市尤其是县城享受多中心城市的辐射效应，极大带动县域经济的发展。尤其是在中心城市增长极化效应下，其低附加值的配套企业不断向周边生产要素价格低的中小城市迁移，县城由此为中心城市提供产业配套，成为东部沿海经济带产业体系中的一环，其县域经济虽然是以县为单位的，却高度融入城市经济发展体系，构成沿海经济的重要组成部分。

据 2021 年的全国百强县名单，位列东部沿海经济带的百强县共计 64 个，占比 64%，其中江苏省 25 个，浙江省 18 个，山东省 13 个，福建省 7 个，广东省 1 个（广东省最富庶的珠三角经济带因为诸多县改区，故其百强县不多）。不仅如此，2021 年全国百强县中共计 43 个“千亿县”（年度 GDP 突破 1 000 亿元的县），其中江苏省 17 个，浙江省 9 个，福建省 5 个，山东省 3 个，东部沿海经济带共计 34 个，占比 79.07%；前十名中，江苏省占据 5 席，浙江省占据 2 席，福建省占据 1 席，共计 8 席，占比 80%。前十名中的“千亿县”，经济体量甚至超过中西部一个地级市的 GDP 规模，可见其县域经济发达之程度。这说明东部沿海经济带在较强的市场辐射功能影响下，不仅城市经济发达，县域经济也非常发达，城市经济和县域经济构成沿海经济带的两个发展极。在此意义上，地处东部沿海经济带的县域经济作为城市经济的延伸，其县城是城市体系的组成部分，其本质是具有较强发展属性的城市经济。

与此相对，中西部内陆经济带经济体量不大，经济密度较低，在以省会城市为首位城市的经济虹吸效应下，形成单中心城市组成的分散经济圈。由此塑造的县域经济发展有两大特点：一是由于中西部内陆地区自身经济发展水平有限，其带动的百强县尤其是“千亿县”占比不多。中西部内陆省份下辖的百强县共计只有 36 个，占比 36%，其中“千亿县”只有 9 个，占比 20.93%，其余绝大多数县属于经济发展水平较弱的普通农业县。二是中西部内陆地区的百强县多位于省会等中心城市内部及其郊区或者是资源县，其县域经济在大城市经济发展辐射的带动下，成为大城市产业链的下游，为大城市产业提供配套服务，或自身矿产资源比较丰富，县域经济发展水平因此相对较高，此类型县的县域经济在本质上也是城市经济的一部分。比如在中西部的 9 个“千亿县”中，处于大城市尤其是省会中心城市腹地的有 5 个县，湖南省的长沙县、浏阳市和宁乡市统归长沙市代管，安徽省的肥西县隶属合肥市，江西省的南昌县隶属南昌市。其他 4 个县则属于资源县，丰富的矿产资源为其县域经济发展提供了契机，陕西省的神木市、贵州省的仁怀市、河北省的迁安市和内蒙古自治区的准格尔旗都属于资源县。再以中部百强县最多的湖北省为例，2021 年湖北省的 8 个百强县中，仙桃、潜江、汉川和天门 4 个县级市都属于武汉辐射圈，枣阳是在湖北第二大经济体襄阳市的辐射圈内，宜都和枝江则是在湖北第三大经济体宜昌市的辐射圈内，大冶是资源县，距离武汉也较近。这 8 个百强县具有一定的特殊性（区位、资源等），是湖北其他县所不能比的，在湖北省所辖 103 个县级区划中占比仅为 7.77%，其余 92.23% 的县均为普通县。

基于此，中西部内陆县可以分为两类：一类是位于大城市辐射圈内的城郊县和资源县，这类县受大城市经济圈的辐射，或矿产资源富足，县域经济发展水平较高，县域经济在本质上与城市经济差异不大；另一类是在大城市辐射圈外且自身资源较为稀缺的县，这类县区位条件较差，自身资源也有限，是典型的农业县，与城市经济差异较大，县域经济以低端制造业和非正规经济为主，工业产业税收较少，在本质上属于农村经济。

综上，不同区域经济带的城市发展格局不同，隶属其中不同区位的县，受到城市经济发展的影响也不同，其县域经济的发展本质就不同（见表 2-4）。

表 2-4　区域经济带与县域经济发展属性

区域经济带	城市发展格局	县域区位	城市经济发展效应	县域经济本质
东部沿海经济带	极强多中心城市 + 较强非中心城市	位于沿海城市经济带的县	经济辐射效应	城市经济
中西部内陆经济带	极强单中心城市 + 较弱非中心城市	位于都市经济圈的城郊县和资源县	经济辐射效应	城市经济
		远离都市经济圈的农业县	经济虹吸效应	农村经济

三、作为发展极的东部县域经济

如前所述，东部县域经济嵌入在东部沿海经济带中，其本质上是城市经济的一部分，东部县域经济与城市经济共同构成区域经济的两个发展极。如何理解作为发展极的东部县域经济，并以此理清东部县域经济的发展逻辑及发展定位？

东部县域经济在沿海经济带的辐射效应下，成为城市经济的内在组成部分，构成区域经济重要的发展极。东部县域经济是以工业经济为主导的经济发展模式，工业经济是带动县域经济发展的核心推动力[①]。东部地区县域内的工业企业高度嵌入到东部沿海经济带中，成为沿海经济产业链的重要组成部分。县域依托核心大城市与中心城市高附加值产业链的纵深及配套需求，不仅获取巨大的经济发展空间和机会，而且形成了稳定的产业发展竞争力，降低产业发展成本的同时，也实现了自身产业的可持续发展，不断提高县域经济的工业化水平。所以这类县的产业结构基本由第二产业、第三产业主导，第一产业在经济总量中的占比较低。以百强县排名首位的昆山市为例，昆山市 2021 年 GDP 总量为 4 748.06 亿元，其中第一产业总值为 31.18 亿元，占比 0.66%；第二产业总值为 2 462.74 亿元，占比 51.87%；第三产业总值为 2 254.14 亿元，占比 47.47%。占比最高的是第二产业，其次是第三产业。其中第二产业主要是以制造业为核心的工业，昆山市 2021 年规模以上工业总产值高达 1.03 万亿元[②]。第三产业以流通和服务行业为主，本质是为工业化发展提供配套，客观上，工业经济越发达，第三产业就越发达。昆山市工业以计算机、通信和电子设备制造业为主导，其作为苏州下辖县级市，依托上海和苏州两大核心经济体的带动，嵌入两大经济体的产业体系中，成为中国经济最发达的县级市，具有极强的发展属性。

---

① 贺雪峰 . 大城市的“脚”还是乡村的“脑”？：中西部县域经济与县域城镇化的逻辑 . 社会科学辑刊，2022（5）.

② 数据来源：昆山市人民政府官网，http://www.ks.gov.cn/kss/gyjj/common_tt.shtml。

作为发展极的东部县域经济在城乡关系发展上塑造了城乡一体化发展样态，促进城乡关系融合发展；在家庭生计模式上塑造了全务工生计模式，提高家庭现代化发展能力；在城市化发展上塑造了就业导向的完全城市化发展模式，提高城市化发展质量。以下从这三个方面分别展开论述，探讨作为发展极的东部县域经济所发挥的作用。

首先，嵌入东部沿海经济带的县，一方面，其县域经济的发展作为大城市产业链的延伸，为大城市产业发展提供配套，与大城市共享要素集聚的红利和规模经济所形成的健全的市场配套体系，在降低发展成本的同时提升发展竞争力。这就使得此类县成为区域经济发展的次中心，辐射大城市无法直接覆盖的偏远乡村，成为联结大城市与乡村的经济贸易中心。另一方面，其作为区域经济发展的次中心和发展极，在县域内部形成一个小规模经济体，形成对周边乡村的辐射和带动。县城作为所辖乡村的经济贸易中心，本就是乡村农民进城交易、就业、消费等的经济活动中心，在东部县城不仅是经济贸易中心，也是经济发展中心，不仅为进城农民提供县域范围内的就业机会，同时也带动乡村小加工产业和家庭小作坊的发展，为留守在村的剩余劳动力创造经济发展空间。即县域经济发展不断向乡村地区辐射，形成对乡村经济发展的有机带动，从而不断缩小城乡收入差距，推动城乡公共服务均等化发展，塑造城乡一体化发展。县域范围内的就业和城市化也使得城乡之间互动密切，尤其是通过代际的密切互动不断交融城乡关系，实现城乡关系的有机融合。

其次，从家庭生计模式看，位于东部沿海经济带的县依托较好的区位和中心城市经济的带动，县域工业化发展水平较高，县域经济不仅构成中心城市产业链的重要组成部分，伴随着产业发展和分工的精细化，县域内部也建立了较为完善的产业体系，且产业附加值不断提升。这使得此类县域一方面创造很多的非农化就业机会，工业企业可以吸纳大量劳动力就业；另一方面提供较高且具有一定梯度分化的工资水平，在县域务工的劳动力可以获得体面的工资收入。具体而言，嵌入沿海经济带的县是典型的劳务输入大县，不仅吸纳本地劳动力，也广泛吸纳外地劳动力，使得沿海地区县往往形成本地、外地人口的倒挂，外地户籍人口甚至可达到本地户籍人口的2倍以上，聚集了大量的农民工和新市民群体。就本地户籍人口而言，本地县城居民家庭一般是中年和青年两代人都嵌入县域正规就业体系中，老年群体嵌入县域非正规就业体系中，或基于较高的社保水平和村庄福利处于退养状态。正是充裕的工作岗位才使得各类群体都能找到就业机会，才有了苏州老人一天打三份工的现象。农民家庭则一般是青年一代嵌入县域正规就业市场，中年一代进入县域非正规就业市场，老年一代留守在村务农或退养，形成以代际分工为主的正规经济和非正规经济结合的全务工生计模式，家庭的发展属性和发展能力很强。

最后，从城市化发展看，处于东部沿海经济带的县作为人口流入县，人口的大量流入在推动县域工业化发展的同时，也推动县域城市化发展。客观上，相较于核心大城市，位于城市经济带的县城房价相对较低，在不低的工资收入和持续的务工积累下，本地家庭普遍有能力在本地县城买房，部分外来务工人员也不断在当地安家落户。东部县域城市化发展水平体现在两个方面。一是城市化率较高。前面提到东部发达地区县域的家庭生计模式是全务工模式，在务工收入远高于务农收入的背景下，这种全务工模式使家庭具有较强的发展能力，通过代际合力基本实现本地人在县城买房。所以这类地区县域城市化率普遍较高，有的可达70%以上。二是城市化发展质量较高，是完全城市化模式。这种县域城市化受较高的县域工业化发展水平的支撑，进城定居的农民家庭不仅可以获取稳定、体面的就业机会和工资水平，而且可以享受较好的城市公共服务，其实现的城市化就是一种完全的城市化，也即进城农民家庭体面安居的城市化[①]。

基于此，此种嵌入东部沿海经济带的县依托经济发展将大城市和乡村联结起来，推动城乡关系、农民家庭和城市化的发展。其关键在于充分发挥此类县作为发展极的作用，不断壮大县域经济的发展，进一步推动县域经济积极融入核心城市经济圈，承接

① 卢青青．家庭自主性与农民城市化的实践类型．农业经济问题，2020（10）.

大城市转移的人口、产业等，缓解大城市发展压力，并形成对乡村的更大带动作用，为更多进城人口提供就业和服务，为留守在村群体提供基本服务，实现城乡有机融合。

在此意义上，地方政府作为发展型政府，其推动县域经济发展的一系列举措在东部县往往是适宜且有效的，这主要取决于东部县的发展属性，其是作为发展极存在的。展开述之，东部发达地区县级政府通过城投公司向银行贷款、发行城投债，以此改善县城基础设施建设，有利于更好地招商引资。在此过程中，大量工业企业在低廉的土地和较为完善的服务供给下快速发展，一方面创造高额的企业税收，使地方政府获取更多可支配收入；另一方面工业企业的大规模进驻与发展，不仅提供大量就业机会，吸引更多农民进城就业，而且提供较高的工资收入，吸引农民进城买房，享受更好的城市公共服务。农民进城买房带动县城房地产市场发展，房价的提升使得土地价值攀升，地方政府由此获得更多的土地财政收入。税收和土地财政的资金不仅可以用于还债，而且可以进一步投入到县城基础设施建设和公共服务完善上，使得县城能够更好地招商引资，形成县域发展的良性循环。东部县域经济的工业化发展水平较高，所能创造的增量收益较大，才能够支撑地方政府的此种负债经营模式，推动县域经济发展。

四、作为稳定极的中西部县域经济

正如表 2-4 所示，中西部县域经济大致可以分为两类。一类是处于核心大城市辐射圈内的城郊县或资源县，这类县基于大城市经济辐射带动或自身资源较为富足，县域经济与城市经济发展差异不大，都是工业经济主导的城市化发展模式，其县域经济本质上是城市经济。还有一类是远离大城市经济圈且自身资源薄弱的普通农业县，这类县与核心大城市相距甚远且不在区域经济带上，县域经济发展水平较低，本质上属于农村经济的延伸，全国绝大多数县都是如此。由于第一类县域经济是城市经济的延伸，其内在发展逻辑和发展底色与东部沿海发达县域经济相差无几，此处不作进一步分析，而重点分析第二类县域经济，以此理解中西部广大普通农业县的县域经济发展逻辑及其发展定位。

中西部广大普通农业县，县城远离核心城市和区域经济带，其县域经济的发展是以农业经济为主导的经济发展模式。这里所说的农业经济是大农业经济，即在宽泛意义上将工业化水平较低的县域经济划归为农业经济主导。远离沿海经济带和区域中心城市群辐射的中西部广大普通农业县，由于经济发展的区位劣势和资源基础薄弱，辖区内的工业企业多以中小规模的中低端制造业为主，自身市场空间和发展机遇有限，内部难以形成完备的工业发展体系，扩大再生产的空间较小，难以形成规模经济或规模效益较低。不仅如此，此类县域经济普遍处于产业链的中下游，产业竞争力较弱，产品附加值也较低，发展处于低增长样态。所以，这类县的产业结构以第一产业为主，第二产业和第三产业占比较小，或三大产业的发展水平都相对较低，不少县的GDP甚至不足百亿元。这类县的县城虽然在行政建制上属于县级行政区，属于小城市行列，但实际上城市的发展属性很弱，是典型的普通农业县，县域经济的底色是以农业生产和小农经济为基础，县域经济在本质上是农村经济。

具体而言，中西部普通农业县工业发展基础薄弱，工业化发展水平较低，且由于土地与环保的限制，以及自身交通、市场、资源、人力等各方面综合发展条件较弱，也难以更好地承接沿海地区的产业转移，工业发展瓶颈显著，甚至具有“去工业化”的趋势。此类县因此难以带动乡村产业发展，难以为进城农民提供较好的就业，县城对农民而言不是生产型的场所。县域青壮年劳动力除去少数在企事业行政单位上班的“体制内”工作人员，少数在本地从事餐饮、运输等服务类行业的从业者，以及少数在县域工业园区上班的务工者，70%左右基本外流，进入发达大城市务工。这类县的农民家庭一般是子代在大城市务工，父代在家务农、抚育小孩，老年人普遍处于退养状态，形成的是以代际分工为基础的“半工半耕”家庭生计模式①。

① 夏柱智，贺雪峰.半工半耕与中国渐进城镇化模式.中国社会科学，2017(12).

但是，伴随着县域城市化的发展，这类经济薄弱的普通农业县对农民城市化和城乡关系结构产生了明显的影响。首先，中西部普通农业县由于县城内部无法提供充裕的就业机会和较高的工资水平，进城买房的农民家庭难以在县城内实现体面安居，年轻一代仍需要去大城市务工，其在县城买房只是实现了居住的城市化。这种城市化是一种未完成的“半城市化”样态，即农民家庭虽然通过进城买房实现了居住的城市化，却无法在县城体面安居，处于半融入状态。无论是从城市化发展质量还是从城市化发展层级来看，其县域城市化都是一种低水平的城市化。当有能力去更好的城市实现体面安居时，农民家庭将不断地从低水平的城市化向高水平的城市化转移。因此，此类县域城市化对农民家庭而言是一种过渡型的县域城市化。

其次，中西部县域城市化多数是由公共服务牵引形成的，即农民家庭为享受更好的县城公共服务，尤其是出于子代教育的需求而选择进城，教育竞争的白热化推动家庭进城陪读，划片入学与房地产市场的捆绑又倒逼进城农民家庭买房陪读。由此家庭生计模式从“半工半耕”的“一家两制”转变为“半工半耕伴读”的“一家三制”[①]，即年轻子代在大城市务工，年老父代在家务农，年轻媳妇或年老婆婆在县城陪读。这种“一家三制”模式无

---

① 李永萍．“一家三制”：教育城镇化背景下的亲代陪读与农民家庭形态调适．经济社会体制比较，2022（6）.

疑提高了农民家庭的生活开支，县城成为纯粹消费型的场域，县城消费成为农民家庭最大的消费支出内容。

最后，县域城市化也塑造了城乡三元结构。在“一家三制”模式下，大城市是农民家庭的生产单元，乡村是农民家庭的保障单元，县城作为工业化薄弱、农业发展也不强的“非工非农”场域，构成了农民家庭的消费单元，但同时也是农民家庭的发展单元，农民家庭以县城为发展场域不断向上流动。由此，城乡关系从城乡两栖变为城乡三栖，农民家庭的流动从大城市与乡村之间的双向流动变成了从大城市到县城再到乡村的三线流动。“非工非农”的县城作为“第三极”而存在[①]，由于其难以改变经济发展的结构性困境，也无法提供充裕且体面的就业机会，其城市化的发展是通过汲取农民在大城市的务工收入和乡村对进城家庭的代际支持实现的，县城变为资源汲取结构，城乡关系的互惠性降低。

综上，中西部普通农业县发展性较弱，但县域城市化的发展使得农民家庭再生产的单元不断上移。一是家庭再生产的目标不断上移，从立足乡村过好村庄生活转变为进城实现体面安居和阶层跃升。二是家庭再生产的主要任务以县城为场域展开，结婚和教育作为家庭再生产的两大核心任务，都与县城发生关联。婚姻竞争使得进城买房成为结婚的基本门槛，要完成家庭的延续必

---

① 桂华. 城乡“第三极”与县域城镇化风险应对：基于中西部地区与东部地区比较的视野. 中州学刊，2022（2）.

须在县城买房，教育竞争也使得更多农民家庭将子女送进县城读书，以期待下一代通过教育走出去。三是围绕家庭再生产目标和任务，家庭的生活也主要在县城展开，尤其是陪读家庭越发普遍，其生活的圈子越发从乡村社会嵌入县城社会。家庭再生产单元的上移使得县城取代乡村成为农民家庭的基本发展单元，县域发展的稳定性关系到农民家庭现代化转型的稳定性。因此，这类县虽然发展性较弱，却作为重要的稳定极而存在。

作为稳定极的中西部普通农业县，其发挥的稳定作用主要表现在以下三个方面：其一，农业县的核心是农业发展，县域作为地方服务业的中心，是农产品生产、加工、批发、销售等交易中心和服务供给中心，为农村留守劳动力提供农业生产的就业机会和收入，保障粮食安全的同时，也为农民家庭再生产提供价值和支撑；其二，农业县的县域包含乡村，其基于集体土地制度的土地和宅基地的免费使用权为进城失败或者遭遇重大挫折的农民家庭提供进可攻、退可守的保障，使得中国农民家庭在城市化进程中没有落入城市贫民窟陷阱，同时具有较强的应对外在风险的能力[①]；其三，农业县也为农村老年人提供了低成本、高福利的生活，提升老年人养老的幸福指数。县域作为熟人社会为老年人提供再社会化的关系场域，同时农村土地等赋予的自给自足经济使得老年人能够低成本地实现自养，减轻子代家庭负担的同时，也

① 贺雪峰．城市化的中国道路．北京：东方出版社，2014：100-131.

减轻了国家社会保障负担。在此意义上，中西部普通农业县是中国经济发展的稳定极。

五、县域经济与中国式现代化

客观上，伴随工业化发展战略的调整与经济发展的城市集聚规律，县域经济在国民经济中的占比越发降低，但是县域经济作为中国经济发展的基石，在中国式现代化发展中扮演重要角色、发挥重要功能。在经济发展的区域分化下，中国经济发展逐步形成“东西差异，城乡分化”的格局，不同县域经济的发展逻辑和内在本质不同，其在中国式现代化发展中扮演的角色也不同。在明晰县域经济发展本质的基础上，还要进一步探究不同类型县域经济在中国式现代化发展中的角色和定位。

嵌入城市经济带[①]中的县域经济，其经济发展构成城市经济体系中的重要一环，在本质上属于城市经济，县域工业化水平较高，扩大再生产和提升产业附加值的空间大、能力强，经济发展具有较强的生产性。在此基础上，这种生产型县城的城市化是由工业化推动的，进城农民家庭实现的是立足稳定就业的体面安居

① 按照上述分析，发达城市经济带主要包括东部沿海经济带和中西部内陆经济带中的以省会中心城市为核心的都市圈，嵌入城市经济带的县域经济是受城市经济辐射发展起来的，远离城市经济带的普通农业县遭遇的则是虹吸效应，县域经济发展较弱。

的完全城市化。不仅如此，县域经济对乡村工业化产生辐射带动，在本地就业支撑下的县域城市化与乡村形成有机互动，城乡一体化趋势明显，城乡关系有机融合。此类县的县域经济是作为发展极存在的，其在中国式现代化发展中继续发挥着重要的作用，是现代化发展的驱动器。因此，此类县的关键是立足经济建设。一方面，进一步融入所在的城市经济带中，承接由核心城区转移而来的人口、产业、技术等要素，抓住产业转移的新发展机遇，进一步壮大自身经济发展水平，实现区域协同发展[①]。在此过程中，需要避免的是县域经济发展之间的盲目竞争，这就要求县域在经济发展过程中要找准定位，充分发挥自身优势，发现新增长点的同时提高经济发展的质量，与中国经济高质量发展步调接轨[②]。另一方面，提升县域内部的承载能力，建立更加完备的产业链及其配套体系，同时提高公共服务的供给质量，一是更好地承接大城市转移的人口，缓解大城市发展的压力；二是吸纳更多进城群体在此安居，形成人才和人力资本的进一步集聚。此外，通过县域经济的不断发展形成与乡村地区的联动，带动乡村工业化发展的同时，完成城乡公共服务均等化，实现城乡有机融合发展。

---

① 陈浩，罗力菲．区域协同发展政策对要素流动与配置的影响：京津冀例证．改革，2023（5）.

② 闫里鹏，牟俊霖，王阳．中国城市、城市群产业比较优势动态发展特征与经济增长．经济体制改革，2023（1）.

远离城市经济带的县域经济，其经济发展的底色是小农经济，本质上属于农村经济，县域内部难以建立低成本且完备的产业体系及其相关配套，县域工业发展面临结构性困境，县域经济的发展能力较弱，其消费属性显著高于其生产属性。基于此，这种消费型县城的城市化是由公共服务推动的，进城农民家庭实现的是立足公共服务吸引力的半城市化样态，且由于县城难以提供充分就业机会，进城农民只是实现住房的商品化，而仍需外出务工，由此塑造了“大城市—县城—乡村”的城乡三元结构，城乡关系的互动是以大城市和乡村资金同时留在县城实现的。这种资金的流动使得县域发展具有极强的依附性，城乡关系呈现出半城半乡样态。这类县发展的关键不是县域经济发展，而是在县域城市化发展趋势下，更好地发挥作用以满足进城农民家庭的发展需要，因此这类县县域经济的社会性意义远大于其经济性意义，是作为中国现代化发展的压舱石存在的。这类县在发展中，一是要避免盲目的城市扩张和造城运动，尤其是在人口不断外流的不可逆趋势下，激进的县城发展建设并不能扭转人口外流的必然趋势，反而造成大量资源浪费；二是要建立完善的公共服务供给体系，同时逐步提升公共服务的供给质量，使得进城农民享受到低成本且较高水平的公共服务，降低进城农民生活成本的同时，提高其人力资本的素质；三是要完善乡村物流和市场体系，为农业产业的现代化发展打通市场的最后一公里，更为顺畅地对接全国市场，并提升市场对接和把握能力。

此种根据县域经济发展属性进行的县域发展（见表 2–5），从经济发展的角度看是最经济的，但是也存在区域发展进一步扩大的趋势，如何理解在经济高效发展的同时推动区域经济的均衡发展和城乡之间的有机均衡是关键。客观经济发展规律是不可逆的，经济发展的区域差异与城乡分化在此意义上也是不可逆的，中国式现代化恰恰是在这种不均衡的经济发展格局中迅速发展起来的。通过吸纳全国劳动力和资本的低成本供给，采取东部沿海经济优先发展的战略，中国迅速崛起成为全球第二大经济体。强化生产型县城的发展属性和消费型县城的稳定属性，使得中国式现代化实现了飞速而平稳的发展。

表 2–5　不同类型县域经济发展的性质与定位

县域经济类型	县域经济的本质	县域经济的发展属性	县域城市化	城乡关系	现代化发展定位
嵌入城市经济带的县域经济	城市经济	生产型	就业主导的完全城市化	城乡一体化与城乡有机融合	以经济建设为导向的驱动器
远离城市经济带的县域经济	农村经济	消费型	服务牵引的半城市化	城乡三元结构与半城半乡	以公共服务为导向的压舱石

在共同富裕目标下，这并不意味着放弃中西部普通农业县的发展，其发展的关键是在承认客观经济发展规律和经济发展的结构性困境的前提下，大力提升此类县的公共服务供给体系和供给水平，尤其是在教育、医疗方面，使得进城农民家庭可以享受与

城市家庭同样优质的公共服务，为农民家庭人力资本再生产创造平等的机会和条件，使得农民家庭通过劳动力素质的提升不断向上流动，实现人均意义上的均衡发展，而非总量意义上的均衡发展[①]。基于此，只有建立与县域经济发展相适配的发展目标和发展规划，才能促进城乡高质量融合发展[②]。

但是，当前阶段的中西部普通农业县，地方政府在县域经济发展中照抄照搬东部发达地区县域发展经验，也试图通过负债经营的方式推动县域经济发展。然而，由于县域发展的结构性困境，其通过城投公司获得的融资、贷款虽然极大地改善了城市基础设施面貌，却难以实现大规模的招商引资，难以改变县域工业发展的窘境，由此也难以提供充裕的就业机会和稳定且体面的收入水平，难以吸引劳动力的流入。县级政府通过经营县城，尤其是通过建设教育新城方式将优质教育资源吸纳进县城制造城乡教育分化，吸引农民家庭进城买房接受更好教育。这种通过公共服务经营化方式制造的县域城市化和县城房地产市场及其经济发展是不可持续的，因其难以通过招商引资推动工业发展和人口大规模集聚，也就难以创造较高的增量收益，从而难以覆盖其债务本息，导致地方政府陷入越发展越透支的透支型发展陷阱中。不仅如此，农民家庭也被裹挟进这种透支型发展中。由于县城难以提

---

① 陆铭．大国大城：当代中国的统一、发展与平衡．上海：上海人民出版社，2016：70-71.

② 马骏．共同富裕视域下城乡高质量融合发展论析．求索，2023（2）.

供充足的就业和较高的工资收入，农民家庭的消费开支不断提升，“非工非农”的县城作为家庭再生产的基本单元，是一种高消费、低福利的生活场域，加剧了农民家庭的经济压力，家庭支出的刚性化也降低了农民家庭的发展弹性及其应对现代化发展风险的能力。这是值得警惕的。

第3章
土地制度实践的区域差异

基于社会主义国家的基本性质，我国实行土地公有制。1998年修订的《土地管理法》（后于2004年第二次修正、2019年第三次修正）确定了现行土地制度的基本框架，根据《土地管理法》规定，我国的土地制度明确区分为土地国家所有与集体所有两种权属形态，这两种土地权属与城乡两类主体紧密结合。其中，城市土地以建设用地为主，服务于城市发展，属于国家所有；农村土地实行严格的用途管制，主要以农业用地为主，服务于农民的生产生活，属于集体所有。同时，农业用地如果要转换为城市用地，则必须通过土地征收，实现用途性质与土地权属转变，由国家垄断土地用途性质转变而产生的土地增值收益。可以看到，我国的土地制度具有突出的二元特征，即通过划分土地权属与城乡两种类型的方式，强调国家对土地用途与土地价值的管理，以实现确保社会主义国家维持生产资料有效利用以及保持公有权属性的重要目标。

不过，从当前全国各地土地制度实践来看，因为各地乡村工业化的历程与经济发展水平不同，统一的土地制度在全国不同地区的执行差异很大，并突出表现为不同地区土地开发权在国家与集体之间存在不同的配置。基于经济发展水平与经济发展路径的不同，当前中国农村已经形成了突出的以东西差异为特征的区域分化，其中东部沿海农村的经济较为发达、工业化程度较高，成为沿海城市经济带的重要组成部分，其主要构成部分为珠三角与长三角地区的乡村；广大中西部农村的经济发展水平较低，仍然以农业经济为主要经济形态，这类乡村是中国农村的主要类型。东西之间的区域分化深刻影响了土地制度的执行，即在东部沿海农村大量集体土地被非农化使用，打破了我国土地制度对城乡两类土地不同用途与管理的区分；中西部农村的集体土地则仍然很少用于二、三产业的发展，维持了农业用地的基本属性。前者突破了农村集体土地非农化的制度限制，涉及土地开发权的重新配置；后者则仍然维系了农业用地的属性，只涉及土地经营权的变动。

这一东西区域差异是当前我国土地制度实践最突出的区域特征，它不仅构成了中国土地利用与制度实践的基本现实，也不断塑造着国家与社会对土地价值、土地功能、土地权利等一系列问题的基本想象，越来越作用于近年来的土地制度改革。然而，由于缺乏东西区域差异的视角，土地制度的研究领域产生了一些认识上的混淆，并突出表现为学界与政策界的某些人士忽略了不同区域土地制度实践形成的区域基础与内在逻辑，将部分沿海发达地区的土地制度实践作为解决全国农村问题的理想方案。这深刻表明，需要从东西区域差异的视角重新认识中国的土地制度实践，明晰土地制度差异化实践的内在机制，这一视角也有助于理解当前土地制度的改革逻辑，从而为改革提供建议和对策。事实上，基于中国经济发展区域分化的客观现实，东西区域差异的视角不仅应当应用在土地制度领域，也应当成为理解中国社会复杂现实的基础视角，作为中国制度与政策实施的内在维度。

一、土地利用与土地价值的东西差异

土地制度的地方性实践通常是对特定区域土地利用与土地价值变动做出的回应，即通过土地权利的配置解决土地利用与土地价值分配的问题，以适应经济社会发展条件的变化。这一过程也正是所谓的土地制度的“诱致性变迁”[①]。东部沿海地区与中西部地区土地制度的实践差异与这两者密切相关。因此，要理解土地制度实践的东西差异，就必须厘清东西两大区域在土地利用与土地价值方面的巨大差异以及导致差异产生的不同经济社会条件。

就土地利用而言，特定历史阶段宽松的土地管理措施与经济区域发展不平衡的客观现实是导致东西区域差异产生的关键因素。1986 年试行的《土地管理法》是我国现行土地制度的基础，

① R. 科斯，A. 阿尔钦，D. 诺斯，等 . 财产权利与制度变迁：产权学派与新制度学派译文集 . 刘守英，等译 . 上海：上海人民出版社，1994：5.

1998年，国家对《土地管理法》进行大幅修订，进一步确立了土地制度的基本框架。1998年修订的《土地管理法》已经在土地公有制的基础上，明确区分确定了城乡两种土地产权与土地用途规划，"严格限制农用地转为建设用地，控制建设用地总量，对耕地实行特殊保护"。不过，严格的制度执行并未与制度规范的确立同步展开。在2004年之前，国家仍然采取相对宽松的土地管理措施。不仅如此，为鼓励乡村经济的发展，便利镇村两级各类公共事业的展开，中央与地方政府一直延续1998年修订的《土地管理法》第四十三条的规定，即"任何单位和个人进行建设，需要使用土地的，必须依法申请使用国有土地；但是，兴办乡镇企业和村民建设住宅经依法批准使用本集体经济组织农民集体所有的土地的，或者乡（镇）村公共设施和公益事业建设经依法批准使用农民集体所有的土地的除外"，默认乡镇与村一级基于公益目的将集体土地用于非农建设。事实上，直到2004年国务院颁布《关于深化改革严格土地管理的决定》，全国各地区才在中央政府的行政压力下逐渐强化土地管理。2008年前后才真正采取严格的土地管理制度，严禁未经国家批准以及没有建设用地指标的农地进行非农使用，并通过大量行政与技术监督手段，较为有效地实现了对土地的严格管理。因此，在相当长一段时间内，各地的土地利用并未严格按照《土地管理法》的制度规定，而是有较大的灵活空间，这也是东部沿海地区与中西部地区产生制度实践差异的基本前提。

与此同时，随着我国工业化与市场经济的快速发展，东部沿海地区与中西部地区的经济差距尤其是工业化发展水平差距也在这一期间迅速加大。从 20 世纪 80 年代到 2000 年前后，乡村工业异军突起。乡镇与村庄两级利用乡村丰富的劳动力与土地资源，兴办了大量集体企业，在发展最高峰，乡镇企业在中国的工业经济中占据了“半壁江山”。正是为了配合乡镇企业的发展，大规模的集体土地在未被国家征用的情况下，直接被转换为建设用地，形成了当时所谓的农村集体经营性建设用地。这意味着，乡村集体土地在事实上打破了国家对城乡两类土地的用途管制，在土地利用上实现了非农转换。不过，乡村工业化并非在全国均质发展，中西部绝大部分地区的乡村工业并未形成规模，企业数量十分有限。这些零星的乡镇企业在 20 世纪 90 年代末期市场经济的冲击下很快“偃旗息鼓”。农业经济仍然是这些地区的主要经济基础。与此同时，以浙江、苏南、珠三角为代表的沿海发达地区则基于独特的区位优势与早期工商业发达的历史背景，成为乡村工业化的主要区域。根据学者对 1999 年全国乡镇企业相关数据的统计，按照东中西三大经济区域划分，东部沿海省份乡镇企业数量占全国总量的 43.89%，接近一半，产值比重则达到 63.27%，占有了明显的绝对优势（见图 3-1）[①]。东部省份的工

① 参见王玉华．中国乡镇企业的空间分布格局及其演变．地域研究与开发，2003（1）.

业化也主要集聚在沿海的少部分区域，例如，广东省的主要工业化区域集中在珠三角地区，江苏省的主要工业化区域则集中在苏南地区。这就使得这些沿海区域的工业发展极为密集，大量集体土地被非农化。

图 3-1　1999 年乡镇企业发展比较

更重要的是，2000 年以后中国迎来发展外向型经济的浪潮，沿海地区持续获得区域发展的优势条件，此时尽管大量乡镇企业也出现了破产与改制问题，但大量外来资本的进入与私营企业的发展，为这些地区持续“蓄力”，进一步推动了这些地区乡村工业的发展与土地用途性质的改变。中西部地区农村的工业发展则相对停滞，在沿海充足就业机会的吸引下，大规模跨区打工兴起，大量农村劳动力涌入沿海地区，与这些地区发达的工业经济相结合，而作为人口流出地的中西部地区农村本身则仍然维持了以小农经济为基础的经济形态。

这就使沿海发达地区农村与中西部地区农村在土地利用上出现了持续且显著的分化。总体而言，中西部地区农村基于普遍的农业经济，集体土地仍然保持了农用地的基本用途和性质，服务于乡村的农业生产，集体土地转为建设用地的面积相对有限，且不具备经营属性，大多用于农村宅基地的分配。一些早期用于乡村工业发展的零星建设用地也大多被复垦，成为可耕种的土地。相反，东部沿海发达地区农村的集体土地则改变了基本的用途和性质，被大规模转变为经营性建设用地，且得益于地方经济的快速发展，这些集体经营性建设用地被保留，仍然服务于地方二、三产业的发展。土地利用的东西差异从全国集体经营性建设用地的空间分布上最能凸显出来。国务院发展研究中心农村经济研究部部长叶兴庆根据 2013 年发布的第二次全国土地调查数据推算，全国集体经营性建设用地面积约为4 200万亩[①]。这些集体经营性建设用地主要集中在珠三角、苏南、浙江这几个沿海发达地区[②]。

从集体经营性建设用地的规模来看，其总量占全国建设用地总量仅在 13.3% 左右，沿海地区集体经营性建设用地所占比重明显高于全国水平。以 2015 年被国务院列为农村集体经营性建设用地入市改革试点的广东省佛山市南海区为例，该区土地面积总计 1 073.82 平方公里，其中集体土地 658.15 平方公里。集体建设用地面积达到了 303.98 平方公里，集体经营性建设用地面

① 叶兴庆．农村集体产权权利分割问题研究．北京：中国金融出版社，2016：47.

② 贺雪峰．现行土地制度与中国不同地区土地制度的差异化实践．江苏社会科学，2018（5）.

积为 171.37 平方公里，占集体建设用地面积的 56.4%[①]，远高于 13.3% 的全国平均比重。再以同样作为改革试点的普通中西部农村代表的贵州省遵义市湄潭县为例，全县共有集体经营性建设用地 107.01 公顷，占集体建设用地面积的 1.97%，其比重低于全国平均水平（见图 3–2）[②]。显然，湄潭县并非特例，有学者基于对东北地区的多个地级市的调查进行估算，这些乡村工业化水平较低的区域，集体经营性建设用地占集体建设用地的比重很少超过 4%，低于全国平均水平，且主要集中在靠近城市的城郊地区。这非常清楚地表明，当前我国的集体经营性建设用地主要集中在经济发达、乡村工业化程度较高的沿海地区以及中西部部分城郊地区，而普通中西部农村集体土地的非农化水平要低得多。

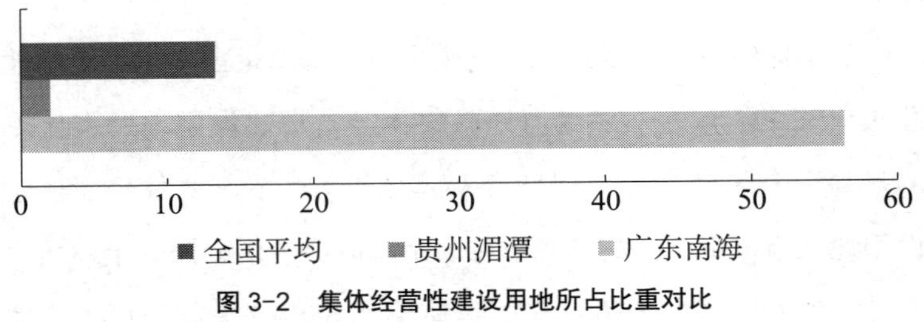

图 3–2　集体经营性建设用地所占比重对比

同时，基于地方经济发展水平的快速分化，东部沿海发达地

---

① 数据来源于南海区政府的统计。

② 唐健，谭荣 . 农村集体建设用地入市路径：基于几个试点地区的观察 . 中国人民大学学报，2019（1）.

区与中西部地区的土地价值分化也随之出现。尽管土地价值与土地利用总是紧密关联的，但后者只在一定程度上影响前者，土地价值在根本上仍然受其所处区位经济发展水平的影响。这是由于土地具有不可移动的独特特征，特定区位的土地难以被轻易替代，从而具有稀缺性，能够形成超越一般土地的极差价值。从生产效率的角度看，若土地所处区域的经济发展水平较高，土地被利用产生的生产效率会远高于其他地区的土地，其价值自然快速攀升。可以说，土地的不可移动性使任何区域内部投资增加与生产效率提高带来的社会价值都会不可避免地溢出到这一区域的土地上，引发土地增值，且地方经济越是发展，区域内部投资密度与经济效率越高，土地价值增长越是迅速[①]。因此，土地非农化并非土地价值提高的根本原因，处于不同的经济区位才是土地价值出现巨大分化的关键，事实上，土地利用方式的改变很大程度上也是地区经济发展变迁所带来的。这也是为什么同样都是建设用地，但北、上、广、深等一线城市土地价格高昂，到了二、三线城市，土地价值就出现了断崖式的下降，同时东部沿海发达地区城郊农村的土地即使用于农业生产，其土地价值也远超普通中西部地区的乡村。

由此，一方面，在东部沿海发达地区，随着区域经济的快速

① 仇叶．集体资产管理的市场化路径与实践悖论：兼论集体资产及其管理制度的基本性质．农业经济问题，2018（8）.

发展，大量资本与人口涌入，不仅核心城市快速发展，乡村也维持了较高的工业化与城乡一体化水平，从而带来区域内部土地价值的全面提升。事实上，这些地区在20世纪80年代乡村工业化推进以来，就通过集体土地直接租赁或建造厂房进行租赁，获取了较高的土地租金价格。当前，随着区域经济的持续发展，这些集体土地仍然维系着较高价值，且随着区域经济的发展持续增值。以广州市2020年公布的集体建设用地基准地价整体地价水平为例，集体商服用地为3 537元/平方米（首层楼面地价），宅基地为1 202元/平方米（平均楼面地价），租赁住房用地为1 696元/平方米（平均楼面地价），工业用地为594元/平方米（地面地价）[①]。另一方面，在中西部地区，区域经济的发展主要集中在大中城市，农村的经济发展水平相对有限，工业化能力不足，农村的土地不仅维持了农用地的利用形态，而且土地价值较低。中西部绝大部分地区的农村土地只能以农用地的形式进行租赁，获取低水平的农业租金收入，不少地区的农民当前仍然愿意将闲置地免费流转给本村农民。集体经济的差异也非常直观地呈现了土地价值的“东西差异”。以苏州市为例，至2021年年底，苏州全市1 272个村（涉农社区）的农村集体总资产超过3 500亿元，村均集体年可支配收入超过1 000万元。这些集体经济收入绝大部分都是基于土地租金产生的经营性收入。2021

① 杜娟．广州市公布集体建设用地基准地价．广州日报，2021-04-01（7）.

年苏州市农村集体产权交易达到了 45 674 笔，成交金额 84.16 亿元，合同总金额 109.37 亿元[①]。与之相对，中西部地区则存在大量集体经济空壳村，这不仅由于土地主要以家庭联产承包的形式分配给农民，而且由于集体土地价值并不高，能够获得的收入十分有限。以湖北省为例，到 2021 年，全省 28 671 个行政村集体资产达到 2 132.1 亿元，集体经济总收入达到 243.9 亿元[②]。这些集体经济收入中，绝大部分都属于行政性的政府转移支付与财产补贴收入，真正经营性的收入非常有限，在政府通过行政投入大力支持前，2017 年只有 50% 左右的村集体经营性收入超过了 5 万元[③]。可以说，土地价值的东西差异正是我国经济发展区域差异的体现，只要东部沿海地区与中西部农村的经济分化显著存在，土地价值的巨大分化就将持续存在。

二、土地制度功能与制度实践的东西差异

土地制度实践从根本上来说正是一套解决特定土地问题的权利装置。显然，基于特定历史条件与日益分化的经济社会状况，

---

① 数据来源：江苏省人民政府公布的集体经济统计数据，详情见 http://www.jiangsu.gov.cn/art/2022/2/24/art_81590_10362331.html?gqnahi=affiy2。

②③ 数据来源：湖北省人民政府公布的集体经济统计数据，详情见 http://www.hubei.gov.cn/zhuanti/2022zt/jshbnycyqs/nyqsmtjj/202205/t20220518_4132865.shtml。

东部沿海发达地区与中西部地区面临着完全不同的土地利用与土地价值状况。土地制度在不同地区实践的差异，正是由这些地区为了应对不同的经济社会条件与土地问题而建立的地方化的土地权利分配体系所致。

（一）中西部地区土地制度的功能需求与制度实践

基于中国经济区域分化的特征，中西部农村二、三产业相对较少，以农业产业为主。这些地区就缺少将土地转换为非农用地的机会，对集体经营性建设用地的需求也不大。中西部农村的土地长期以来主要服务于农业生产，便利农民生产生活的展开。尽管这些地区的土地价值较低，但由于大量农民尚未完成城镇化转型，他们仍然保持了“半工半耕”的家计模式，高度依赖乡村的农业收入。从统计数据来看，截至 2021 年，中国仍有 5.09 亿居住在乡村的人口以及 2.92 亿在城市就业的农民工群体[①]，城镇化的完成还需要相当长一段时间，土地制度将长期为这些最广泛的农民保障与乡村建设提供基础。因此，从制度功能的角度，中西部农村土地制度实践要解决的核心问题是，通过地权的合理配置便利农业生产的展开，最大限度保障农民的土地收入，维护其基本的土地权利。此外，土地制度服务于农业生产，也有利于国家在宏观层面推进农业现代化的展开，实现国家粮食安全的战略

① 数据来源：《2021 年农民工监测调查报告》。

目标。

正是在这一特定的经济社会条件与制度需求的驱动下，中西部地区的土地制度实践保持了较强的统一性与连贯性，与正式的国家规范并无显著差异。具体而言，1980年初，国家就开始在全国推进家庭联产承包责任制改革，即集体土地在所有权上仍然保持集体所有，农民家庭被赋予土地承包经营权，相对自主地对土地进行经营，但必须遵守国家的土地管理规定，不得随意改变土地用途性质。这一制度较好地实现了生产资料公有制与农民土地权利保障的有效结合，也有利于提升农民的生产积极性与灵活性。此后，由于中西部农村的经济形态并没有发生根本转型，农民与农村对土地的功能需求维持了基本稳定，土地制度实践也就基本与国家制度规定相一致，始终遵循了农村土地不得随意改变用途和性质的土地管理规定，强调土地"公有私用"的集体属性。这也使得中西部地区的征地制度执行良好，乡村土地基于城镇化的发展需求被有序征用，转换为城市土地。

同时，在城镇化的背景下，中西部农村也出现了人口流动、农业机械化等新问题，为了使土地制度与社会经济条件变化相适应，一些地区也进行了土地制度实践创新。总体而言，这些制度实践的核心都是在家庭联产承包责任制的基本框架下，更加灵活地配置个人与集体之间的权利。例如，山东省的经济发展相对较快，农民非农化程度较高，对土地提供的农业收入与基本保障的依赖性相对下降。为了提高农业生产效率，山东省普遍展开"两田制”的土地制度实践，将集体土地区分为口粮田与责任田，其中，口粮田面积较小，平均分配给各家各户，以维护农民的基本土地权利；责任田则由集体直接管理，发包给大户，大户缴纳一定的承包费。这既达到了增加集体经济收入的目的，也有利于土地的规模化经营。再比如，贵州省湄潭县进行了“生不增，死不减”的土地制度实践，不再按照集体成员人口的变化调整土地分配，相对固化土地经营权，弱化集体对土地调配的权利。这一地方性实践在 1998 年二轮土地承包以后，被国家吸纳为统一政策，要求农村集体土地保持 30 年不变。不过，一些地区为了保证土地分配的公平性与灵活性，仍然进行地方性的土地调整。

可以看到，中西部地区的土地制度实践主要围绕着土地承包经营权的分配展开，并未改变土地开发权在国家、集体、个人之间的配置方式，没有突破城乡土地权利与土地性质的严格划分。同时，在集体所有权内部，尽管个体经营权固化在一定程度上弱化了集体所有权的统筹调配能力，但经营权始终未被财产化，仍然维持了经营属性。

（二）东部沿海地区土地制度的功能需求与制度实践

东部沿海地区对土地制度的功能需求与中西部地区截然不同。快速的工业化与城市化不仅在根本上改变了这些地区的区域经济结构与土地利用方式，也降低了本地农民对农业收入的依赖。珠三角、苏南、浙江的农民普遍在20世纪90年代就实现了高水平的离农化，工业化带来的充裕地方财政又为他们提供了制度化的社会保障，土地的基础保障作用快速弱化。因此，这些地区的土地制度实践不再围绕着“三农”问题展开，而是集中于以下两个核心目标：第一，乡村工业化的发展历史以及后期城镇化与工业化的迅猛发展，都使得这些地区土地制度实践的产权配置需要容纳区域发展的特殊历史，快速推进土地用途和性质的改变，为二、三产业的发展提供规模化建设用地供给，服务于地方工业化与城镇化的发展；第二，依托发达的区域经济，土地非农化的过程中伴随着巨额增值收益的产生，土地的产权配置必须解决土地利益的分配问题。这就使东部沿海地区的土地制度实践一开始就涉及土地开发权的重新配置，在很大程度上打破了公有制限制集体土地非农开发的二元化产权配置结构。不过，由于工业化路径的差异，东部沿海地区内部也形成了两种截然不同的土地制度实践路径。

第一种路径以苏南为代表，核心特征是通过强化土地集体所有权的方式解决新的发展与分配问题。苏南乡村工业的发展依托集体经济，乡村两级在工业化中发挥了巨大的作用，拥有较强的推动地方发展、控制土地分配的能力，而得益于此的农民也就高度认同集体土地的公有属性。这使苏南地区能够有力地维持土地的集体所有权属性，其地方性土地制度实践的核心可以概括为以下两点。第一，强化集体对土地的管理与控制，实现土地经营权与集体经济收入的整合。苏南地区从20世纪90年代末期开始推行“土地换社保”，逐步将农民的土地经营权重新集中到集体，由村集体统一经营管理农村土地，土地产生的收益则作为集体经济收入，主要服务于村庄治理与公共服务。农民能够在这一过程中实现福利提升，但并不能直接支配集体经济收入并将其转换为属于个人的财产性收入。第二，尽管集体土地突破了土地利用非农化的限制，但在苏南，集体土地的开发权仍然服从于国家的土地征收权，集体利益服从于国家在更大范围内对土地利用的需求。事实上，依托村集体强有力的土地控制能力，苏南的土地征收一般都较为顺利，很少遇到农民的反对，农民都认同“土地属于国家”，土地的补偿价格也不高。通过这一制度实践，集体土地就不仅能够有效承接二、三产业，而且不会与城镇化以及政府的土地利用规划产生冲突，也在很大程度上实现了土地增值收益的公平化分配，为村庄治理能力与农民福利的提升提供了基础。

在浙江依靠私营企业推动乡村工业化的地区，本地经营企业的农民以各种“打擦边球”的方式用集体土地建造厂房推动集体土地的非农化，由此产生的土地收益主要以地租豁免的形式为私营企业获得，集体很难从中获益。但总体而言，不同于苏南与珠三角以集体为单位规模化地转变土地性质，这些经营者占有的土地数量相对较少，大多利用扩大宅基地面积的形式占有集体土地，绝大部分农地仍然保持了较强的集体属性与原有的用途和性质。当前浙江不少地区的农地也主要以“两田制”的形式进行经营管理，村集体对农地的管理能力得到维系。同时，个体化的“违建”并没有改变农村土地的集体所有权属性，国家土地征收权的行使仍然十分有效。土地征收时，这些被私人占有的集体土地大多作违法用地处理，并不享有额外的征地补偿。因此，尽管这些地区的土地制度实践远没有苏南规范，也在很大程度上背离了国家规范化的土地制度管理，但并未对现行的正式制度造成冲击，历史形成的集体经营性建设用地能够较好地被现有制度消化。

第二种路径以珠三角的股份制改革为代表，其核心是弱化土地的集体所有权，强化集体土地的财产权属性。珠三角是中国最早对外开放的地区，承担着国家早期招商引资的重任。随着短期内大量外资的涌入，珠三角的土地价值快速飙升，同时，这些早期进入珠三角的外资企业也大多采取“三来一补”的经营形式，集体并不需要参与具体的经营管理，只需要完成供地就能获得地租收益①。因此，土地价值的增长与村集体的经营能力无关，农民的土地权利反而在这一过程中被快速激发。为了能够尽快将农民手中的土地进行整合，推动外来资本快速落地，珠三角地区选择了以强化农民财产权的方式解决地方发展与土地利益分配的问

① “三来一补”是“来料加工”“来件装配”“来样加工”“补偿贸易”的简称。在这种经营形式中，外来资本进行原材料、资金、技术供给，负责对外销售，集体只需要提供土地就能获得地租收益。

题，并使区域性的土地制度实践呈现出独特特征。一是将整体性、公有化的集体所有权转变为个体化的、具有财产权属性的股权。股份制同样实现了集体土地经营权的整合，但股权具有财产权属性，能够对土地所有权进行直接控制，这突出表现在，农民依托股权成为股民，村集体只是股民利益的代理人，其对土地的经营管理必须服从于股民的利益。同时，股民享有合法的剩余索取权，土地收益的主要部分被转换为个人的财产性收入，而非用于基层治理与公共服务。以广东南海为代表的一些地区近年来更是通过“政经分离”的改革，使村集体经济与村级治理进一步剥离，弱化集体经济的治理功能，以提高农民的分红水平①。二是国家的土地管理征收并不享有优先地位，股民在事实上始终强有力地控制着集体土地的非农开发权。一方面，国家的土地征收所遇阻力较大，土地征收权难以真正落地，偶尔甚至遭遇农民激烈的反抗。事实上，在国家实行严格土地管理以来，珠三角地区的集体违建现象仍然屡禁不绝，集体经营性建设用地持续呈扩张趋势。以深圳市为例，根据 2010 年的统计数据，该市农村的违法建筑高达 35.7 万栋，建筑面积为 3.92 亿平方米，用地面积 131 平方千米②，

---

① “政经分离”是指将农村基层自治组织和集体经济组织分离运作，农村基层自治组织从事自治管理和公共事务，集体经济组织抓好集体“三资”的运营管理，两者在职能、人员、财务等多个领域实现分离。

② 北京大学国家发展研究院综合课题组．更新城市的市场之门：深圳市化解土地房屋历史遗留问题的经验研究．国际经济评论，2014（3）.

大量违建都是在2008年以后产生的。另一方面，即使国家实现了土地征收，地方政府也必须支付高额的土地征收费用，集体土地的征收价格与国有土地差异不大，股民得以在这一过程中持续将原本由国家垄断的土地增值收益转变为巨额的个人财产。

通过弱化集体所有权、强化农民的土地财产权，广泛激发起农民招商引资的热情，实现集体土地经营权的整合，以应对大规模外来资本的进入。这也使得珠三角地区的二、三产业大量在集体土地落地，在一些地区，相比更为正规的国有建设用地，集体经营性建设用地甚至能够占据更主导的地位。同时，股份制通过将土地收益固化为股份，也解决了土地利益分配产权不明的问题，将大量利益赋予农民。

不过，这一制度实践更多应对了早期工业化发展的需求，当前随着更大规模与更现代化的城市经济的持续发展，这套土地制度实践在珠三角地区也越来越不适应实际情况，无法高效、公平地应对发展与分配问题。一是土地利用效率难以持续提升，阻碍城镇化的推进。珠三角各地普遍出现了用地困境，股民以村集体为单位控制土地的开发权，却无法提高土地的利用效率[①]。二是将大规模土地增值收益分配给只占人口极少部分的股民，不仅突破了公有制生产资料公平分配的原则，而且股民基于庞大的土地

---

① 刘超．城市更新的“土地陷阱”及其解释：基于珠三角地区的调研．华南理工大学学报（社会科学版），2019（2）.

利益有时容易与国家和社会产生冲突，也不愿融入到城市化的进程中。本地农民广泛出现过度依赖土地租金收入，退出市场与城市经济的“逆城镇化”问题[①]。与之相对，在苏南、浙江等沿海其他地区，长期对集体所有权的强调使现有土地制度能够逐步消化历史遗留问题，持续推进地方经济发展，平稳解决利益分配问题。

可以看到，由于差异性的区域经济发展状态与发展模式，东部沿海发达地区与中西部地区农村面对着完全不同的土地利用与土地价值状况，需要通过土地解决不同的经济社会问题。在这些诱致性的因素下，土地制度实践呈现出差异化的特征（见表 3–1）。

表 3–1　土地制度实践的东西差异

	土地利用	土地价值	土地的制度功能	土地制度实践
中西部地区	农业用地	低	保证农业生产、服务农民保障与乡村建设	维持土地家庭联产承包责任制，较好地贯彻征地制度
东部沿海地区	非农使用	高	服务工业化与城镇化、解决土地增值收益分配问题	苏南：突破集体土地非农化的限制，但始终强化土地的集体所有权属性
				珠三角：突破集体土地非农化的限制，并强化土地的财产权属性

① 仇叶 . 土地开发权配置与农民市民化困境：对珠三角地区农民反城市化行为的分析 . 农业经济问题，2020（11）.

从这一角度看，不同区域的土地制度实践在根本上仍然是我国经济发展区域不均衡的直接体现，尤其是东部沿海地区的土地制度实践，更是特定时期较为松散粗放的土地管理与乡村工业化发展历史的独特产物，反而具有特殊性而非普遍性。中西部地区在过去并不存在进行这种土地制度实践的诱因，在当前随着更为稳定的区域发展分工体系的形成，也显然缺乏复制这些制度实践的条件与需求。然而，由于缺乏东西区域差异的视角以厘清沿海发达地区与中西部地区农村土地制度实践差异的内在机制，土地制度改革朝着与土地制度实践完全不同的逻辑演进。

三、东西区域混淆与土地制度的改革逻辑

土地制度实践的东西差异深刻影响了我国近年来的土地制度改革。一直以来，我国就有将地方性实践经验吸纳为全国统一性制度或政策的传统，以“一般与个别相结合”的方式提高制度的灵活性与社会适应性。区域性的土地制度实践在事实上构成了国家确立土地制度改革方向的重要“选择集合”，但不同地区的制度实践在制度改革中的“话语权”存在较大差异。总体而言，相比中西部地区与苏南地区，珠三角高度财产化的土地制度实践逐渐获得优势地位，成为全国性土地制度改革的“模板”，主导着当前土地制度改革的方向。

由于经济发展的东西区域分化，在城镇化的背景下，中西部

地区农村普遍出现人财物流失、村庄“空心化”、集体经济衰败等一系列问题，而东部沿海地区农村则依托区域经济的高速发展，达到了较高的城乡一体化水平，成为城市经济带的重要组成部分，本地农民也较快实现了非农化转型。这一分化在根本上是现代城市经济集聚化、规模化发展的特征在空间上的自然表现，沿海地区城市带与核心城市的快速发展依赖于全国资源与人才的集聚，并产生虹吸效应，使得中西部地区的人财物出现自然外流[①]。这显然并非中国的独有现象，从经济的集聚程度来看，相比绝大部分发达国家，甚至部分发展中国家，中国的经济集聚度仍然相对偏低，未来经济发展的区域分化结构仍将长期维系。然而，这却在某种程度上使得东部沿海地区与中西部地区的制度实践和政策实践处于完全不同的“政治地位”，东部沿海地区越来越被视为成功经验的来源地，而中西部地区则处于被“问题化”的一端，成为改革的重点地区与学习经验的一方。

这一政策思路被贯彻在土地制度改革领域。东部沿海地区与中西部地区的土地利用、土地价值以及面临的土地问题在根本上是由区域发展水平，尤其是乡村工业化的历程与发展状况不一样所决定的，土地制度的地方性实践正是对这种差异的回应。但在制度改革的逻辑中，由于缺乏对东部沿海地区与中西部地区农村

---

① 贺雪峰．城市化的中国道路．北京：东方出版社，2014：156-187.

差异性质的辨析，土地制度实践本身被作为引发区域经济社会发展差异的原因，即东部沿海地区的土地制度带来了土地利用的非农化以及土地的高价值，并转换为这些地区的集体经济收入与农民福利，进而推动“三农”问题的解决与农村的现代化。原因与结果的混淆使得东部沿海地区的土地制度实践脱离了具体的历史与区域发展语境，成为一种绝对意义上的优势制度，为解决中西部地区农村农民增收、集体经济发展等一系列问题提供了方向。同时，相比强化土地公有属性的苏南地区，珠三角地区的土地制度实践与土地财产权的话语更为契合，能够与增加农民收入紧密关联，珠三角地区农民有时对抗地方政府征地的行为，也进一步迎合了维护农民土地权利的话语。

基于这一思路，近年来我国的土地制度改革就越来越沿着强化集体土地财产权属性的方向演进，并突出表现在以下两个方面。一是弱化城乡两类土地在土地开发权上的差别，强调集体建设用地与国有土地“同地同权”。有些政策试图赋予集体土地更大的非农开发权，从而弱化国家依托严格征地制度对土地增值收益的垄断与公有化的能力，使农民能够将原本公有化的土地利益转换为个人化的财产性收入。二是对集体土地进行产权制度改革，依托股份制改革进一步强调农民的土地财产权。

然而，从实践效果来看，财产化的土地制度改革不仅没有达到预期的政策意图，使中西部农村解决现有困境，反而出现了一些改革悖论。

一方面，集体土地的财产化无法真正改变中西部农村的土地利用与土地价值状况，农民增收与乡村发展也就无从谈起。土地利用和土地价值与区域的经济发展水平密切相关，在中西部地区，除了少数靠近城市的城郊村，绝大部分乡村都缺乏产业基础，非农化的土地大多为宅基地，也缺乏吸引二、三产业进入的优势条件。因此，即使国家允许集体土地进行非农使用、直接入市，也鲜有企业与资本愿意进入。从全国农村土地征收、集体经营性建设用地改革试点来看，据统计，自 2015 年到 2018 年三年改革以来，33 个试点县（市、区）已按新办法实施征地 1 275 宗、18 万亩；集体经营性建设用地已入市地块 1 万余宗，面积 9 万余亩，总价款约 257 亿元①。但能够按照新办法以高额价值实现土地征收与入市的大多都是沿海地区或大城市郊区的试点，中西部地区绝大部分农村都面临着难以找到满足入市条件的土地，或是集体土地无人问津、难以实现高价值的困境。例如，33 个试点县（市、区）实施的 1 275 宗征地项目中，有 918 宗（占 72%）集中在河北定州、上海松江、浙江义乌、福建晋江、山东禹城等 5 个试点地区②。

同样，股份制改革实现了地权更清晰化的划分，但中西部农村的土地大多以家庭联产承包的形式分配给农民，集体直接经营

①② 数据来源：《国务院关于农村土地征收、集体经营性建设用地入市、宅基地制度改革试点情况的总结报告》，http://www.npc.gov.cn/npc/c12491/201812/3821c5a89c4a4a9d8cd10e8e2653bdde.shtml。

管理的土地较少，土地价值不高，股份制改革的意义不大。其结果是，财产化的土地制度改革只是增加了极少数处于沿海发达地区与城郊地区农民的利益，将原本能够服务更多群体的公有化土地增值收益转换为这些农民的私人收益，而这些农民由于距离城市较近，事实上较早就完成了非农化转型，并不属于传统意义上弱势的农民群体。相反，真正依赖土地、更为广泛的普通农民反而无法从中获得收益。因此，这事实上进一步加剧了城乡之间的分化，使少部分优势“农民”进一步获得额外的城市发展利益，也弱化了政府通过土地增值收益的再分配协调更大范围公平的空间。

另一方面，财产化土地制度改革的负向效应很快在中西部农村凸显。基于我国人多地少的客观生产条件，以家庭为主体的小规模经营仍然是当前农业经营的主导形式。家庭经营提高了农民生产的积极性，但农业生产中存在大量一家一户无法解决的公共服务供给问题，例如水利、机耕道等基础设施的建设。此外，随着乡村对机械化耕种需求的增加，也有越来越多的农民希望改变原有的土地分配细碎化的状况，提高土地的整合程度，提高劳动生产效率。这些问题的解决很大程度上需要依赖集体所有权的行使，即通过集体土地的整体管理与一定程度的灵活调整增加土地利用的灵活性与效率，为超出一家一户之上的公共服务供给提供必要的空间载体。然而，随着集体土地财产权属性的强化，部分农民的土地权利意识被过度强化，集体对土地的管理与协调难度增加，公共利益的共识变得更加难以达成。例如，一些地区农民利用土地的财产话语使各类公共基础设施的建设难以落地，村干部怕违反政策越来越不愿意进行土地调整以回应农民的生产需求。这事实上意味着，原本就高度细碎化分配的土地陷入资源锁定的低效状态，集体土地难以在新的土地权利结构下发挥统筹协调的功能。与此同时，在城镇化背景下，乡村人地分离的状况加剧，农民日益分化为“在村农民”与“离地农民”，土地流转成为实现土地资源有效利用、规模化经营的重要手段。然而，土地制度改革很大程度上持续强化了“离地农民”的土地权利，各地农村都普遍出现了这些农民基于对土地财产权的想象，要求较高的土地承包流转费用，挤压生产者利益，导致土地流转失败的情况，一些地区甚至因此产生了大面积的抛荒问题[①]。村集体由于缺乏强有力的土地集体所有权的支持，也很难发挥协调作用。这极大阻碍了农业效率的提升，也损害了真正“在村农民”的利益。这深刻说明了，珠三角地区高度财产化的土地制度实践并不契合中西部地区的经济社会条件，也不能够满足农民对土地制度的功能需求。

总体而言，当前的土地制度改革试图将以珠三角为代表的东部沿海地区实践作为先进经验，为中西部地区乃至全国的土地制

① 张一晗．村集体角色与土地流转秩序：两种组织化流转模式的比较．西北农林科技大学学报（社会科学版），2021（6）．

度确立改革方向。其改革的核心逻辑与立足点在于，认为通过弱化国家对集体土地的管制，强化农民的土地财产权，建立更为财产化的土地制度，将使中西部地区的土地与东部沿海地区一样实现利用方式的转变以及土地价值的激增，从而有效提升中西部地区的土地利用效率，盘活乡村资源，达到增加农民收入、发展农村的一系列效果，进而有助于“三农”问题的整体解决。从根本上来说，这忽视了沿海发达地区与中西部地区农村经济基础条件的根本性差异，从而混淆了土地利用方式与土地价值产生的原因，即并非土地制度实践导致沿海地区与中西部地区农村的分化，而是客观的区域经济发展分化使得土地利用方式、土地价值以及土地制度实践出现差异，也混淆了不同地区土地制度的核心功能，即东部沿海地区与中西部地区基于区域发展水平的差异面临着完全不同的经济社会问题。即使中西部地区完全照搬东部沿海地区的土地制度实践，也难以获得这些地区赖以发展的区域经济条件，复制它们的发展道路，反而将遭遇越来越多“水土不服”的问题，冲击中西部地区原本基于集体土地制度建立的较为稳定的社会秩序。

四、土地公有制的适应性与土地制度的改革方向

我国人口众多，地域空间广阔，不同地区的区域发展始终存在差异。总体而言，区域间的差异越大，越是需要立足区域差异

的视野，不能笼统地将不同区域视为一个整体，否则区域的混淆与认识错位就难以避免。当前随着经济发展在现代社会中的重要性日益提升，不同地区发展分化引发的区域差异也就越发凸显，这在我国突出表现为东西差异，即东部沿海地区的农村经济发展水平较高、工业化能力较强，构成了城市经济带的重要组成部分，广大的中西部农村则成为人财物的流失区域，经济发展水平较低，很难再获得二、三产业的发展机会。事实上，东西两大经济区域的形成与分化已经成为中国经济发展、城镇化推进，影响各类社会生活开展、基本秩序建立的基础结构，东西差异的视角也就应当成为理解中国复杂性的基本视角，以及国家各类政策与制度体系实施的内在维度。

具体到中国的土地制度改革，当前的改革悖论正是由于忽视了不同地区社会状况的差异，将东部地区基于特殊工业化历史与区域发展条件的制度实践挪移到中西部地区，导致制度改革与区域经济基础的错位。那么，立足于东西区域差异，土地制度的改革应当走向何方？事实上，我国强调国家对土地用途与土地价值管理的土地公有制立足于社会主义国家的基本政治理念，具有极强的正当性与正义性，且将土地划分为集体土地与国有土地两种权属，并对应城乡两类主体相应的具体制度实践，有着很好的灵活性与适应性，能够很好地应对复杂的区域分化结构以及东部沿海地区与中西部农村对土地制度功能的差异化需求。

在东部沿海地区，城镇化带来的发展问题与地利分配问题是土地制度需要解决的核心问题。基于土地公有制，国家能够行使强有力的土地管理与征地制度，一方面进行有序的城市规划，为城市发展提供规模化供地，提高土地的利用效率；另一方面将土地增值收益转变为城市建设的经济基础，提高所在区域城乡居民享受的经济社会福利，减少“土地食利集团”的产生。在这一过程中，尽管农民并不直接分配地利，却能够通过融入城市经济体系，进入地方正规化的社会保障与公共服务体系，分享城市经济的发展成果，顺利完成市民化转型。更重要的是，随着现代城市经济的发展越来越依赖于跨区域交通系统、区域性经济发展圈、城市公共服务供给体系等大型、高成本、跨区域的公共物品供给，公有制统筹土地开发权、公有化土地增值收益的优势将越发凸显。当前苏南地区基于对土地公有制的强化，较为有效地消化了早期集体土地零散化开发的历史问题，并有序地推进城镇化、农民市民化转型，而珠三角地区不得不面对土地开发权过于碎片化与低效的问题以及农民市民化困境的窘境，恰恰说明了土地公有制与现代城市经济的适应性。

在中西部地区，土地公有制同样呈现出较强的适应性，能够作为农民土地利益保障与乡村建设发展的基础性制度，且应对城镇化背景下乡村出现的大量新问题。“统分结合”是集体土地制度最重要的特征。农民的承包经营权可以有效保障土地经营的灵活性，赋予农民较为稳定的土地权利，但在当前乡村生产力条件发生变革的条件下，集体所有权统筹功能的重要性进一步凸显，能够带来更多积极效应，更好地保障农民的利益，推动乡村的振兴与发展。依托集体土地的管理与统合功能，农村土地就能够突破细碎化分配的弱点，更好地与当前乡村的人口、生产力状况相适应。这尤其体现在，利用土地公有权的统合能力，可以有效提高土地整合程度以适应规模化与机械化经营的需求，协调在村农民与外出农民的利益，同时为公共基础设施与公共服务的供给提供空间基础。这既有利于农业生产效率的提高，推动农业发展的现代化与农民农业收入的增加，也有助于乡村社会更好地对接国家的公共服务资源，进一步改善乡村的生产生活条件，为乡村建设提供重要的基础。比如，探索“按户连片”耕种制，打破近年来集体土地的产权固化的趋势，通过强化集体所有权的方式，推动农户间协商交换土地经营权，有效解决了土地细碎化的问题，推动了土地经营效率的提高。再比如，江苏射阳探索出了“联耕联种”的模式，在农户自愿的前提下，由村集体统一组织，破除田间界址，将碎片化的土地集中起来，实现有组织的连片种植，并提供小农所需要的打药、收割等社会化服务。这些探索的核心都是在尊重农民承包经营权的基础上，强化集体土地制度的统筹能力，使小农生产能够更好地适应当前乡村的人口与生产力状况。

可以说，我国二元化的土地公有制结构恰恰有效对应了东西不同区域发展水平的差异，既契合了东部发达地区城镇化发展的需求，也与中西部地区乡村振兴的目标相契合。其内在的核心逻辑正在于，土地公有制始终强调按照生产力最优化原则对生产资料进行配置，同时公平分配生产资料产生的利益，这就使得土地能够摆脱财产权对生产资料的桎梏，具有更强的灵活性与适应性。与之相对，珠三角地区的土地制度实践既是我国特定历史时期土地管理的产物，也是区域独特工业化发展路径的产物，它在中国经济粗放发展的早期发挥过重要作用，但这一制度实践对土地财产权的高度强调既背离了土地公有制的基本原则，在城镇化高速发展的新背景下，其弊端也日益显现。

从这一角度看，珠三角地区的土地制度实践与其说形成了先进经验，不如说是需要消化的历史遗留问题。这也表明，当前土地制度改革不应当将财产化的土地制度作为改革方向，让各地学习珠三角地区的土地制度实践，而是要进一步完善与强化土地公有制。显然，完善与强化土地公有制并不是机械地强化国家对土地的控制，其核心是根据不同地区的社会需求与经济基础，建立灵活的体制与机制，更好地发挥土地公有制的统筹协调功能，从而持续提高土地的利用效率与土地利益分配的公平性，解决不同地区面对的不同问题。总体而言，东部沿海地区的土地制度实践需要立足土地公有制的基本规范，平稳消化早期的历史遗留问题，推进土地制度的规范化运作，同时为城镇化的高速发展提供重要基础，将土地利益更多地转换为城市发展与农民市民化的支撑力；中西部地区则应当立足农民保障与乡村发展，在保障农民土地基本权利的同时，使土地资源的配置更好地契合生产力条件的变革，服务于农业经济的发展与乡村公共服务的推进，为乡村振兴提供基础。

第 4 章

农业现代化的区域差异

在人多地少的中国，要实现农业现代化，需要解决两方面的问题，一是农业规模化问题，二是农村人口就业问题。到 2020 年，虽然第一产业占 GDP 的比重仅为 7.7%，但吸纳了近 25% 的就业人口[①]。在这种情况下，农业现代化就不能只考虑规模经营问题，而必须考虑农村劳动力的就业问题。今天关于农业规模经营的很多讨论都预设了一个前提，即农业规模化可以“解放”农村剩余劳动力，农村大量劳动力也可以顺利转移到城市，或实现非农就业。在这一预设下，农业现代化被等同于农业规模化，农村劳动力问题被悬置了。问题在于，这一预设在今天还没能实现。

在东部的少数沿海地区，绝大部分农村劳动力都实现了非农就业，因此这些地区很容易实现土地规模经营。在这些地区，农业现代化似乎自动与农业规模化等同起来。这些地区推动规模经

① 国家统计局农村社会经济调查司 . 中国农村统计年鉴：2021. 北京：中国统计出版社，2021.

营的实践经验也成为中西部地区争相效仿的对象。问题在于，从短期来看，中西部地区还无法解决农村劳动力的转移问题。一味追求土地规模经营，实际上是将农业问题与农民问题割裂开来，这样的农业现代化缺乏稳固的根基。本章结合近年来在东部沿海地区和中西部地区的调研，对东西部地区农业现代化的实践条件进行分析，以此讨论农业现代化的区域差异。

一、东部沿海地区的农业现代化：难以复制的经验

东部沿海地区的农业发展模式往往被作为农业现代化的模板，向中西部地区推广。典型的如"家庭农场模式"，起源地就是上海市松江区。广东的国家级现代农业产业园区数量也居全国首位，成为农业现代化的引领者①。如今，东部沿海地区的确在土地集中程度、农业机械化水平等方面都高于全国平均水平。在土地流转方面，截至 2021 年，江苏省土地流转面积已经超过 3 000 万亩，土地流转率达到 60%②，而全国土地流转比例已超过三分之一③。广东省在2020年年底时的农村承包地流转面积也已

① 许悦，赵俊杰 . 打造高质量现代农业样板 广东谱写率先实现农业现代化新篇章 . 羊城晚报，2022-10-13（9）.

② 吴琼 . 全省土地流转面积超三千万亩 . 新华日报，2021-03-01（1）.

③ 徐涵，乔金亮，黄晓芳，等 . 耕地问题调查 . 经济日报，2022-02-14（3）.

经占全省农村承包地面积的50.45%[①]。浙江省的土地流转面积早在2015年就已经占家庭承包耕地总面积的48%，超出当时全国平均水平近20个百分点[②]。在农业机械化方面，江苏省2021年农作物耕种收综合机械化率超过83%，比全国平均水平高近11个百分点[③]。上海市主要农作物机械化综合水平在2017年就达到89.3%，明显超过2020年全国农作物耕种收综合机械化率71%的水平[④]。正因为如此亮眼的表现，东部沿海地区的农业现代化实践往往被作为经验、示范向全国推广。

然而，东部沿海地区的农业现代化发展与其特殊的区位优势和工业化、城镇化历史密切相关，其农业现代化经验具有很强的特殊性。东部沿海地区农业现代化有两个重要条件：一是较早实现了农村劳动力的大规模非农就业，农业劳动力的转移为土地规模经营创造了条件；二是地方政府的财政收入高，因此能为现代农业的发展提供大量补贴，政府补贴不仅使这些地区的农业规模化经营在短期内迅速发展，也使现代农业更容易被打造成“政

① 黄进．粤农村承包地逾半实现流转．南方日报，2021-02-19（4）.

② 颜伟杰，高晓晓．我省引导土地经营权有序流转．浙江日报，2015-04-24（1）.

③ 数据来源：2021年江苏省国民经济和社会发展统计公报，江苏省统计局网站。

④ 戴伟娟．如何补齐上海农业劳动生产率偏低短板．(2021-04-22). https://www.thepaper.cn/newsDetail_forward_12309102.

治景观”。在此双重特征之下，东部沿海地区的农业规模经营大体可以划分为两个阶段，每个阶段各有其鲜明的特点。自家庭联产承包责任制实施至21世纪第一个十年中后期，为第一个阶段，其规模经营主要由市场力量推动；自21世纪第一个十年中后期至今，为第二个阶段，这一阶段的农业规模经营表现出更强的政府主导特征。21世纪第一个十年中后期之所以成为一个重要分界点，一是因为在农业税费全面取消后，中央政府开始为农业生产提供补贴；二是因为从这一时期开始，中央开始推动土地流转加速进行，对农业规模经营的鼓励措施不断推出。

（一）农村劳动力的大规模非农就业与市场力量推动的农业规模经营

由于特殊的区位优势，东部沿海地区自改革开放之初就拥有发展二、三产业的独特优势。珠三角地区作为中国改革开放的前沿阵地，自20世纪70年代末就开始发展“三来一补”出口加工经济。长三角地区也借助其有利的区位条件，大力发展出口导向型经济。这些以制造业为主体的劳动密集型产业吸纳了大量的劳动力。围绕现代制造业发展起来的二、三产业，为当地带来了大量的非农就业机会。以江苏省为例，1978年，江苏省第一产业增加值占该省GDP的比重为27.6%，吸纳了全省69.7%的劳动力，第二、三产业分别吸纳了19.6%和10.7%的劳动力。随着二、三产业的迅速发展，到2005年，江苏省第三产业就业比重已经升至31.9%，就业人数也首次超过第一产业。2018年，江苏省第一、二、三产业分别吸纳了16.1%、42.8%和41.1%的劳动力[①]。与1978年相比，2018年江苏省第一产业就业比重下降了53.6个百分点，第二、三产业则分别上升了23.2、30.4个百分点。上海市2020年第一产业就业人数占乡村就业人口的比例仅为16%[②]。农村劳动力大量向非农就业转移，客观上为土地规模经营创造了空间。正是在这一背景下，东部沿海地区的农业规模经营才成为可能。如果以上海、苏南等长三角地区为例，则东部沿海地区农业现代化的第一个阶段可以划分到2007年以前，因为长三角地区在2007年开始普遍推行“土地换社保”，政府对农业规模经营的主导自此开始加强。

在第一个阶段，东部沿海地区的土地规模经营主要由市场力量推动，同时，村集体在这一阶段也发挥了重要作用。由于二、三产业的发展，东部沿海地区土地规模化经营的发生远远早于全国其他地区。根据我们2016年在上海市松江区、苏州市相城区的调研，这些地区在20世纪80年代就开始了规模经营的不同实践。以上海市松江区为例，当地在第一轮土地承包期间，虽然也将土地分包给了农户，但村集体在农业生产统筹方面发挥了重要作用。由于有充足的非农就业机会，上海市郊的农民从20世

① 江苏省统计局．数说江苏70年：结构调整扎实推进 转型升级步伐加快．(2019-09-05). https://tj.jiangsu.gov.cn/art/2019/9/5/art_85275_10487668.html.

② 根据《中国农村统计年鉴：2021》的统计数据计算所得。

纪 80 年代初开始，就以务工为主，农村家庭的打工收入远远高于务农收入。由于劳动力向非农就业转移，农业劳动力不足，因此，自家庭联产承包责任制实施至土地二轮承包，村集体成立了电力服务队、机耕服务队、植保服务队、种子服务队、灌溉服务队等队伍，为农户提供统一的供种、机耕、植保和灌溉等服务。这大大减少了农户进行田间管理的压力，农户需要自己完成的主要是育秧、施肥、除草、收割等工作。到土地二轮承包以后，村集体不再承担大量的生产统筹任务，而是实施“两田制”，将土地划分为口粮田和责任田，口粮田按全村人口平均分配，责任田则由村民自愿承包，无人承包的土地由村集体收回后向外发包。大部分农户都承包了一两亩的口粮田，但不愿意承包责任田，因此大量土地由村集体发包给外地农户耕种，这些农户发展的也是规模化种植。在松江区，2000 年前后来承包土地的主要是安徽人，他们的种植面积大多在 20～30 亩，以夫妻二人共同经营为主，较少雇工。其种植的作物既有蔬菜等经济作物，也有水稻。在农业机械化程度远不如今天的情况下，这一种植规模在那时已经相当大，因此他们也能从农业规模经营中获得不菲的收入。种植技术高的外来大户种地收入甚至高于当地进厂务工的本地人。一些来承包土地的安徽人甚至在松江区买了房，举家搬迁至此。

苏州市郊的情况也类似，土地规模经营自 20 世纪 80 年代就已经开始。只不过在第一轮土地承包期间，苏州市郊的村庄就开始实施“两田制”，口粮田按人口平分，责任田则按劳动力平分。

在苏南地区，由于改革开放之初就有不少农户进当地企业打工或做一些小生意，因此农业劳动力严重不足。为了完成缴纳国家订购粮的任务，当地人也多将土地流转给外地人耕种，因此在苏南地区，20 世纪 90 年代初就有外来大户来流转土地。在土地二轮承包后，当地继续实施“两田制”，但村集体将责任田的经营权流转过来，再统一流转出去。这时，土地可以连片承包给大户，承包者以外来大户为主，也有少量本地大户，且这一时期承包土地的大户相对稳定下来。

可以看到，在这一阶段，上海、苏南农村都实行了“两田制”，这些地区的村民只愿意种口粮田，并愿意将责任田交给村集体，由村集体统一经营或对外流转。这主要是因为东部沿海地区有充足的非农就业机会，村民在家门口就可以获得稳定且不低的务工收入，而且往往购买了养老保险。这使他们不必再依赖土地收入作为最后的保障。因此，在这样的地区，土地集中是在市场条件下自发形成的。同时，村集体对土地的统合也为这些地区的土地规模经营提供了条件。与此同时，这一阶段东部沿海地区的土地规模经营也是在市场力量的推动下发生的。外来大户是这些地区农业规模经营的主体，他们之所以来承包土地，是因为发展规模经营可以得到比在家乡务农更高的收益。这一时期，规模经营主体获得的政府补贴极为有限，在大部分时间，外来大户还承担了在当地缴纳农业税费的负担。

（二）地方财政支持下的现代农业景观

东部沿海地区农业现代化的另一个重要条件就是地方财政收入高，能为规模经营主体提供大量补贴。这一方面使农业规模化经营得以迅速发展，另一方面也为地方政府打造农业现代化景观提供了基础。仍以上海、苏南等长三角地区为例，这些地区农业现代化的第二个阶段大体可以认为从2007年开始，因为“土地换社保”政策进一步推动了土地的集中。

“土地换社保”是地方政府在高额财政收入的支持下，规划和促进现代农业发展的一个关键举措。以上海市松江区为例，松江区从2007年开始探索发展家庭农场。政府一方面通过“土地换镇保”政策来鼓励土地流转，使土地集中到村集体手中；另一方面通过对家庭农场的经营规模、土地流转价格等进行引导，打造标准化的土地规模经营图景。根据我们2016年在上海市松江区的调研，当地农村户口的居民，女性满55岁、男性满60岁，如果愿意退出农业生产，把土地经营权交给村集体，转为城镇户口，可以享受“镇保”（1 370元/月）待遇；如果不把土地经营权交给村集体，就仍享受农保（900元/月）待遇。在这一政策的推动下，土地经营权逐步由村集体收回。苏南地区也是如此。自2006年12月31日起，苏州开始实施“土地换城保”，村集体将土地经营权收回，农民获得“城保”——低于城镇职工养老保险，但高于新型农村养老保险。“镇保”和“城保”是长三角地区独设的养老保险，主要依靠地方财政的投入来维系，因此也只有在这类地方财政收入较高的地区才能实现。与第一个阶段不同的是，这个阶段的土地集中和规模经营都在地方政府的强力干预下发生，而不再只是市场力量推动的结果。

在这一阶段，除了对土地集中进行干预外，地方政府也更主动地对农业规模经营进行规划和打造。以上海市为例，自2007年开始，地方政府对家庭农场的规模、土地流转费的标准、家庭农场主的选举都进行了引导。2007年，上海市松江区政府建议家庭农场规模不小于80亩，此后不断调整，到2015年前后，家庭农场的理想规模在100～200亩。根据当地一位家庭农场主的介绍，政府在确定家庭农场的合适规模时，参考的就是当地农村家庭的平均年收入。由于上海工业经济发达，绝大部分农村夫妻在当地工厂打工的年收入在7万～8万元（2015年前后），而种植80～100亩的水稻，在地方政府的补贴政策下，也能达到7万～8万元的收入。因此当时的“适度”规模就是80～100亩。松江区政府还对土地流转费做了限定，例如，2015年当地的土地流转费不得高于800元/亩。此外，家庭农场主由村民报名、村民代表大会投票选举产生。以松江区Y村为例。在2015年选举家庭农场主时，Y村规定，成为家庭农场主的基本条件有两个：一是年龄不得超过55周岁，二是不得从事正在交养老保险的工作。全村符合条件且愿意承包土地的农户共有15户，开放竞选的家庭农场主名额是5个（全村一共8个家庭农场主，其中

3 个是购买了农机的机农互助点或机农结合点农户，按规定这些家庭农场主的土地流转期可以顺延，不用参与竞选），最终由 48 个村民代表投票，从 15 个候选人中选出 5 个家庭农场主。

地方政府对家庭农场规模的引导主要通过提供补贴来实现。根据我们 2016 年在上海市松江区的调研，各级地方政府为家庭农场主提供了各类直接或间接补贴。地方政府提供的直接补贴包括生产环节的各类补贴，间接补贴则主要包括农机购置补贴、农田灌溉补贴、粮食收购价格补贴等。在直接补贴方面，根据区政府提供的一份材料，2015 年松江区的家庭农场每 100 亩土地可获得水稻种粮补贴、农资综合补贴、冬种绿肥深翻补贴、家庭农场考核奖励等，共 53 420 元，即每亩地的补贴为 500 多元。此外，区政府还提供了 200 元 / 亩的土地流转补贴。不过，为了加强对家庭农场的管理，区政府此后将 200 元 / 亩的流转补贴变成"考核费"。区政府每年对家庭农场进行两次考核，依据区农委财政考核等级进行奖励。在间接补贴方面，上海市政府还在中央财政提供的 30% 农机购置补贴外，给予了额外的补贴，上海市农机购置的补贴比例高达 70%～90%，极大降低了农户购买农机的成本。同时，在农田灌溉方面，灌溉电费、水泵维修费等都由村集体支付，不用家庭农场承担。此外，松江区政府还以价格补贴的方式鼓励家庭农场种植水稻，2015 年，当地的稻谷收购价达到1.55元/斤[①]，远高于1.2～1.3元/斤的国家保护价。将上述直接和间接补贴汇总，2015年上海市各级政府为家庭农场提供的补贴总计达到每亩1 000元左右。2015年全国水稻平均亩产量是985.3斤，按照当年全国平均稻谷收购价格1.38元/斤计算[②]，每亩水稻的毛收入为1 359.7元。由此可见上海市政府对家庭农场的补贴力度。

正因为政府为规模经营主体提供了高额补贴，过去由外来大户分散经营的农业生产秩序被重塑。在松江区，此前外来大户发展规模经营时，除了种植水稻外，也种植蔬菜、西瓜等经济作物，这类作物的经济效益更高，却不够统一和规模化。松江区的一位村会计说，在外来大户来流转土地时，村里的统筹安排变得困难了。一是种植作物不再统一，即便种植水稻，他们也会选择高产的种子，与此前本地种植的水稻品种种植周期不一样；二是从经济收益的角度，外来大户不愿意从本地购买农药，而愿意从别的地方买更便宜的农药。这使村集体无法再统筹安排灌溉、植保等工作，"外来大户出来种地是搞经济的，他们不听政府的。

---

① 由于上海市对粮食收购进行补贴，在当地卖粮食也有严格的限制。例如，2011年至2012年前后，松江区规定，不允许外地商贩来村里收购粮食，也不允许本地粮食卖到外地去。到了收割季节，政府每天将收购量下发到行政村，由分管农业的村委副主任对接并安排收割，农户只有持"公粮卡"才能到粮库卖粮。

② 国家发展和改革委员会价格司．全国农产品成本收益资料汇编：2016．北京：中国统计出版社，2016.

他们能吃苦，但单干惯了，不服从集体。他们不管集体安排，只管赚钱”。如果一直由外来大户来种植，地方政府想要打造现代农业景观会更困难。同时，随着政府补贴的不断增加，上海市郊的部分本地人也认为不应该由外地人享受这些补贴。因此，在地方财政补贴的引导下，本地家庭农场主逐渐取代了外来大户，并按照地方政府的规划，连片种植水稻。在基础设施的配套支撑下，当地新的农业规模经营呈现出标准化、统一化、景观化的特征。

苏南地区的情况与之类似。根据我们 2016 年在苏南 X 镇的调研，地方政府在 2007 年以后也开始对农业产业进行整体规划，试图按照发展工业园区的思路，将农业产业“园区化”。2013 年，X 镇政府投资 1 000 万元建设了占地 1 500 平方米的园区办公区，并争取项目资金 2 000 多万元，对农业产业园区（包括 4 个行政村）内的基础设施进行了建设和改造。建成以后，全镇的农业生产都集中在该园区。为了管理园区，产业园成立了管委会，由 X 镇主管农业的党委委员担任产业园的分管领导。这个农业产业园是镇政府下属企业，作为独立的公司运营，资金由公司在银行进行融资解决。公司的投资主要用于提升基础设施、环境、道路建设和绿化等。到 2016 年时，产业园内有 20 家企业，主要种植葡萄、食用菌、蔬菜、水稻等，这些企业自负盈亏，但由园区统一管理。产业园为企业提供的服务主要是帮助企业租赁土地和申请项目。从农业产业园的种种运营举措来看，地方政府的确是在以打造工业产业园的方式对农业进行标准化规划。至于农业产业园的具体运作，当时的地方政府仍在摸索中。

无论是上海市松江区对家庭农场的打造，还是苏南地区对农业产业园的打造，都表现出了十分鲜明的政府主导特征。在2007年以后，上海市以家庭农场为代表的农业规模经营在很大程度上受到地方政府的主导，不再是完全的市场行为。地方政府对农业现代化进行深度干预，一方面是响应中央政府关于发展现代农业的号召，另一方面也因为这些地区地方政府有高额财政收入，为其深度干预提供了条件。

值得注意的是，东部沿海地区农业现代化探索的第二个阶段高度依赖第一个阶段的发展基础，这些地区在第一个阶段的农业规模化与其二、三产业的高速发展和劳动力的大量非农就业密不可分。东部沿海地区二、三产业在最近四十余年的快速发展，是举全国之力而成的，特殊的区位、国家政策的扶持、中西部地区大量流动人口的贡献，共同促成了东部沿海地区以制造业为中心的城市经济的繁荣。这样举全国之力发展起来的地区仅是极少数，其面积不到全国面积的5%[①]。在城市经济发展起来后，这些地区的城郊村也被吸纳进了其城市经济带内，这也是这些地区第一产业就业人数快速下降的主要原因。然而，沿海城市经济带的辐射范围也仅仅只覆盖其周边的城郊村，只有这些城郊村的村民

① 贺雪峰．东西中国：中国区域差异的经济视角．开放时代，2023（2）．

才能享受离土不离乡且有社会保障的正规就业机会，大量外来农民工仍只是非正规就业。也就是说，在东部沿海地区的城郊村可以轻易实现的土地集中，在中西部地区短期内仍难以实现。大量非农就业机会、充足的地方政府财政，是东部沿海地区农业现代化的两个基础条件，但这两个条件都具有高度的区域特殊性，这也意味着东部沿海地区经验的可推广性十分有限。

二、中西部地区的农业现代化困境：农村分化及未解决的农民就业问题

近年来，中西部地区的土地流转和农业规模经营也发展得如火如荼。中西部地区的规模经营既是市场经济动力推动的结果，也受政府推动的影响，只不过中西部地区无法像东部沿海地区一样提供大规模的政府补贴。规模经营主体既有下乡的城市工商资本，也有村庄中经多年积累而发展成的大户，各类新型农业经营主体，例如家庭农场、专业大户、合作社、龙头企业等，近年来在中西部地区迅速增长。然而，与东部沿海地区不同，中西部地区的农业规模经营是在农民非农就业问题未解决的情况下发生的。今天对中西部地区农业现代化的讨论往往是将之等同于农业规模化，只见农业不见农民的问题十分普遍。也正因为农业现代化被简化为农业规模化问题，因此近年来中西部地区的大规模土地流

转引发了不少矛盾，例如土地流转中的纠纷[①]、规模经营主体与当地村民之间的矛盾[②]，等等。如果将农业现代化还原为一个整体性的问题，那么在讨论农业规模经营之外，更应该关注农民问题。

在中西部地区的村庄，农业生产者内部的分化十分明显，常见的农业生产主体有三类。第一类是数量庞大的兼业型小农户。根据第三次农业普查数据，中国小农户数量在全部农业经营主体中占比达 98% 以上，小农户经营耕地面积约占全国总耕地面积的 70%，小农户从业人员占农业从业人员的 90%。全国 2.3 亿户农户的户均经营规模为 7.8 亩，经营耕地面积在 10 亩以下的小农户数量达 2.1 亿户[③]。这些小农户绝大部分分布在中西部地区。小农户数量如此庞大，在短期内很难实现向非农就业的转移。这类小农户往往维持着“半工半耕”的生计模式，如上文所述，虽然因为土地面积小，农业收入占小农户家庭收入的比例近年来在不断下降，但依然是其生计来源中不可或缺的一部分。第二类是中等农户。这部分农户因各种原因无法外出务工，因此通过低价或免费流转亲朋好友的土地来扩大种植规模，借此最大化地利用

---

① 李菁，欧良锋．买方市场、农地产权冲突与大规模农地流转困境：以安徽省五河县訾湖村为例．农村经济，2014（6）．

② 陈义媛．资本下乡的社会困境与化解策略：资本对村庄社会资源的动员．中国农村经济，2019（8）．

③ 于文静，董峻．全国 98% 以上的农业经营主体仍是小农户．（2019-03-01）．https://www.xinhuanet.com/politics/2019-03/01/c_1210071071.htm.

家庭劳动力。由于中等农户的土地是依靠人情关系而低价或免费获取的，所以他们的土地通常是细碎化的，无法连成片，同时，其土地规模往往也是有限的，难以突破人情圈的限制。但这并不妨碍中等农户群体依靠农业生产，获取与外出务工的村民大体相当的收入[①]。这类群体也是最不愿意放弃土地、最不支持土地流转的农户。第三类则是资本式的规模化经营者。这类农户与中等农户的根本区别在于，他们依靠土地流转市场来扩大规模，不受限于人情圈，并以利润最大化为目标，寻求扩大再生产。在这类农户中，有不少是由中等农户转化而来的，也有一些是在外务工有了一定经济积累后，回到老家流转土地的。在这三类农户中，前两类在所有村庄中几乎普遍存在，第三类农户也正随着土地流转的加速而日益增多。如果要讨论中西部地区农业现代化的问题，那么就不得不考虑前两类农户在农业规模经营之下的生计问题如何解决。

就第一类农户而言，数量如此庞大的小农户在短期内还难以实现大规模转移，这意味着，中西部地区农村仍有大量小农户需要依靠农业收入来完成家庭再生产。从全国范围来看，第一产业

---

① 参见贺雪峰.取消农业税后农村的阶层及其分析.社会科学，2011（3）；林辉煌.江汉平原的农民流动与阶层分化：1981—2010：以湖北曙光村为考察对象.开放时代，2012（3）；杨华.“中农”阶层：当前农村社会的中间阶层：“中国隐性农业革命”的社会学命题.开放时代，2012（3）；陈柏峰.中国农村的市场化发展与中间阶层：赣南车头镇调查.开放时代，2012（3）.

就业人数占乡村人口的比例为35%，多数中西部省份的这一比例明显高于全国平均水平。第一产业就业人数占乡村人口比例最高的省份是内蒙古，达到57%；该比例高于40%的省份从高到低分别为辽宁、吉林、云南、甘肃、黑龙江、陕西、海南、四川、湖北、新疆[①]。也就是说，在不少中西部省份，农村人口中有40%以上仍从事农业生产。

从农村家庭的收入构成来看，自20世纪90年代以来，工资性收入的占比在不断上升，家庭经营性收入的占比则不断下降，且从2015年开始，工资性收入已经开始超过家庭经营性收入。然而，直到2020年，农村居民第一产业净收入仍占其可支配收入的23%。也就是说，农业收入仍占农村家庭收入的近四分之一，是农村家庭收入中不可或缺的一部分。

虽然务工收入在农村家庭收入中的比例在不断上升，却也存在很多不确定性。农民工从事的工作通常是建筑工、工厂流水线工作、矿工等，这些工作通常有一定的危险性，且工作机会不稳定，他们往往要频繁更换工作。有研究估算，在2008年的金融危机中，中国有2 500万农民工失业[②]。不稳定的务工收入，使中

---

① 数据来源：根据《中国农村统计年鉴：2021》各地区乡村人口和乡村就业人员数据计算所得。

② HUANG J K，ZHI H Y，HUANG ZH R, etc. The impact of the global financial crisis on off-farm employment and earnings in rural China. World Development，2011，39（5）.

西部地区农村家庭往往不愿意放弃土地。农业收入是这些农民工家庭最后的保障，如果失去土地，小农户的家庭生计会更不稳定。

就第二类农户而言，其受大规模土地流转影响最大。近年来，我们在中西部地区的不同村庄调研，谈及土地流转时，基层干部有一个大体一致的判断：三分之一的农户支持土地流转，三分之一的农户持中立态度，还有三分之一的农户坚决反对。中等农户群体就是坚决反对土地流转的这部分。中等农户之所以能通过在村务农获取与外出务工的农户大致相当的收入，一个关键原因就是其土地是以低于市场价格或免费的方式获取的。如果中等农户从亲友手中流转的土地也需要按照市场价格支付流转费，那么其收益会大大降低。因此，近年来中西部地区土地流转市场的形成，首先冲击的就是中等农户群体。一旦土地流转市场形成，中等农户就很难再获得免费或低价的土地。因此，他们也是在各地土地流转中最不愿意配合的一类群体。在很多村庄，为了减少土地流转中的阻碍，村干部往往与不愿意放弃农业生产的小农户商议，将他们的土地调到另一处，这样既不影响连片的土地流转，也能让这部分小农户继续种植。这一方法对小农户而言是有效的，但对中等农户而言无效，因为中等农户正是依靠低价扩大种植规模来获得经济收益，仅种植自己的承包地难以满足其家庭再生产的需要。在关于资本下乡的很多研究中，都提到下乡资本与本地农户之间的矛盾，无论是村民不配合土地流转，还是偷窃或损坏外来大户的农产品等，这些矛盾的根源之一就是规模经营主体与中等农户之间的利益冲突。很多外来企业试图通过密切与村干部或其他村庄精英的关系，利用村庄社会关系来化解这些矛盾，这些策略常常可以奏效，外来企业也能通过规模经营获取利润[①]。不过，上述策略仅仅使下乡资本转移或掩盖了与村民之间的利益冲突，而没有从根本上解决这一矛盾。

在大多数村庄，上述两类农户是农业经营的主体。由于单个村庄土地资源有限，土地上产生的经济收益也是一定的，因此，数量较多的兼业型小农户和数量较少的中等农户共享着村庄中的农业收益，并形成了村庄中的利益秩序。在土地流转市场形成以前，农村土地还没有被彻底商品化，仍然是农户的生存保障。即便在近年来经过了一些变动和调整——小农户慢慢减少，中等农户数量缓慢增加——上述秩序仍然维持着。然而，随着土地流转市场的建立，土地不再只是农户的生计资料，土地使用权成为可以交易的商品，上述利益秩序也被逐渐打破。按照今天的农业生产力水平，以小麦生产为例，小麦种植的耕种收综合机械化率已经超过97%[②]，一个土地面积为2 000亩的村庄，只需要一户农户就可以全部管理，且并不费力。如果只计算这一户大户的收益，

---

①　参见陈义媛．资本下乡的社会困境与化解策略：资本对村庄社会资源的动员．中国农村经济，2019（8）；徐宗阳．资本下乡的社会基础：基于华北地区一个公司型农场的经验研究．社会学研究，2016（5）．

②　刘慧．挖掘丰产丰收的农机化潜力．经济日报，2022-07-05（1）．

在不遭遇市场风险或自然风险的情况下，按照2020年小麦每亩现金收益493.8元计算[①]，其年纯收入可以达到98万元。仅从农业生产的劳动效率来看，这显然是一种高效的农业生产模式。然而，这近百万元的收益原本应是上百户小农户和十几户中等农户所共享的，是这些小农户和中等农户家庭生计的重要保障。无论规模经营主体是村庄内生的还是下乡的资本，它们的规模化经营都是对村庄原有利益结构的重塑。在仍有大量村民需要依靠农业收入来维系生计的情况下，只考虑农业的规模化效益是无法实现农业现代化目标的。

三、中西部地区农业现代化的可能路径

东部沿海地区的农业现代化建立在农村劳动力的大规模非农就业、地方政府高额财政收入的基础上，这两个条件之所以存在，是因为东部沿海地区的村庄已经被吸纳进沿海城市经济带。东部沿海地区二、三产业发达，是由于改革开放早期国家政策的特许，加之其有利的区位优势，集全国之力而发展起来的，中西部地区大量的农民工为此做出了巨大贡献。然而，东部沿海城市经济带的有效辐射范围目前仍仅覆盖其城郊区域，这些地区的城

① 国家发展和改革委员会价格司，价格成本调查中心．全国农产品成本收益资料汇编：2021. 北京：中国统计出版社，2021.

郊村民可以获得稳定、有保障的正规就业，在退休后可以获得稳定的养老保障，因此可以放弃土地，从而使土地集中水到渠成。加上东部沿海地区充足的财政收入，地方政府对现代农业的规划和打造也更容易，因此东部沿海地区的农业现代化实践常常被作为中西部地区学习的样板。然而，问题恰恰在于，东部沿海地区实现农业现代化的两个条件在中西部地区都不存在，尤其是劳动力大规模转移的条件。在今天的政策导向下，中西部地区对农业现代化的追求往往只从农业角度出发，而忽略了更重要的农民问题。近年来，尽管农业收入在农村家庭收入中的占比在逐年下降，但农业收入仍然是中西部地区大量小农户家庭生计的重要组成部分。而对于因种种原因而无法外出的中等农户群体而言，农业收入更是其家庭生计的最主要来源。不考虑农民就业问题，将农业现代化简化为农业规模经营问题，这样的农业现代化是缺乏根基的。

不过，这并不表示中西部地区没有农业现代化的可能。在今天的农业生产力条件下，规模经营已经是大势所趋，小农户并非不能借助生产力的进步来走向现代化，但我们需要提供农业现代化的另一种可能。今天，由于分散经营，中西部地区的小农户和中等农户在农业生产中也饱受土地细碎化之苦。因为土地过于分散，小农户要投入更多家庭劳动力来完成耕作，也难以与农机手等农业社会化服务主体有效对接。同时，由于缺乏组织，不同农户选择的农作物品种不一，因此在一些关键环节如农田灌溉、植保安排上难以合作，这也使得小农户的种植并不便利。在解决土地细碎化、农户分散经营的问题上，国有农场践行的“大农场套小农场”这一统分结合模式，提供了一条有意义的参考路径。国有农场一方面通过定期发包土地、进行生产规划的方式，加强农业生产的规划性，使大农场的“统”与小农场的“分”可以有机结合；另一方面还保留着从农场管理局到生产队的各级农业服务部门，如各级农技站（员）、农机站（员）、水利站（员）等，使大农场可以有组织地供给关于农业生产的各项服务[①]。

实际上，为了解决土地细碎化的问题，全国不同地区也进行了一些有意义的探索，例如江苏省射阳县开创的“联耕联种模式”[②]、湖北省沙洋县探索的“按户连片耕种模式”等[③]。这些探索的共同特点都是在保护小农户的基础上，通过将小农户组织起来以实现规模经营，同时，这些探索都依托于村集体来实现。村集体在组织小农户方面有两个有利的制度条件：一是土地集体所有制，二是村民自治制度。前者可以使村集体通过对土地的“返租”或其他形式的统筹经营来实现对小农户的组织，后者则可以

---

① 陈义媛．小农户与现代农业有机衔接的实践探索：黑龙江国有农场土地经营经验的启示．北京社会科学，2019（9）．

② 贺雪峰．保护小农的农业现代化道路探索：兼论射阳的实践．思想战线，2017（2）．

③ 王海娟．地尽其利：农地细碎化与集体所有制．北京：社会科学文献出版社，2018：74-85．

使村集体借助村民自治资源，以动员村民采取民主协商的方式来减少组织小农户过程中的阻碍。这种以小农户组织化为基础的农业规模经营，既可以让小农户以更低成本对接或利用新技术、新机械设备，提高农业生产效率，也不会对小农户造成排挤。在大量小农户的非农就业问题还无法解决的情况下，这种规模化路径比依靠市场力量发展起来的、以资本为主导的规模经营更可取。

第5章

县域经济与农民城市化的东西差异

中国正处在快速的城市化和现代化进程中，农民作为城市化的重要主体，其城市化质量关乎中国城市化和现代化的整体水平。《国家新型城镇化规划（2014—2020年）》强调了推动人的城镇化这一核心战略目标，提出努力实现1亿左右农业转移人口和其他常住人口在城镇落户。2021年，《中华人民共和国国民经济和社会发展第十四个五年规划和2035年远景目标纲要》提出，加快农业转移人口市民化，推进以县城为重要载体的城镇化建设。农村劳动力向城市转移就业是城市化发展的起点和基础，而根据我国城市化率的相关统计，按居住地计算的城市化率与按户籍计算的城市化率存在近20%的差异，这主要是因为有2亿多农民工及其家属常年在外务工经商①。农民落脚到哪里实现城市体面生活，既是农民流动的主体选择，也与中国区域经济发展的整体结构状况密切相关。

农民工城市化问题受到学界研究的重视，学界研究对此主要

---

① 贺雪峰．论中国式城市化与现代化道路．中国农村观察，2014（1）.

有两条传统路径。一条路径从劳动力迁移的角度出发，关注农民工的乡城流动问题。学者们认为城乡二元差异是农民工城市化的结构基础，农村人口的城乡迁移在于城市与乡村之间二元经济结构的存在，城市工业化的发展吸引农村剩余劳动力向城市迁移就业[①]，而在中国的城乡、区域差异结构下，农村人口不仅从农村向城市迁移，也从中西部欠发达地区向东部发达地区迁移[②]。另一条路径则从农民工城市就业和生活的角度出发，关注农民工市民化问题[③]。学者们指出中国城乡二元结构关系不仅体现在城市工业经济与农村农业经济的差异上，还突出表现在城乡二元制度结构的存在上。正是以户籍制度为基础的城乡二元制度结构的存在，限制了进城农民市民权利，阻碍了农民工的城市融入，使进城务工的农民工长期处于“半城市化”状态[④]。但是城市中心主义[⑤]和城乡二元结构的研究路径，聚焦于农民工群体在务工所在

---

① 刘易斯．二元经济论．施炜，谢兵，苏玉宏，译．北京：北京经济学院出版社，1989.

② 秦佳，李建民．中国人口城镇化的空间差异与影响因素．人口研究，2013（2）.

③ 陈丰．从“虚城市化”到市民化：农民工城市化的现实路径．社会科学，2007（2）.

④ 王春光．农村流动人口的“半城市化”问题研究．社会学研究，2006（5）.

⑤ 文军，沈东．当代中国城乡关系的演变逻辑与城市中心主义的兴起：基于国家、社会与个体的三维透视．探索与争鸣，2015（7）.

地的城市化实践，而忽视了其在老家县城的县域城市化。而农民城市化不仅受到城乡和区域差异的经济基础影响，还具有深厚的社会文化内涵，返乡置业的县域城市化已经成为突出的农民实践，需要将其纳入分析视野。此外，上述研究路径也忽视了东部发达地区农民的城市化实践，东部地区发达的经济基础支撑其得以实现较为彻底的完全城市化，与中西部地区农民城市化实践存在显著差异。为此，本章将从区域差异的视角理解农民城市化的复杂实践，力图建立对农民城市化的全景分析。

中国幅员辽阔，农村人口数量众多，区域经济发展模式和发展水平存在明显差异。县域空间面积占比大，人口分布多，县域经济是区域经济的重要组成部分，因此县域能够生动地体现中国特色的经济社会发展和城市化特征。从城市化和现代化的角度来看，基层县域发展的现代化水平决定了中国整体性现代化能否顺利实现，以县城为重要载体的城市化成为中国特色城市化和现代化道路的典型特征[①]。在推进县域经济和县域城市化发展的过程中，既要重视县域高质量发展的重要性和战略价值，也要正视中国区域发展差异基础上县域经济和城市化发展不平衡的客观现实。中国的城市化和现代化处于快速发展的关键时期，未来一个时期人口向城市集聚依然是中国城市化发展的必然趋势，县域作

---

① 韩柯子．以县城为重要载体的城镇化：逻辑、约束与路径．探索，2022（4）.

为人口的主要承载空间，也是城市化的主战场。由此看来，重新审视县域经济与农民城市化区域差异，既具有重要而紧迫的现实意义，也对新时代推进以县城为重要载体的新型城镇化建设具有重要的战略价值启示。

一、县域经济的东西差异

中国有源远流长的农耕文明史，小农经济构成乡土中国的经济基础，因此费孝通说中国社会的基层是乡土性的。乡土社会的经济基础是农业，县域是中国基层的基本单元，传统时期县域经济以农业为根基，县城寄生在农村和农业经济的基础上，因此县域经济之间的分化并不明显。改革开放四十余年来，我国的经济社会发展取得了举世瞩目的成绩，其中工业化快速发展奠定了我国现代化和城市化发展的经济基础。但是当前我国仍然具有发展不平衡的突出特点，最直接的体现便是东部地区与中西部地区经济发展水平和发展方式的差异。县域经济是区域经济的重要组成部分，县域工业化发展路径和发展水平构成当前县域经济东部地区与中西部地区之间差异的核心维度。

改革开放之初，中国广大农村地区开展了轰轰烈烈的乡村工业化探索。东部地区依托靠近工业化基础雄厚的大城市和便利海外市场的区位优势条件，实现了乡村工业化的快速发展。比如珠三角依托于香港、深圳等地区的先发优势，以及便利的市场区位条件，通过“三来一补”的工业化发展路径，打下了乡村工业化发展的基础。同样，不论是集体主导的苏南乡村工业化发展路径，还是浙江民营经济模式下的乡村工业化发展路径，长三角地区的乡村工业化发展与上海等大城市的辐射带动作用密切相关。以乡村工业化为起点，东部地区在良好的工业化发展基础上逐步推动产业转型升级[①]，产业结构不断优化，经济发展水平不断提升。东部地区农村经历了乡村工业化和产业转型升级，城市经济和乡村经济之间形成完整的产业链，虽然城乡之间在产业发展水平上存在差异，但是城市经济对乡村经济的整体带动作用强，形成了城市经济带发展模式，整体发展水平高，形成了全域工业化和城市经济带的发展格局，县域经济成为城市经济带的有机组成部分。

而中西部地区的乡村工业化探索，在激烈的市场竞争环境下，由于缺乏大城市带动和市场区位条件优势，其土生土长的乡村工业和乡镇企业发展大部分归于失败。中西部广大乡村地区缺乏乡村工业化发展的基础，很难复制东部地区的乡村工业化发展模式，因此依然以农业经济为基础。与此同时，中西部地区工商业经济发展主要集中在大中城市，工业化发展的主阵地在大城市，大多数县城工业化基础薄弱[②]。缺乏工业化基础的中西部地

① 傅允生.浙江产业转型升级约束条件与发展趋势.浙江学刊，2010（5）.

② 贺雪峰.大城市的“脚”还是乡村的“脑”？：中西部县域经济与县域城镇化的逻辑.社会科学辑刊，2022（5）.

区县域经济，本质上是农村和农业发展的延伸，县域经济的基础仍然是农业，工商业整体发展水平不高，县城产业“空心化”特点明显。

县域经济发展路径和发展水平塑造了东部地区和中西部地区县域经济的差异，经济基础的差异又会影响到农民城市化模式。总体而言，在当前东部地区与中西部地区县域经济发展差异的基础上，农民城市化的动力机制、家庭生计模式、城乡空间跨度和城乡关系格局等，也存在明显差异，形塑出东部地区与中西部地区农民城市化的不同特征和类型差异。

二、东部地区的完全城市化

从城市化的性质来看，东部地区的农民城市化是高质量的完全城市化。农民城市化的动力来自全域工业化产生的市场拉力，农民在城市化过程中居于主动地位；充足的就业机会保障下农民形成了全务工型生计模式，从中获得了较高的非农家庭收入，为城市化提供了可靠的收入保障；离土不离乡的城乡空间跨度保证了农民家庭生活的完整性；城乡之间形成的是融合型的良性城乡关系，农民能够实现充分就业和体面安居。具体而言，农民的完全城市化体现在以下四个方面。

（一）城市化动力机制：市场先导和农民主动

政府和市场是推动农民城市化的两大关键力量。东部地区的农民城市化，市场发挥先导作用，而政府主要发挥兜底作用，农民在城市化过程中掌握着主动权。所谓市场先导，是指农村二、三产业发展及其所提供的充足就业机会是促成农民城市化的核心要素[①]。东部地区的农村虽然在体制上仍然属于农村，但是其农地已经非农开发，产业基础已经从第一产业为主转变为第二、三产业为主，县域不分城乡已经实现了全域工业化。全域工业化消弭了城乡之间的经济差异，城乡经济融为一体，农村成为城市的内在组成部分，为农民提供了家门口的非农就业机会，拉动农民充分进入劳动力市场，就地实现城市化。乡村工业化大大提升了土地的利用价值，使其得以承载巨大的二、三产业，并创造出充足的就业机会，不仅能够吸纳本地农民就业，而且在全国统一劳动力市场条件下能够吸纳中西部地区农民异地转移就业。以广东 S 镇为例，其面积为 36.2 平方公里，超过 70% 的土地已经开发为建设用地，主要产业是电子信息产业，2021 年 GDP 总额为 230.89 亿元，户籍人口 6.8 万人，常住人口 28.43 万人[②]。可见，乡村工业化基础上的市场拉力是农民城市化的主要动力。

---

① 李永萍．农民城市化的区域差异研究：市场区位条件的视角．经济社会体制比较，2021（1）．

② 数据来源于笔者实地调研与政府网站查询。

在家门口的市场拉力之下，农民就地实现城市化，并在城市化中居于主动地位。首先，充足的非农就业机会为农民城市化提供了可靠的收入支撑。家门口的就业机会使农民能够便捷地进入劳动力市场，劳动力转移的成本几乎为零，从而获得较高的非农收入，保障其实现体面的城市化。据2022年《中国统计年鉴》，东部地区农村居民2021年人均可支配收入为23 556.1元，中部地区、西部地区和东北地区分别为17 857.5元、15 608.2元和18 280.4元，东部地区显著高于其他地区①。其次，农村管理体制下的土地权利为农民提供了对抗市场风险的社会保障。东部地区的农村在功能上已经城市化，但是仍然保持着农村管理体制，农民作为集体经济组织的成员，仍然享有各项土地权利，而土地非农开发所带来的土地升值使得农民土地权利的实际价值远远高于中西部地区，为其提供了有力的社会保障。

具体而言，土地的社会保障功能主要体现在以下两点。一是宅基地的生活资料保障。东部地区的农民仍然生活在村庄之中，享有集体分配的宅基地使用权，其宅基地上的自建房仅需付出建筑成本，而由于土地升值，村庄周边的商品房价格远远高于建筑成本，依托于集体的非市场化住房供给大大降低了农民的生活成本。例如，浙江Z镇的本地农民多居住在村庄中的自建房，几乎每家都建有两三层的小别墅，建筑面积多在200平方米以上，

① 数据来源于《中国统计年鉴：2022》。

建筑成本 50 万元左右，而镇区的商品房价格则已经达到每平方米 1 万多元，100 平方米的商品房价格达到 100 多万元；广东 S 镇的农民几乎每家都建有 5 层以上的楼房，不仅可以用于自住，还能够获取出租收入，每年租金收入至少在 2 万元以上。二是健全的社会保障。在 1998 年《土地管理法》修订以前，东部地区的农村因兴办乡镇企业占用了大量农地，通过向企业出租集体土地或出租厂房，东部地区的村庄获得比较丰厚的集体收入，并以分红的形式分配给村民，成为面向村民的变相社会保障，也有的地方如苏州等地通过“土地换社保”等方式为农民提供较高水平的正式社保。例如，广东 S 镇某村 2016 年村组两级总收入 1.1 亿元，村民的人均分红收入在 1 万元以上[①]。

（二）家庭生计模式：全务工型

由于本地非农就业机会充足，东部地区的农民能够实现充分的非农就业，家庭收入主要来自务工收入，且家庭收入较高，摆脱了对农业收入的依赖，形成了全务工型家庭生计模式。全务工型家庭生计模式的高收入水平主要建立在以下三个方面的基础之上。

一是家庭成员就业人数多。从代际视角来看，就近劳动力转移能够实现家庭内老年父代、中年子代和年轻孙代三代人的劳动

① 数据来源于笔者实地调研。

力转移，家庭内非农就业的人数多，因此，虽然个体收入不高，但家庭总收入比较高。一个显著表现是，即使是老年人也能找到大量的非正规就业机会。例如，苏南 W 村一位 71 岁的老年人可以同时打 5 份工，分别是村民小组组长 3 400 元 / 年、公厕清洁 2 700 元 / 年、涝期排涝 8 000 元 / 年、不定期流动人口管理 80 元 / 天、建筑小工 200 元 / 天，每年打工收入可以达到 2 万多元。不考虑老年人，一个家庭在中年子代和年轻孙代两代人就业的情况下，家里有 4 个人就业，以每年 5 万元的务工收入计算，家庭年收入可达到 20 万元。

二是社会关系网络有助于获得优质就业机会。东部地区的农民生活在村庄中，仍然保持着血缘、地缘等熟人社会关系网络，社会关系网络能够帮助其获得更为优质的就业机会。这一点在浙江等民营经济比较发达的地区体现得最为明显，本地熟人社会关系网络有利于产业技术和管理经验的学习以及产业链的上下游配套。以浙江 Z 镇为例，该镇的主导产业是五金产业，经历过一个“村村点火、户户冒烟”的发展时代，几乎每家每户在亲戚朋友的带动下都经营过五金配件的家庭作坊。发展至今，本地人仍然是产业发展的生力军，该镇开设五金厂或五金店的村民占 15% 左右，五金行业的经营主体绝大部分是本地人。

三是务工时间与务工周期长且生活成本低。农民在家门口就业，不需要在老家与务工地之间往返，就业更加稳定，每年务工时间更长，达到 300 天以上没有问题。同时，农民在家门口就业，即使是老年人也能够找到大量的非正规就业机会，其务工年限也更长，通常可务工到60岁以后。而且，农民本身就是本地村民，生产和生活可以兼容，不需要再增加额外的生活成本。这些都有利于农民的收入累积。

（三）城乡空间跨度：离土不离乡

由于本地产业发达，就业机会充足，东部地区的农民在家门口就可以实现便捷的就业，离土但不离乡，其生产生活空间都集中在县域范围内，能够实现生产空间与生活空间的一体化，进而保证家庭生活的完整性[①]。东部地区的农民就业主要集中在镇域范围内，少数经济不发达乡镇的农民则延伸到县域范围内，镇域上班能够实现“白天进城，晚上回村”，县域上班则能够实现“周中进城，周末回村”，有限的城乡空间跨度能够避免生产空间与生活空间的分离。一般中老年人仍然生活在村庄，在镇域范围内务工，每天通勤往返。而位置靠近镇区或县城的村庄的年轻人一般也居住在村庄，位置较为偏远的则可能会到镇区或县城买房，周中居住在镇区或县城，周末回村看望父母。由于交通基础设施高度完善，且家庭小轿车高度普及，从县城到村庄的距离一般都在2小时车程以内。有限的城乡空间跨度能够实现核心家

① 孙敏．中国农民城镇化的实践类型及其路径表达：以上海、宁夏、湖北三省（区、市）农民进城为例．中国农村经济，2017（7）.

庭的完整性，并且能够保持代际的高频率互动，兼顾大家庭的完整性，家庭内部成员互动紧密，家庭关系温和有序，不会产生中西部地区因为农民外出务工而导致的“三留守”问题。例如，在浙江 Y 区的农村，虽然平时基本只有老年人居住在村庄，但是房子都修建得非常宽敞和漂亮，子代家庭都拥有自己的房间，周末回村既能够陪伴父母，又能够休闲度假，家庭生活幸福指数很高。

（四）城乡关系：融合型城乡关系

农民城市化不仅仅是向城市空间迁移，更主要的是实现城市生活方式，满足对城市体面生活的需求。从城乡关系格局来看，农民城市化实现了城市系统与乡村系统的关联，城乡社会经济系统共同支撑着城市化带来的农民生活转型。东部地区农民城市化和生活转型，建立在本地良好的产业基础和较高经济发展水平的基础上，形成了产业发展、劳动力就业、公共服务和农民城市化之间的良性循环，城乡经济社会系统融合程度高。这种内生型良性循环的城乡生产生活体系，支撑农民实现高质量生活与完全城市化。

东部地区县域经济作为沿海城市经济带的有机组成部分，具有二、三产业发展的良好条件，县域经济总体发展水平较高。首先，东部地区良好的产业基础和发达的经济水平，有效支撑了城乡生产生活方式的融合。本地雄厚的工业化基础充分吸纳了农业转移劳动力就业，农民在家门口即可实现非农就业。在劳动力就地转移和充分就业的基础上，东部地区农民形成了较高的家庭积累能力，农民家庭不仅具备在本地城镇买房或者村庄建房的能力，还能够有效支撑城市化的消费生活方式。笔者调研的苏南 P 镇和广东 D 镇，都有雄厚的工业化发展基础，农民基本留在当地企业就业，农村城镇化程度高，农村生活方式与城市基本无异。

其次，东部地区良好的产业基础和快速经济发展，为地方政府带来了丰厚的财政收入，提高了地方政府城乡资源配置和公共服务能力。在雄厚财政实力的基础上，地方政府统筹城乡资源配置，不断完善农村基础设施建设，建立覆盖城乡的公共服务和社会保障体系。沿海城市经济带内大部分农村都已纳入城乡一体化的发展规划中，地方政府将公共财政资源投入农村基础设施建设，建立一体化的城乡公共交通系统，推动农村人居环境治理，促进农村基础教育事业发展、支持农村养老服务体系建设等，极大改善了农村居住生活环境，便利了城乡之间的联系，提升了农民城市化质量，实现了城市化和工业化发展对农村的反哺。东部沿海城市经济带内，在地理空间、公共服务和社会保障等方面，城乡融合一体化水平高，基本形成了不分城乡的全域城市化。笔者调研的浙江 S 镇实现了城乡公共交通一体化，并且为 60 岁以上的老年人提供免费乘坐公共交通服务。苏南 P 镇在地方经济发展和土地开发过程中，通过“土地换社保”的方式，不仅促进了当地开发建设和经济发展，也解决了农民的社会保障问题。广东D镇在经济发展过程中形成了雄厚的集体经济，不仅由集体为每个村民统一购买社保，而且村民作为股份经济合作社成员还享受集体分红。

三、中西部地区的过渡型城市化

虽然中西部地区的农民通过到老家县城买房，已经实现了城市化，但是从城市化的性质来看，这仍然是一种过渡型的城市化。中西部地区由于缺乏二、三产业发展空间，房地产业成为拉动经济增长的主要产业，地方政府通过教育布局集中和土地财政等手段推动农民进城和房地产业发展，农民进城很大程度上是教育布局集中推动的结果，农民家庭在城市化过程中是被动卷入的。而由于本地非农就业机会十分匮乏，形成了以代际分工为基础的“半工半耕”家庭生计模式，农民尚未完全摆脱对农业收入的依赖。异地务工模式下，农民家庭成员在空间上处于分离状态，无法保证家庭生活的完整性。农民城市化依靠外部资源的输入，形成的是寄生型的城乡关系，因此，农民虽然到县城购房和送子女读书，但是仍然难以在县城实现充分就业和体面安居，其城市化也是不稳定的，未来需要向具备产业基础的大中城市进行二次城市化，因此是过渡型城市化。具体而言，农民的过渡型城市化体现在以下四个方面。

（一）城市化动力机制：政府推动和农民被动卷入

中西部地区由于二、三产业基础薄弱，城市化的市场拉力弱，政府是推动城市化的核心力量，农民则是被动地卷入其中。受限于中西部地区的区位劣势和有限的经济体量，中西部地区县域的二、三产业发展空间有限，而地方政府又面临着经济发展的考核任务，在此背景下，通过土地财政撬动县城房地产业发展成为中西部县域经济增长的主要模式，农民则成为政府拉动购房的主要对象。由于县城缺少就业机会，农民购房以后无法实现本地就业，县城购房对农民的吸引力有限。为了刺激农民的需求，在以县为主的教育管理体制下，中西部地区部分县域通过学区房制度将房产与教育捆绑起来，并通过教育布局向县城的集中来扩大教育供给，进而吸引农民进城购房[①]。表5-1是西部某省J县的小学生源流动情况统计，从表中可以看到农村生源向县城集中的趋势非常明显。撤点并校和兴建教育新城是政府推动教育布局集中的主要手段：一方面通过撤点并校促使乡村生源向县城流动，另一方面通过兴建教育新城扩大县城的教育供给。J县2015年建成的教育新城总投资达到5.7亿元，其中争取省上项目资金1.31亿元，市上配套1 200万元，其余资金全部由县级政府自筹解

---

① 安永军.生源流动、教育资源重组与城乡义务教育失衡：基于甘肃N县的案例研究.北京工业大学学报（社会科学版），2021（5）.

决，项目占地 150 公顷，建设 3 所学校，其中新建 1 所高中，迁入 1 所高中、1 所职业学校，迁入学校的原校址新建成 1 所小学和 1 所初中并从农村招收生源。

表 5-1　西部某省 J 县 2014—2018 年小学生源流动情况

年份	学生（人）		城区学生占比（%）
	城区	城乡	
2014	10 481	32 831	31.9
2015	11 401	31 924	35.7
2016	12 064	31 489	38.3
2017	13 105	30 640	42.8
2018	13 088	29 749	44

注：数据来源于笔者的实地调研。

教育布局集中造成优质教育资源向县城集中，并吸引农村生源进城，透支了乡村教育的资源，造成了城乡教育差距的增大，而不均衡的公共服务又进一步成为生源流动的推力，造成更大的城乡教育差距，从而陷入恶性循环。不断拉大的城乡教育差距将农民卷入不断加剧的教育竞争中，教育进城一般从经济收入较高的农户开始发起，中层农户很快跟进，逐渐成为村庄中的主流行为，村民之间围绕教育进城展开竞争，“别人的小孩可以进城，为啥我家的小孩不行”。送孩子进城读书逐渐成为农民家庭发展的刚性任务，农民家庭因此被动卷入城市化进程之中，很多家庭不惜背上沉重的债务也要进城买房，以让孩子获得进城读书的资格。

（二）家庭生计模式：代际分工的“半工半耕”

虽然中西部地区的农民与东部地区的农民进入的是同一个劳动力市场，但是受限于异地务工，中西部地区的农民劳动力转移成本更高，进入劳动力市场的程度不及东部地区农民充分，家庭务工收入水平也较为有限。异地务工产生的劳动力转移成本主要体现在以下三个方面。

一是家庭分工与非农就业不充分。由于是异地务工，农民工的务工收入无法支撑其在务工地实现城市化，因此，务工地对其而言只是一个打工挣钱的地方，家庭再生产仍然需要在老家完成，为此需要通过家庭成员的分工来应对务工与家庭再生产的空间分离。一般的家庭分工模式是代际分工的“半工半耕”，即父代在老家种地并带小孩，子代夫妻在外务工。近年来由于农民工对教育重视程度的提升，妻子从劳动力市场退出回县城陪读的家庭越来越多，家庭成员进入劳动力市场的只有丈夫一人，所获取的务工收入更为有限。

二是社会关系弱积累性与优质就业机会获得困难。农民工在外务工具有很高的流动性，务工地不稳定，难以在务工地建立稳定的社会关系，因此在务工机会获得上可以利用的社会资本较为有限，获得优质就业机会的难度较大。

三是务工时间短且生活成本高。由于是异地务工，农民工需要在老家和务工地之间往返，每年的务工时长必然少于本地农民。而且，农民工在外务工，主要的目的就是挣钱，但是农民工自身在务工地的生活成本也是很大的一笔开支，这会消耗其很大一部分务工收入，使得农民工能够带回家的收入更为有限。

由于劳动力是异地转移，中西部地区农民进入劳动力市场的程度不是非常充分，所获得的务工收入也较为有限，因此，家庭生计尚不能完全摆脱对农业收入的依赖，形成的是“半工半耕”的家庭生计模式，家庭积累能力相对较弱。

（三）城乡空间跨度：离土又离乡

中西部地区县域经济不发达，本地缺乏非农就业机会，农民只能到东部沿海地区或内陆大中城市异地务工，城乡空间跨度上离土又离乡，生产空间和生活空间相互分离，并造成农民家庭成员的空间分离。在农民城市化以前，在代际分工的“半工半耕”家庭生计模式下，农民家庭中的青壮年劳动力外出务工，老人留村务农并照顾孙代，家庭成员分离在大城市和村庄两个空间，农民工通过候鸟式的来回往返兼顾务工和家庭生活。近年来，随着农民进城买房，农民家庭分工又进一步发生变化，为了照顾进城读书的小孩，妇女陪读现象越来越普遍，农民家庭成员分离到了村庄、县城和大城市三个空间，家庭分离进一步加剧，有学者称之为“一家三制”[①]。在家庭成员分离的情况下，农村“三留守”问题开始凸显。近些年来，随着妇女陪读的兴起，留守儿童问题得以缓解，但是留守妇女和留守老人问题仍然没有得到解决。“三留守”是农民家庭为了家庭发展所必须付出的代价，其根本原因仍然是本地缺乏充足的非农就业机会，而务工收入水平又无法支撑农民工在务工地实现城市化。县城由于房价、物价水平较低，是农民可负担的城市化落脚地，但县城仍然无法解决农民家庭分离问题。

（四）城乡关系：寄生型城乡关系

中西部地区农民城市化的起点是进城务工和城市购房，但是由于大城市的高房价和高生活成本，大部分打工家庭难以承担异地城市化的成本。经过一番权衡，中西部地区农民普遍选择在房价相对较低的家乡县城购房，通过返乡城市化的方式逐渐实现城市生活目标。但农民购房落脚在县城，并不意味着就能够稳定生活下来。城市体面生活需要稳定的就业和较高收入支撑，但是中西部县城工业化基础薄弱，县城二、三产业对劳动力就业的吸纳能力有限，难以为进城农民提供充分、稳定的就业机会，进城农民面临收入水平低且就业不稳定的生存困境。由此来看，中西部

---

① 刘超 . 城镇化进程中的农民家庭策略与发展型家庭秩序：基于“一家三制”的讨论 . 宁夏社会科学，2022（1）.

县城作为农民进城的落脚空间，并没有形成产业发展、劳动力就业和农民城市化的有机循环，进城农民要维持体面的城市生活，需要城市和农村两个系统的支持。

县城处在联结农村与大城市的节点位置，具有联系城乡和汇聚城乡资源的便利性。一方面，农村经济社会系统对县城生活发挥着重要支持功能。处在城市化过程中的农民家庭，形成了以代际分工为基础的“半工半耕”的家庭生计模式。除了父子两代合力承担县城购房成本以外，父代在农村务农和养老，既可以节省城市生活开支，也能够通过农业产出为子代在城市生活提供支持，子代则在城市生活并利用城市就业机会获得收入。通过代际分工与家庭合力的方式，农村社会系统发挥着对县城日常生活的支持功能。另一方面，在大城市和沿海发达地区务工的收入成为支持县城生活的重要经济来源。由于县城就业机会有限，进城农民家庭中的青壮年劳动力继续到大城市或沿海地区务工，以此获得更高的收入来支持县城生活，家庭辅助劳动力在县城承担陪读等家庭功能性任务，老年人则退守农村养老减轻家庭经济负担。通过“一家三制”，形成了农村资源、大城市打工收入向县城的汇聚，以此支持县城生活，实现家庭整体利益的最大化。笔者在中部某省 R 县调研期间，对县城商品房小区和部分村庄的购房农户调查统计发现，全家居住在县城且有稳定工作的农户不足20%，而 80% 以上的购房农户要么县城的房子空置，要么只有部分家庭成员到县城居住陪读。中西部地区大部分进城农民维持着“半城半乡”的就业和生活状态[①]，县城的消费型生活需要来自农村务农和外出务工两个方面的资源支持。

中西部地区县域城市化是一种过渡型城市化，缺乏产业基础的县城生活寄生在农村系统和大城市系统的支持之上，农民城市化起点在县城，而终点却可能在有产业基础和就业吸纳能力的更高层级的城市。

东部地区和中西部地区由于所处的区位条件不同，工业化的起步时间和发展水平不同，县域经济的发达程度存在显著差异，进而形成农民城市化的显著区域差异。东部地区的县域拥有良好的区位条件，工业化起步较早，发展水平较高，很多原来的农业县已经实现了全域工业化的经济转型，为本地农民提供了家门口的就业机会，在此基础上农民能够实现高质量的完全城市化。而中西部地区的县域则受限于区位条件，普遍缺乏二、三产业发展空间，农业仍然在县域经济中占据很大比重，无法为农民提供充足的本地非农就业机会，只能进行异地劳动力转移，依靠外部资源输入实现县城城市化。但农民进入县城主要是为了获取优质教育资源，仍然难以实现充分就业与体面安居，是一种不完全的过渡型城市化，未来还需要向产业发展更充分的大中城市进行二次城市化。东部地区和中西部地区农民城市化的比较见表 5-2：

---

① 朱战辉．欠发达地区县域城镇化对农民家庭生计的影响机制研究．华中农业大学学报（社会科学版），2021（6）．

表 5-2　东部地区与中西部地区农民城市化比较

<table>
<tr><th colspan="2"></th><th>东部地区完全城市化</th><th>中西部地区过渡型城市化</th></tr>
<tr><td colspan="2">县域经济</td><td>全域工业化</td><td>产业“空心化”</td></tr>
<tr><td rowspan="4">城市化特征</td><td>城市化动力机制</td><td>市场先导和农民主动</td><td>政府推动和农民被动卷入</td></tr>
<tr><td>家庭生计模式</td><td>全务工型</td><td>代际分工的“半工半耕”</td></tr>
<tr><td>城乡空间跨度</td><td>离土不离乡</td><td>离土又离乡</td></tr>
<tr><td>城乡关系</td><td>融合型</td><td>寄生型</td></tr>
<tr><td colspan="2">城市化质量</td><td>高</td><td>低</td></tr>
</table>

东部地区的农民能够实现完全城市化的根本条件是乡村工业化，但是东部地区的乡村工业化之所以可能，核心因素在于其良好的区位条件使其能够融入到城市经济带之中，成为其有机组成部分。其成功不是部分和独立的，而是整体和区域性的，在区域外部经济环境的支持下，县域经济和乡村工业的发展才得以可能，就地城市化也才得以可能。因此，东部地区就地城市化成功的关键条件是其良好的区位条件，而非就地城市化模式本身，而区位条件良好这一点恰恰是中西部地区所不可能具备的，这也意味着中西部地区缺乏农民本地就业基础上的就地或就近城市化空间。

基于以上分析，为了实现高质量的农民城市化，特提出以下对策和建议。一是政策实践应当根据农民城市化的区域差异分类施策。东部沿海地区的农民已经实现了高质量的就地城市化，但是其居住地很多仍然在农村，为此应当提升农村地区的基础设施和公共服务水平，而中西部地区的农民城市化应当尊重农民自身意愿，避免通过教育布局调整等手段倒逼农民进城。二是中西部县域城市化应当重点发展少数县域。中西部县域很难像东部沿海县域那样普遍发展起来，因此其经济发展不能再依靠动员性的政治锦标赛模式，而是应当以省为单位确立少数拥有良好发展条件的县域，如将靠近大中城市、地处交通枢纽的县域作为重点发展对象，集中有限的财政资源支持该部分县域的发展，而其他县域则采取因地制宜的自发发展模式，不过度追求经济增长指标。三是当前阶段中西部县域城市化良性发展的关键是为农民提供低成本的公共服务。在人口外流的大背景下，大部分中西部农业县的主要功能在于为留在县域的农民提供低成本的公共服务，为此，应当缩小城乡公共服务水平的差距，为乡村人口提供高品质的公共服务，基于农民收入水平的提高有序实现城市化。

第6章

共同富裕与地区间财力差异

中央对地方财政转移支付是均衡地区发展差距、推动区域间财力均等化、促进共同富裕的主要政策工具。实际上，通过中央政府来调节不同区域间的财力余缺，在中国具有悠久的历史。比如，早在汉武帝时期，中央就让“往郡”给予“初郡”财政援助：“是时，汉灭两越，平西南夷，置初郡十七，且以其故俗治，毋赋税。南阳、汉中以往郡，各以地比，给初郡吏卒奉食、币物、传车、马被具。”（《资治通鉴》第二十一卷）

目前，经济学界就财政转移支付的财力均等化效应展开了大量探讨，但尚未对地区间财力差距的动态演变达成一个总体性的理解。社会学界则对财政转移支付实践中形成的“项目制”治理体制进行了丰富论析。也有学者试图在这两个学科的研究之间展开进一步的联结和对话，以推动相关研究的深化[①]。本章继续在这一方向上展开尝试，重点对财政转移支付的动态效应和地区间财力差距的动态演变予以论析，并深化对财政转移支付的制度逻

---

① 焦长权．从分税制到项目制：制度演进和组织机制．社会，2019（6）．

辑的理解与阐释。

一、“两个大局”与“两个二十年”：发展战略与中央-地方关系

改革开放后，邓小平同志多次指出：要允许和鼓励一部分有条件的地区先发展起来，继而带动和帮助落后地区更好地发展，最终实现共同富裕。1988 年，他正式提出“两个大局”的战略构想：“沿海地区要加快对外开放，使这个拥有两亿人口的广大地带较快地先发展起来，从而带动内地更好地发展，这是一个事关大局的问题。内地要顾全这个大局。反过来，发展到一定的时候，又要求沿海拿出更多力量来帮助内地发展，这也是个大局。那时沿海也要服从这个大局。”[①]在20世纪末之前，中国经济发展应主要集中于“第一个大局”；到 20 世纪末，中国总体迈入小康社会之后，应更加注重分配问题，逐步实现共同富裕。中央和地方财政关系的调整一直是这一过程中的关键环节，并最终在中央和地方间建立了一个庞大而复杂的财政转移支付体系。

（一）“第一个大局”：改革之初到世纪之交

为让一部分地区先富起来，20 世纪 80 年代，中央和地方之

① 邓小平文选：第 3 卷 . 北京：人民出版社，1993：277-278.

间逐渐形成了形式多样的财政承包制。财政承包制虽然使不同地区的地方政府都获得了更大的财政自主权，但对不同地区的经济意义却并不相同。对沿海发达省份而言，承包制让它们获得了关于上缴份额之外的财政收入的自主支配权；对内陆欠发达省份而言，它们自身无法实现财政自给自足，中央虽然给予一定财政补助，但是，随着承包制更加全面彻底地实施，中央财政统筹能力急剧弱化，在平衡区域间财力差距方面的作用也越来越弱。

1980—1987 年，对于实行“划分收支、分级包干”制度的收不抵支省份，中央承诺对不足部分按照一定比例进行调节；对于新疆等 5 个少数民族自治区和云南、贵州、青海 3 个少数民族人口较多的省份，中央给予定额补助，并且每年增加 10%[①]。1988—1993 年，财政承包制更加全面彻底地实施。由于中央财政汲取能力严重弱化，中央对收不抵支省份的补助全部改为定额补助，并且五年不变，补助额度与国家财政收入增减完全脱钩。1988 年以后，地方政府每年新增财政收入上缴中央的还不到 10%，90% 以上留在了地方，中央从新增财政收入中获得的边际分成比重明显越来越低[②]。结果，中央对落后省份的财政补助力度大为减弱，它们不得不自求财政平衡。比如，贵州当时是经济最落后的省份之一，20 世纪 80 年代初，中央补助占该省财政支

① 财政部预算管理司，IFM 财政事务局 . 中国政府间财政关系 . 北京：中国经济出版社，1993：49-50.

② 同①15.

出的60%左右，到了1993年，中央补助占比已下降到20%[①]。

总体而言，20世纪80年代早期，中央从财政“盈余”省份得到的上缴收入大于它向财政不足省份的拨款补助；1988年以后，中央政府下发的财政补助已超过“盈余”省份上缴的收入，中央越来越缺乏资金来缩小日益扩大的区域不平衡[②]。1988年之后的财政承包制直接加剧了省份之间的财力不平衡：此前中央对收不抵支省份的补助还是基于粗略公式计算的带有均衡目的的财政补助，此后的定额补助则在一定程度上成了地方政府讨价还价的结果。

分税制改革大大提高了国家财政能力，尤其是中央财政统筹能力得到了根本性强化。采取分税制后，中央即试图建立一个规范化的财政转移支付体系，以平衡地区间财力差距。但是，由于分税制仍然具有向发达地区妥协的渐进改革特点，改革初期，中央虽然形式上仍是财政收入的主体，但由于大规模财政资金要以税收返还的方式直接返还给地方政府，因此其实际可支配的财政收入仍然有限。同时，20世纪90年代中后期，中国在外遭遇了亚洲金融危机的巨大冲击，在内又面临着大规模国企改革的严峻挑战，国家经济和财政增长明显放缓，同时又不得不将有限的财

① 王绍光，胡鞍钢．中国：不平衡发展的政治经济学．北京：中国计划出版社，1999：210，221.

② 财政部预算司，IFM财政事务局．中国政府间财政关系．北京：中国经济出版社，1993：35.

政收入投入经济危机应对和国企改革等重点领域。因此，虽然分税制改革后，中央就试图尽快建立规范的财政转移支付体系来逐渐平衡区域间财力差距，但整个 90 年代，中央真正投入其中的资金却非常有限。在这种情况下，从 20 世纪 80 年代到 2000 年左右，中国不同区域之间的发展差距明显扩大，这已经成了学界的共识[①]。

（二）“第二个大局”：新世纪以来的二十余年

进入新世纪后，中央主动调整了区域发展战略。改革伊始，中央采取了区域不平衡发展战略，在经济分配中提出了“效率优先、兼顾公平”的主张。世纪之交，中央出台了“西部大开发”战略；党的十六大提出了全面建设小康社会的奋斗目标，之后又提出和实施了“科学发展观”，其中一个重要内容就是统筹区域社会经济的协调、平衡发展。在分配制度上，中央也调整了“效率优先、兼顾公平”的提法，提出“初次分配和再分配都要处理好效率和公平的关系，再分配更加注重公平”的主张。

党的十八大以后，中央提出了创新、协调、绿色、开放、共享的新发展理念，进而又提出要塑造要素有序自由流动、主体功能约束有效、基本公共服务均等、资源环境可承载的区域协调发

① JIAN T L，JEFFREY D S，ANDREW M W. Trends in regional inequality in China. China Economic Review，1996，7（1）.

展新格局。党的十九大报告则指出，我国社会主要矛盾已经转化为人民日益增长的美好生活需要和不平衡不充分的发展之间的矛盾。区域之间的不平衡发展显然是这一主要矛盾的主要方面，也是新时期国家社会经济发展过程中的关键问题之一。党的二十大报告进一步提出要深入实施区域协调发展战略，推动西部大开发形成新格局，推动东北全面振兴取得新突破，促进中部地区加快崛起，鼓励东部地区加快推进现代化。

在财政体制上，进入新世纪后，中央进一步推动了所得税收入分享改革和农村税费改革。这两项改革都同时涉及中央和地方、东部和中西部之间的财政关系调整。所得税收入分享改革，主要是中央从东部地区汲取更多财政收入，向中西部地区进行转移支付的过程；农村税费改革的本质则是中央主动承担中西部农村地区基层政府大规模财政支出的行动[①]。所得税收入分享改革汲取的财政增量正是中央推动农村税费改革、让公共财政逐渐覆盖农村的主要财政来源。实际上，这两项改革都是分税制改革的直接延续，所得税分享改革主要从财政收入端出发，农村税费改革主要从财政支出端展开，二者一起对中国区域间财政关系进行了一次深刻的调整。正是在所得税收入分享改革和农村税费改革的基础上，中央才逐步建立了一个庞大而复杂的财政转移支付

① 周飞舟.从汲取型政权到“悬浮型”政权：税费改革对国家与农民关系之影响.社会学研究，2006（3）.

体系。

可见，从区域发展格局的角度看，改革开放以来的四十多年，大致可以划分为两个阶段，每个阶段分别约二十年时间。从改革之初到世纪之交，中央采取了不平衡的区域发展战略，中国社会经济发展总体达到小康水平，但区域发展差距也明显拉大。进入新世纪后，中央提出了区域平衡协调发展的新理念，出台了以“西部大开发”为代表的诸多战略举措。新世纪以来的二十余年，中国顺利全面建成小康社会，在推动区域平衡发展方面也取得重要进展，改革前二十年中持续扩大的区域差距问题得以明显舒缓[①]。

二、财政转移支付的分配格局

分税制改革后，中央财政能力逐步增强。1994 年，虽然中央占全国财政收入的比重由改革前的 22% 增加到了 55.7%，但其中很大一部分又通过税收返还转移到了地方。扣除税收返还，1994—1995 年中央占全国财政收入的比重还不足 22%，1996 年后中央实际占比开始快速增长，2001 年达到了 38.3%，2006 年后一直在 40% 以上。因此，直到 2000 年之后中央财政能力才得

---

① 吴彬彬，李实．中国地区之间收入差距变化：2002—2013 年．经济与管理研究，2018（10）.

以实质性强化。

分税制改革初期，一般性转移支付占中央财政收入的比重很小，1998 年之前一直在 5% 以下，2001 年超过了 10%，此后增长迅速，2008 年超过了 30%，2012 年超过了 40%，近年已接近 45%。改革初期，专项转移支付占中央财政收入的比重刚过 10%，1999 年超过了 20%，此后平稳增长，2009 年超过了 30%，2012 年之后有所回落，但仍然在 30% 左右。改革初期，二者合计占中央财政收入的比重约为 15%，1998 年达到了 20%，此后快速增长，2001 年已接近 40%，2009 年达到了 66%，此后长期稳定在 70% 左右。显然，2000 年之前，财政转移支付占中央财政收入的比重明显较小，财政转移支付的功能并未凸显。但进入新世纪后，财政转移支付占中央财政收入的比重迅速由 30% 增长到了 70% 以上，全国财政收入的 30% 以上由中央财政转移支付进行再分配。

中央财政转移支付主要转向了中西部地区。分税制改革初期，东部地区所获一般性转移支付占总量的比重高达 30% 左右，但很快迅速下降，2000 年之后基本在 10% 左右。西部地区获得一般性转移支付的比重在改革初期就达到了 50% 左右，2000 年之后则长期稳定在 45% 左右。中部地区在改革初期占一般性转移支付总量的比重较小，2001 年后长期稳定在 40% 左右。显然，2000 年以后，一般性转移支付的 85%～90% 流向了中西部地区（见图 6-1）。分税制改革初期，东部地区获得专项转移支付的比重也接近30%，此后逐年下降，2000年之后基本在20%以下。中部地区占比在改革初期达到了40%以上，并长期稳定在这一水平。西部地区在改革初期占比不足30%，此后逐步上升，2000年后一直在40%左右。因此，2000年之后专项转移支付的80%以上流入了中西部地区（见图6-2）[①]。

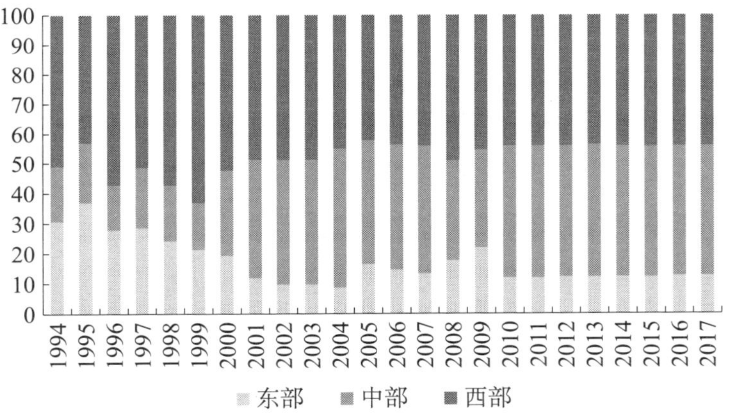

图6-1　不同地区占一般性转移支付总量的比重（单位：%）

① 1994—2004年数据来源于财政部“地方财政运行分析”。2005—2007年数据来源于“地方财政统计资料”，专项转移支付分区域数据来源于《财政体制简明图解》（李萍主编，中国财政经济出版社，2010年），一般性转移支付根据中央对各省转移支付总量与上述两项相减所得。2008—2009年数据来源于“地方财政统计资料”，2010—2014年数据来源于财政部申请资料公开数据，2015—2017年数据来源于历年“中央对地方转移支付决算表”。图6-1至图6-3均据此而作。

一般性转移支付和专项转移支付合计，分税制改革初期，东部地区占总量的比重达 30%，此后逐年下降，2000 年之后稳定在 20% 左右；西部地区占总量的比重略大于中部地区，2000 年之后，二者占比基本持平，都在 40% 左右。可见，改革初期，中央财政转移支付分配在一定程度上仍然偏向于东部地区，进入新世纪后才开始大力向中西部地区倾斜。

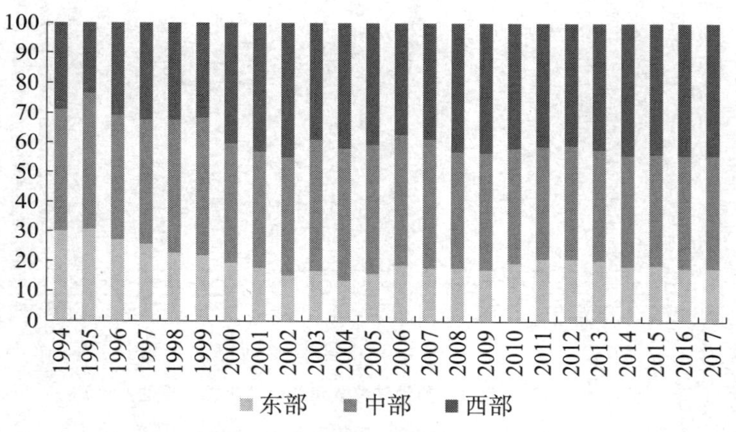

图 6-2 不同地区占专项转移支付总量的比重（单位：%）

中央财政转移支付向中西部地区的大规模倾斜，从其占地方财政支出的比重中看得更加清楚。分地区来看，东部地区地方财政自给能力很强，地方财政支出的绝大部分来自地方财政收入：1994—2008 年，财政转移支付占东部地区财政支出的比重一直在 10% 以下，2009 年后略有上升，但最高也未超过 15%。中西部地区则相反。1994—1997 年，中央财政转移支付占中部地区财政支出的比重仅 10% 左右，1998 年开始迅速上升，2000 年为 28%，2011 年达到了 52%，此后略有降低，但也一直稳定在 45% 左右。1994—1997 年，中央财政转移支付占西部地区财政支出的比重即达到了 20% 左右，1998 年后快速增长，2000 年已达到 41%，2008 年达到了 57%，2012 年后略有下降，但也一直稳定在 50% 以上。显然，2000 年以后，财政转移支付已经成了中西部地区地方支出的主要来源，地方支出中的一半左右长期依赖中央转移支付（见图 6-3）。

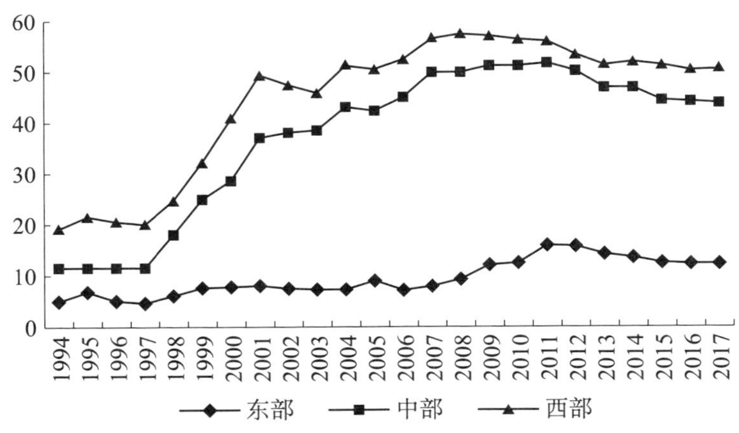

图 6-3　中央财政转移支付占不同地区地方财政支出的比重（单位：%）

三、净汲取和净补助

我们可以把中央从一个地区汲取的财政收入与对该地区的财

政补助之差称为中央从该地区的净汲取（或净补助）。东部地区是创造全国财政收入的主体，中央对中西部地区的财政补助，主要来源于从东部地区的财政汲取。1994 年，中央从东部地区净汲取财政收入达到 998 亿元，此后逐年增长，但 2000 年之前增速比较缓慢。所得税收入分享改革后，中央从东部地区的净汲取规模急速上升，2000 年为 1 700 多亿元，2005 年就超过了 8 000 亿元，2010 年则达到了 2 万亿元以上，2017 年更是高达 4.6 万亿元。自 1999 年开始，中央对中部地区转为净补助，从 2006 年开始，中央对中部地区的净补助规模迅速增加，2010 年增加到 4 600 多亿元，2017 年则超过了 9 000 亿元。自 1995 年开始，中央对西部地区转为净补助，但增长速度比较缓慢，所得税收入分享改革后，中央对西部地区的净补助规模迅速扩大，2010 年增加到 6 600 多亿元，2017 年则高达 1.46 万亿元（见图 6-4）[①]。总体而言，进入新世纪完成所得税收入分享改革后，中央从东部地区净汲取的财政收入规模越来越大，对中西部地区的净补助规模也越来越大。2017 年，中央从东部地区净汲取 4.6 万亿元，对中西部地区净补助超过 2.4 万亿元，二者之间的差额是中央本级支出的主要来源。

---

① 图 6-4 和图 6-5 中，中央对各地区的财政补助和中央从各地区汲取的财政收入的原始数据分别来源于历年《中国财政年鉴》和《中国税务年鉴》，二者差额即为净汲取（或净补助）。

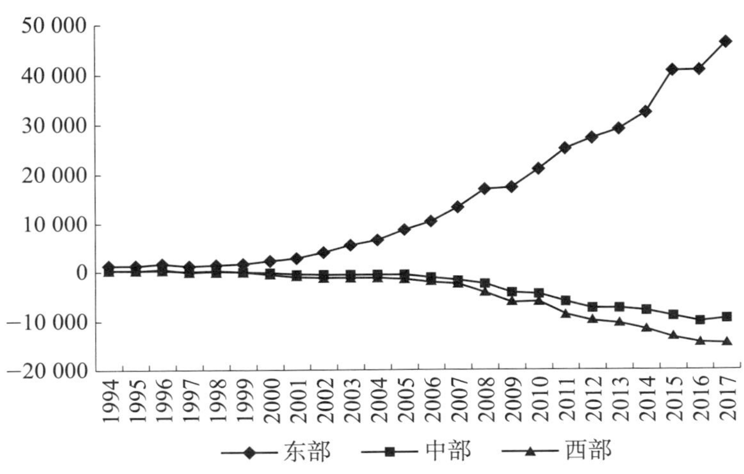

图 6-4　中央对各地区的净汲取 / 净补助规模（单位：亿元）

注：图中负数表示财政净补助量，正数表示财政净汲取量。

我们可进一步分析中央对各地区净汲取（或净补助）占各地区财政支出的相对比重（见图 6-5），以深入理解其重要性。分税制改革初期，中央从东部地区净汲取的财政资金约占地方财政支出的 50%，20 世纪 90 年代中后期，这一比重下降到了 30% 左右。但是，进入新世纪，中央从东部地区净汲取的财政资金占地方财政支出的比重又迅速上升，2008 年达到了 81%。2010 年以来，受金融危机和经济增速放缓的影响，这一比重略有下降，但也长期保持在 65% 左右。因此，分税制改革初期，中央从东部地区净汲取的财政资金相当于东部地区创造的财政总收入的 30% 以上，2008 年达到了 50% 左右，2010 年后长期保持在 40% 以上。

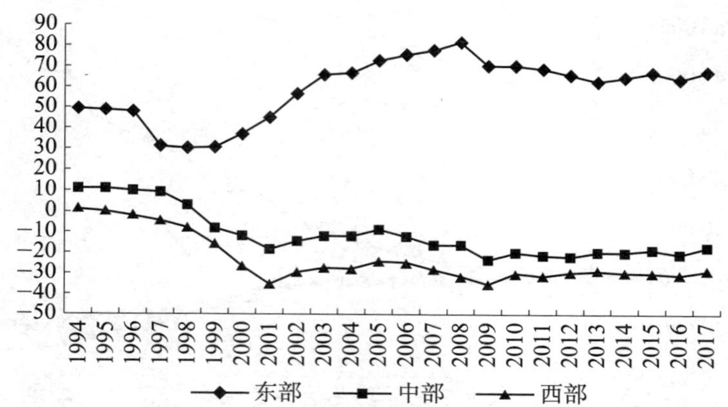

图 6-5 中央净汲取 / 净补助占各地区地方财政支出的比重（单位：%）

1998 年之前，中部地区也是中央净汲取地区，但中央净汲取占地方财政支出比重非常小。1999 年开始，中部地区转变为财政净补助地区，净补助占当年地方财政支出的比重为 8.65%，此后稳步增长，2001 年达到了 18.62%，2002—2005 年略有回落，但自 2006 年开始再次快速增长，2009 年达到了 23.8%，此后长期维持在 20% 左右。西部地区自 1995 年开始就是财政净补助地区，当年净补助占地方财政支出的比重仅为 0.36%，但此后快速增长，2000 年就达到了 26.6%，2001 年更是高达 35.66%。2002—2005 年略有回落，但此后迅速增长，2009 年达到了 35.67% 的高位。2010 年之后，中央净补助占西部地方财政支出的比重一直在 30% 左右。

可见，当前中央与东部地区和中西部地区分别形成了两种性质不同的财政关系。中央对东部地区是净汲取关系，对中西部地区是净补助关系。从深层来看，中央对中西部地区的财政转移支付由两部分组成：一部分是中央从中西部地区汲取上来的财政资金，这部分全部转移了回去；另一部分是中央从东部地区汲取并转移到中西部地区的财政资金。厘清中央财政转移支付的这两个部分，有助于更加深入地理解中央和地方、东部和中西部地区间财政关系。中央和地方之间的财政转移支付因此包含了双重意涵。它一方面是中央和地方间财政关系的重要内容，中央从地方汲取财政收入并在全国范围内重新再分配；另一方面也是对东部和中西部地区间财政关系的调节，中央从东部地区汲取财政收入转移到中西部地区进行支出，在此过程中完成对区域间财力不平等的均衡。由中央统筹的对中西部地区的大规模净补助，是区域间财力差距得以有效均衡的体制基础。

四、财政转移支付的制度逻辑

可见，分税制改革后，伴随中国经济长期稳定增长，中央实质财政能力日益增强，为均衡地区间财力差距，中国逐步建立了一个复杂而庞大的财政转移支付体系，财政转移支付对地区间财力差距的均衡效应日益显著，地区间财力差距经历了一个从不断扩大到逐步收敛的动态过程，并呈现出一些明显的时间节点特征。

从财政转移支付对地区间财力差距的均衡效应来看，2000年前后是一个重要节点。2000年之前，中央实质财政能力仍然较弱，财政转移支付占中央财政收入的比重长期在30%以下，转移支付占地方财政支出的比重很小；财政转移支付分配在一定程度上仍偏向于东部地区，对地区间财力差距的均衡作用非常微弱。进入新世纪后，中央财政能力很快得以实质强化，财政转移支付占中央财政收入的比重迅速上升，财政转移支付分配也大力向中西部地区倾斜，对中西部地区的净补助迅速增加，对地区间财力差距的均衡力度显著增强。

从区域间财力差距来看，2005年前后是一个重要节点。2000年之前，中央财政转移支付的均衡力度很小且不稳定，地区间财政收入差距也逐年拉大，地区间财政支出差距明显快速扩大。2000—2005年，虽然财政转移支付对地区间财力差距的均衡力度日益增强，地区间财政支出的不平衡程度较财政收入不平衡明显减小，但是，由于地区间财政收入不平衡仍然在快速扩大，财政转移支付的均衡效应远远赶不上收入不平衡的扩大速度，地区间财政支出的不平衡程度仍然在继续扩大。2005年左右开始，一方面，中央财政转移支付对地区间财力差距的均衡力度依然持续增强，对平衡地区间财力差距起到显著作用；另一方面，西部大开发等区域平衡发展战略开始明显发挥作用，地区间财政收入差距的不平衡程度自2005年左右也开始逐步减小，结果地区间人均财政支出差距开始显著缩小，地区间财力差距明显有效收敛。

总之，分税制改革以来，地区间财力差距明显经历了一个从扩大到收敛的动态过程。经过分税制改革后30年，尤其是新世纪以来20余年的发展和完善，中国形成了世界上规模最大的财政转移支付体系之一，简单以传统收入法或支出法来衡量中国中央和地方间财政关系[①]，都难以得出准确的认识，深入理解财政转移支付的制度逻辑就成了其中的关键。

（一）转移支付的政治逻辑

邓小平同志认为，社会主义原则，第一是发展生产，第二是共同致富[②]。这两个方面也可以分别称为发展问题和分配问题。中国处于社会主义初级阶段，只能先集中解决发展问题，再将重点放在分配问题上。越到晚年，他对分配问题越重视，进而反复指出：只有“实现共同富裕，社会才能稳定，才能发展”[③]，否则“民族矛盾、区域间矛盾、阶级矛盾都会发展，相应地中央和地方的矛盾也会发展，就可能出乱子”[④]，“解决的办法之一，就是先富起来的地区多交点利税，支持贫困地区的发展”[⑤]。“先富起

---

① OATES W. Searching for Leviathan：an empirical study. American Economic Review，1985，75（4）.

② 邓小平文选：第3卷.北京：人民出版社，1993：172.

③ 邓小平年谱（一九七五—一九九七）：下.北京：中央文献出版社，2004：1312.

④ 同②364.

⑤ 同②374.

来的地区多交点利税”就是通常所说的财政转移支付。当前，中央对地方的一般性转移支付和专项转移支付都主要指向了中西部地区，二者均具有显著的均衡地区间财力差距的功能。其中，一般性转移支付的主要政策目标是“保运转”，专项转移支付则主要聚焦于“保民生”。

中央财政转移支付不仅具有重要的经济功能，也具有重大的政治功能。“保运转”关乎地方政府的基本运转，当前，若没有中央大规模一般性转移支付，中西部不少地区的基层政府可能将陷入严重财政困境，无法维持基本运转，甚至可能威胁社会政治稳定。“保民生”同样是重大政治问题，教育、医疗、社会保障等基本民生支出具有很强的支出刚性。中央之所以将大量民生支出确立为专项转移支付，主要是因为地方政府在财政支出中具有很强的“生产性支出”偏向，财政支出经常偏向于以城市基础设施建设为代表的经济发展活动，而对民生领域则容易选择性忽视[①]。中央希望以专项资金的形式，对以民生为代表的地方支出中的薄弱领域予以有效保障。若没有大规模专项转移支付，不少地区的民生支出可能将下降到难以想象的极低水平。因此，中央专项转移支付对中西部地区民生支出的兜底，对具有生产性支出偏向的地方财政支出起到了关键弥补和底线保障作用，对确保地

① 吕冰洋，李钊，马光荣．激励与平衡：中国经济增长的财政动因．世界经济，2021（9）．

方社会经济的协调发展发挥着关键作用，对维持政治社会稳定也具有极为重要的意义。

可见，中央对地方的财政转移支付，从一开始就有着明确的政治意涵，最核心的就是“共同富裕”和区域平衡发展的政治理念，它们成了推动财政转移支付规模不断扩大和体系逐渐完善的深层动力，这可以称为转移支付的政治逻辑。“共同富裕”和区域平衡发展是新中国成立后七十多年的探索和实践所形成的重要政治理念。邓小平同志提出“两个大局”的战略构想，就是希望分阶段地解决发展问题和分配问题，“一部分地区先富起来”的最终目标是“共同富裕”，到 20 世纪末“达到小康水平的时候，就要突出地提出和解决这个问题”[①]。过去四十余年的中央和地方间财政体制变迁，尤其是分税制以来的财政转移支付实践，清晰地展现了这一历史过程。

（二）转移支付的治理逻辑

当前，若仅从财政转移支付的分配结果来看，它确实有效贯彻了转移支付的政治逻辑，地区间财力差距得以显著收敛。但是，仅仅是财政资金大规模转移到中西部地区，并不意味着其治理目标的有效实现，还需要一个漫长而复杂的治理过程，才能真正扎根落地并发挥治理功能。这在专项转移支付中体现得尤为明

① 邓小平文选：第 3 卷 . 北京：人民出版社，1993：374.

显，公共财政项目的分配和实施，是一个中央与地方、财政部门与支出部门、政府与民众等多元主体的复杂互动过程，转移支付能否有效实现治理目标，高度依赖于这一治理过程，这可以称为转移支付的治理逻辑。社会学界关于项目制的系列研究，就是对专项转移支付的治理逻辑的重要阐述[①]。

总体而言，财政转移支付的治理逻辑主要包括两个方面：一是财政资金的支出效率（efficiency），即能否实现财政资金的高效使用；二是财政资金的支出效果（effectiveness），即能否真正与公众需求偏好有效对接，为社会提供公共品和公共服务。当前，专项转移支付在这两个方面都还面临着不少严峻的挑战。

从支出效率来看，一方面，由于大量专项转移支付在年初无法细化预算到具体地区和项目，必须在年中预算执行中进行“二次分配”，这极大影响了专项转移支付的实施效率，形成大规模资金沉淀和浪费；另一方面，由于专项转移支付预算和执行过程有时不规范、不透明，分管专项资金的政府部门拥有较大的自由裁量权，造成了部分地方政府的“跑部钱进”行为。在专项转移支付的申请、审批、实施、检查等一系列环节中，地方政府经常

① 参见折晓叶，陈婴婴．项目制的分级运作机制和治理逻辑：对“项目进村”案例的社会学分析．中国社会科学，2011（4）；渠敬东．项目制：一种新的国家治理体制．中国社会科学，2012（5）；周飞舟．财政资金的专项化及其问题：兼论项目治国．社会，2012（1）；周雪光．项目制：一个“控制权”理论视角．开放时代，2015（2）．

要花费很大力气。这不仅引起了一些灰色交易和腐败行为，也对财政资金的支出效率造成很大影响[①]。

从支出效果来看，专项转移支付在回应公共需求、将政府项目体系与公众需求偏好进行有效对接方面也存在诸多问题。首先，中国是一个广土众民的大国，地方和民众的公共需求极其多元分散，并因具体情况而动态变化，一些中央转移支付项目在设立之初可能就和实际公共需求有较大偏离。其次，地方政府经常有意将大量项目资金集中到一个地区实施，以“垒大户”的方式打造“亮点”。这直接导致“亮点”地区的项目资金过分扎堆，大量普通地区却难以得到有效投入，形成“马太效应”[②]。最后，专项转移支付由不同政府部门负责管理，基本在中央和地方同一部门内相对封闭地分配实施，这经常形成相关部门的部门利益，由此造成公共服务供给“碎片化”。

在实践过程中，上述因素经常叠加作用，使项目制的实践效果偏离其治理目标，与公共需求偏好发生错位，造成财政资金的浪费耗散，甚至形成了财政转移支付逐年大规模增加，地方公共品和公共服务却无明显改善，治理绩效也没有显著提升的“内卷

---

① 范子英，张军．中国如何在平衡中牺牲了效率：转移支付的视角．世界经济，2010（11）.

② 杨善华．“项目制”运作方式下中西部农村社会治理的马太效应．学术论坛，2017（1）.

化”现象[1]。

应该说，学界从公共财政项目的治理逻辑切入，对项目制的反思性批评是深刻而有力的。为提高项目制的治理绩效，真正实现其治理目标，对某些过于分散的项目资金予以归并整合，清理取消一些过时或不符合实际的项目，加强项目资金预算和执行过程的规范性与透明性，这些都非常必要。但是，我们也不能因此对专项转移支付予以简单否定，因为它还承担着极其重要的政治功能。

总而言之，中国财政转移支付体系同时蕴含着政治和治理的双重制度逻辑。中央政府更聚焦于政治逻辑，即更关心区域平衡发展和共同富裕所承载的政治意义，典型体现为财政转移支付给中西部地区“保运转”和“保民生”带来的政治稳定、民族团结、社会和谐等政治功能。地方政府则更关注治理逻辑，即转移支付在实践过程中的支出效率与支出效果，这反过来又会影响其政治功能的达成。因此，二者不是截然分离的，政治逻辑和治理逻辑可以说是财政转移支付体系的制度逻辑的“一体两面”：政治逻辑为其注入政治动力和演进方向，治理逻辑则确保其治理效果和实践过程。但是，二者在实践中也存在一定张力和矛盾，需要有效结合与平衡。当前，如何在确保财政转移支付政治功能的

---

① 陈锋．分利秩序与基层治理内卷化：资源输入背景下的乡村治理逻辑．社会，2015（3）.

同时，提高财政资金的支出效率，优化治理效果，真正实现其治理目标，是财政转移支付实践面临的重大挑战。

改革开放以来，中国区域发展格局经历了两个不同的阶段，每个阶段分别约二十年时间。中国区域间财力差距也经历了一个从扩大到收敛的动态过程。改革之初，中央和地方间实行了多样化的“财政承包制”，中央财政统筹能力急剧下降，对区域间财力差距的均衡力度大为弱化，不同地区间财力差距显著扩大。进入新世纪，分税制的体制效应充分释放，中央实质财政能力显著强化，对地区间财力差距的均衡力度明显增强，2005 年后区域间财力差距开始有效收敛。

决定中国区域发展格局的因素主要有两个方面：一是国家关于区域经济格局的政治“理念”，即中央是采取以区域平衡取向为主的发展战略还是以区域不平衡为主要取向的发展战略；二是中央和地方间关系，这是贯彻中央发展战略的关键因素，中央和地方间财政关系又是其中的枢纽环节，中央和地方间收入分享体制决定了中央财政汲取能力，而中央和地方间财政转移支付体制，则是均衡地区间财力差距的体制基础。中央和地方间财政体制深度嵌入政治集权与经济行政分权相结合的“分权型财政体制”，也是这一政治经济体制的重要组成部分。“分权型财政体制”为中央在转移支付体系中注入“共同富裕”的政治理念提供了根本性的制度基础，同时也塑造了财政转移支付体系的双重制度逻辑。

第二篇

社会篇

第7章
作为城市的东部农村

既往学术研究和政策设计通常将农村视为有着相同需求的整体，诞生于发达地区农村的经验经常被推广至全国其他地区。从经济形态看，中国起码有两种类型的村庄：一种是以上海、广州、北京等地区农村为代表的东部农村；另一种是中西部以农业生产为主的普通农村。东部农村的突出特征是位于城市或都市圈经济辐射范围内，在未来30年有望实现城市化，为叙述方便，本章以东部超大型城市郊区农村为表述对象。东部农村和普通农村作为中国农村的两个基本类型，其不同的区位空间功能决定了不同的政策需求。

一、东部农村的空间功能

上海、广州、北京等超大型城市郊区的农村，尽管在空间形态上仍保有农村样态，但其实际功能已不再是以农业生产为主的普通农村[①]。东部农村是城市体系内在的一部分，发挥着城市生

① 贺雪峰.东西中国：中国区域差异的经济视角.开放时代，2023（2）.

产生活空间配套、建设用地指标储备、生态绿地空间涵养和市民休闲旅游消费四重功能。

（一）城市生产生活空间配套功能

中心城区土地空间稀缺导致城市功能向周边区域外溢。随着中心城区向外拓展，郊区农村从农业生产空间向工业生产空间再向工商服务业空间演变[①]，反映出中心城区对郊区农村空间功能的支配作用。

郊区农村是城市产业配套和各类所需物资周转的重要区域。随着市中心土地租金上涨，大量服务于城市产业和居民生活的行业在城乡接合部农村集聚。从中心城区转移出来的小工业、服务业及仓储物流运输业吸引了大量外来人口，这带来东部农村突出的人口倒挂问题，即外来人口远远超过本地人口。上海农村常住人口中外来人口与本地人口的比例通常在 5 比 1 以上，有的地方高达 10 比 1。当地农民或者二房东为了获取更多租金，常将出租房屋隔成 10 平方米左右的小间来满足只要一席之地过夜的打工者需要，农村租赁住房产权分散化带来外来人口治理困境[②]。

职住分离一直是超大型城市难以化解的难题。郊区农村作为住房租金或住房价格洼地，成为新市民群体或无房群体的首选。

---

① 杨忍．广州市城郊典型乡村空间分化过程及机制．地理学报，2019（8）.

② 魏程琳，钟晓华．空间再组织：城乡接合部闲置农房产权整合与社会有效治理：上海农房再利用案例研究．中国农村经济，2022（4）.

城郊出现中产阶层小区与农民还建房小区交错、农民工居住的违建棚屋间杂的建筑景观，这一马赛克式的阶层空间分布，展现了互不相容的多元利益诉求和基层治理困境[①]。目前，不少大城市为了缩短市民通勤时间，扩大城市经济辐射范围，开始投入大量资金修建城际铁路，跨河 / 江桥梁、隧道或地铁，大大提高了郊区农村与中心城区的互动频率，推进了产城深度融合。然而，人们在工作距离近便之外往往还追求良好的教育资源，这类职住分离难题只能通过教育资源均衡分布来解决。

郊区农村提供的居住生活、中低端产业配套空间，成为城市各行各业所需的人力、物资和物流服务资源的蓄水池。一定意义上，离开郊区农村空间，城市的工商业和生产生活系统将无法维持。

（二）建设用地指标储备功能

当前中国城市扩张的主要形式是将郊区农村改造为城市。在中央严格控制建设用地指标和城市开发强度的政策约束下，城市扩张面临的不仅仅是有无土地空间的问题，更重要的是有无城市建设用地指标。2014 年，上海城乡建设用地占比已明显高于伦敦、巴黎和东京等国际大都市，公共绿地规模占比仅为发达国家

① 熊易寒，曹一然 . 空间再分配：城乡接合部治理的政治学意义 . 广西师范大学学报（哲学社会科学版），2021（1）.

城市平均水平的三分之一左右，建设用地的GDP产出仅为巴黎的三分之一、东京的九分之一。上海市政府在2014年明确提出，全市规划建设用地的“终极规模”为3 226平方千米，这意味着2020年以后，上海市将实现规划建设用地总规模“零增长”。事实上，上海市希望通过产业结构调整和经济转型升级，实现建设用地总规模的“负增长”[①]。为此，上海市在建设用地方面提出“总量锁定、增量递减、存量优化、流量增效、质量提高”的“五量调控”基本策略。

从2014年的国土规划方案看，上海市在2014—2020年的7年里只有156平方千米的建设用地增量空间，但在实际运行层面，上海市城市建设用地的年均净增量在50平方千米左右。上海市增加城市建设用地的策略有二：一是更新城市既有工商业和住宅用地；二是压缩农村建设用地空间。从农村获取建设用地指标的方式主要有征地拆迁、集中居住、违建拆除和“建设用地减量化”等。上海市政府在2014年制定国土空间规划之后，迅速启动“五违四必”工作，以违建治理为抓手，大力推进各街镇建设用地减量化。农村地区的违规工业用地、低效零散的工业用地以及农村集体和农民违建的仓库、出租房皆在被整治之列。从农村转移出来的建设用地指标主要用于城市商业住宅项目和特斯拉

① 张奕，黄勇娣. 上海2020年后实现规划建设用地总规模“零增长”.（2014-04-25）. http://www.gov.cn/xinwen/2014-04/25/content_2666424.htm.

新能源汽车这样的重点项目。浦东新区某村从 2015 年初到 2017 年底共拆除违建面积 40 万平方米，其中村集体违建厂房面积占 80%，村民私人违建面积占 20%。

（三）生态绿地空间涵养功能

生态绿地空间占比是衡量一个城市宜居程度的重要指标。因此，绝大多数城市的政府在国土空间规划中都会优先保障城市生态绿化空间，它们除了在市区建设众多口袋公园外，还要在郊区构建生态保护区。上海市的长兴岛、崇明岛以及奉贤、南汇、青浦等郊区承担着全市生态环境建设的重要任务，农村大量的山水林草空间被纳入生态保护区范围。

生态宜居的理念更是被植入超大型城市的新城和开发区建设中。广州市的中新广州知识城将 50% 的面积划为生态绿化区，预计到 2035 年，该区人均公园和开敞空间面积大于 18 平方米，公园绿地 500 米服务半径覆盖率不低于 85%，森林覆盖率大于 42.6%。

上海市五个新城的规划建设也致力于构建显著优于中心城区的生态格局。五个新城的规划建设方案明确提出，嘉定、青浦、松江、奉贤和南汇五个郊区要立足各自的水绿山林资源，借鉴黄浦江、苏州河滨水公共空间建设经验，顺沿各级河湖网络完善环廊森林体系，发挥水绿生态空间的叠加效应，创造宜居、宜业、宜乐、宜游环境。五个新城的生态格局及郊野公园项目如表 7-1 所示。

表 7-1 上海五个新城的生态格局规划

新城	大生态格局	蓝绿空间格局	特色公园
嘉定新城	以嘉宝生态走廊、嘉定环城生态走廊等市区级生态廊道为骨架，结合横沥河、环城河等“申字”水系，形成森林环绕、河网纵横、绿带穿插的新城生态格局。	以练祁河、横沥河为网络骨架，以半自然岸线为主，进行点缀式铺装，体现嘉定“八百年吉地、六千米环城”的水乡风韵。	以远香湖、紫气东来轴为核心，打造嘉定新城的标志性城市公园，强化城市公园周边保利大剧院、嘉定图书馆等高能级文化设施的服务功能。
青浦新城	以青松、油墩港、新谊河等市区级生态廊道为骨架，突出棋盘式水网结构，形成河湖交错、绿带交织的新城生态格局。	以油墩港、淀浦河、东大盈港等骨干河道为网络骨架，沿岸组织重要功能节点，塑造高品质的滨水空间，体现青浦水乡特色。	以上达河公园为核心，充分发挥青浦“水乡”特色，提升上达河与东大盈港的亲水性与游玩性，强化智慧休闲、文化娱乐的特色功能，打造环城水系标志性公共空间节点。
松江新城	以大青松生态走廊、市级近郊绿环、黄浦江生态走廊等市区级生态廊道为骨架，围绕中央公园，结合广富林郊野公园，强化“山—水—城”空间关系，形成“绿环绕城，绿链缀珠”的新城生态格局。	以通波塘、沈泾塘、市河、人民塘等骨干河道为网络骨架，串联沿线湖泊，体现松江“上海之根、浦江之首”风韵。	以中央公园为核心，打造新城生态和文化体育新标杆，彰显鲜明的主题特色。

续表

新城	大生态格局	蓝绿空间格局	特色公园
奉贤新城	以黄浦江生态走廊、金汇港生态走廊等市区级生态廊道为骨架，突出浦南运河、金汇港十字水街，围绕金海湖、中央林地，形成“百里城市绿道、千亩环城森林、万亩生态绿核”的新城生态格局。	以金汇港、浦南运河、南竹港等骨干河道为网络骨架，恢复两岸桥、林、水、田、湾、塘等自然景观要素，形成开放多元的蓝色网络。	以金海湖公园为核心，发挥生态人文特色，构建独特城市魅力、强大集聚力和周边辐射力的重要基础和保障。
南汇新城	以大治河、白龙港、团芦港、奉浦等市区级生态廊道为骨架，围绕“临港绿心”，形成陆河海相汇、水林田交融的新城生态格局。	以滴水湖为核心的“环状＋放射”水系为网络骨架，注重滨水廊道与城镇空间的复合，结合港池建设，打造“湖海相融”的水体景观。	以滴水湖和二环绿带为核心，构建环滴水湖城市级公园带，优化提升岸线植被环境，增加游憩空间与休闲设施，营造环湖的水绿相融的优美生态空间。

资料来源：《上海市新城规划建设导则》第 43 页、第 52—53 页。

上海五个新城是上海农村农业所在的主要片区。五个新城建设的主要目标是疏解中心城区功能，将优势产能和优秀人才留在上海。从空间布局来看，除了规划建设新兴产业园区和商业住宅外，新城尤其强调其生态宜居的空间特性，传统的农村空间在未来将就地转变成郊野公园、生态走廊、观光农业等生态空间，服务于市民农民生活。

（四）市民休闲旅游消费功能

相较中心城区密集的建筑和人口样态，低密度的农村空间使人感到身心舒悦。当市民厌倦大城市的快节奏生活时，农村的自然风光、文化风俗节事、特色餐饮、农耕畜牧等体验项目，成为其暂时逃离城市的避风港。发展满足市民需求的文旅服务，成为城郊农村的一项主要工作。

对自然生态和休闲农村生活的消费需求，是资本进入农村旅游领域并推动大城市周边农村景观转型的驱动因素之一。崇明岛依托上海庞大的消费市场，充分发挥其海滨生态资源，大力发展独栋别墅式的农家乐，其高质量的农旅产品曾经红火一时。如今，该地将地方农产品、手工艺品引入农村购物中心，推动一、二、三产业融合发展。

中国城市中产阶层的崛起及其对开放绿地、周末度假和农村休闲旅游的渴望，推动了农村民宿经济和配套服务的商品化。2022 年 7 月，笔者在广州黄埔区调研发现，某度假村一间客房的消费标准是 1 万元 / 天，而且入住时间已经排到一个月之后。尽管有的民宿、农家乐在新冠疫情期间遭遇较大损失，但市民就近旅游消费的结构性需求并未减弱，面向城市人群的特色农产品和特色服务仍有较大市场。2023 年 2 月，笔者到上海嘉定区毛桥村调研发现，当地的民宿旅游、餐饮、采摘服务在节假日供不应求，顾客主要是城区的中产阶层家庭。

在信息化时代，越来越多的高新技术研发部门和新业态不再依赖市中心的区位优势，将研发基地和办公场所迁移至郊区农村地区。不少城郊乡镇也积极发展公共交通，改善农村居住环境，打造人才公寓，吸引创业青年和白领青年到农村居住，为城郊农村发展带来活力[①]。

综上可见，东部农村已内置于城市经济社会发展体系之中，成为城市的一部分。因此，它们与普通农村在农民农业、产业形态及风貌管控上具有显著差异。

二、东部农村的农民与农业

20 世纪末，我国中西部农村出现的“三农”问题在超大型城市郊区农村几乎不存在，这主要得益于超大型城市郊区农村较早开启工业化，农民从非农就业中获得较高收入，地方政府主要基于地方工业发展获得税收，农业农村较早进入现代化进程。

（一）农民就地城市化

多数地区在 20 世纪 80 年代兴起的乡镇企业，到 2000 年前后基本上销声匿迹。然而，珠三角、长三角地区农村凭借区位优势，将商品贸易从国内市场转向国际市场，使乡镇工业得以延

① 李姝徽，郁玫．上海张江：乡村人才公寓里的“诗意生活”．（2021-05-17）. https://difang.gmw.cn/2021-05/17/content_34850935.htm.

续。珠三角以“三来一补”外向型经济为依托，快速推动农村工业化和城市化。长三角地区，浙江以民营经济为主，以农民为主体的大中小型工业企业集聚农村，实现就地工业化和城镇化；苏州、上海则从集体经济转向由地方政府主导的大型工业园区建设，农民转变为工厂管理人员或小商品经营者。

长三角、珠三角城市超强的经济辐射能力给当地农民带来丰富的就业机会。广州、上海、苏州等地农村的农民几乎不从事农业生产，绝大多数年轻人凭借较高学历进入政府部门、企业工作，学历较低的年轻农民则从事小商品贸易、车间管理、网约车、中介服务、咨询服务、农家乐服务等工作，60 岁以上的老年人还可以做保安、保洁、楼栋管理员或街镇聘用的环保志愿者。上述工作的辛苦程度较低，工作纪律和时间要求较低，自由度较高，工资水准中等。当然，务工收入只是当地村民收入的一部分，相当多的村民还有房租、失地保险、退休金和集体经济分红等收入。

东部郊区农村的绝大多数农民较早在中心城区购买了商品房，他们将暂时不住的农房或商品房出租，获得财产性收益。按照 2022 年的市场行情，上海市杨浦区的房屋租金水平为每平方米每月 100 元到 150 元，浦东新区农村的房屋租金水平为每平方米每月 50 元到 90 元。浦东新区农村的村民将一套 150 平方米的房屋出租，每月可得 7 500 元以上租金。而在集体经济收入动辄每年上千万元的村庄，农民的社保、医保、教育支出基本上由集体经济支付，农民家庭每年还可以从中获得福利品和分红，例如张家港市永联村、佛山市紫南村等。东部农村农民依托市场优势，将先天资源转化为经济资源，在家门口实现充分就业，因此，他们才能在全国人才参与竞争的大城市中从容生活。

（二）补贴型农业生产模式

与中西部农民惜地如金的土地观念不同，东部大城市郊区农民基本上不种地，甚至在某些地方还出现连片抛荒现象。原因在于农民种地不挣钱，年景不好时还可能赔钱。一个 60～70 岁的农民到市区打工，一天能挣 200 元左右，而一亩地的纯收入每年才 1 000 元左右。

既然绝大多数城郊农民不再从事农业生产，为何超大型城市政府仍然重视农业农村工作呢？这源于地方政府所担负的“米袋子”“菜篮子”以及基本农田保护的政治任务。上海、北京、广州等城市政府每年都要向农村投入大量资源建设农田水利设施，对农业生产全过程进行补贴。以上海市浦东新区为例，农户获得租金为每年 2 150 元 / 亩，其中 1 000 元为政府补贴，1 150 元为租户支付的最低租金。耕者一亩地可获得 1 300 斤稻谷，2022 年的稻谷市场价格为 1.3 元 / 斤，耕者一亩地可获得 1 690 元的收入。扣除租金之后，耕者只获得 540 元，这些收益无法覆盖人力、种子、农药、肥料、用水及机械收种的开支。事实上，上海的农业生产主要依靠政府财政补贴来推动。

上海市政府除了向承包户（上海本地农户）补贴规模经营

奖励金外，还要对种植户（耕者）发放高额的农业生产补贴。2022 年，浦东新区出台的《浦东新区绿色农业生产补贴专项有关实施细则》显示，该区农业生产者可以享受种植业条线、蔬菜条线、农机条线、畜牧条线、渔业条线、种业条线、农产品质量监管条线、农业保险保费补贴、基本农田保护补贴等九类补贴。以种植业条线补贴为例：（1）水稻种植直接补贴 430 元 / 亩（市补 260 元 / 亩、区补 170 元 / 亩）；（2）水稻病虫害防治物化补贴区补 120 元 / 亩（其中绿色食品认证水稻每亩增加不超过 30 元）；（3）杂交稻良种物化补贴区补 80 元 / 亩（数量 2 公斤 / 亩）、常规稻良种物化补贴区补 40 元 / 亩（数量 4 公斤 / 亩），补贴良种须为本区水稻主导品种；（4）水稻机械化种植补贴区补 50 元 / 亩，包括机械化育插秧、机械化直播、无人机飞播等；（5）家庭农场水稻种植面积达到 80 亩以上的，或水稻种植面积占经营面积 50% 以上的，区级财政对水稻种植增加平均每亩 270 元现金考核奖励补贴（镇级家庭农场每亩 150 元的现金考核补贴）。综上，农户种植水稻每亩地可获得 790 元到 950 元的种植补贴。

种植业条线还有化肥农药减量增效补贴：（1）冬绿肥种植补贴 300 元 / 亩（市补 75 元 / 亩、区补 225 元 / 亩）；（2）冬季深耕晒垡补贴 200 元 / 亩（市补 50 元 / 亩、区补 150 元 / 亩）；（3）有机肥使用、绿色防控技术应用等水稻绿色生产技术应用，施用商品有机肥每亩不少于 500 公斤，根据水稻种植面积补贴 120 元 / 亩（市补 15 元 / 亩、区补 105 元 / 亩）；（4）秸秆机械化还田补贴 50 元 / 亩（市、区各补 25 元 / 亩），秸秆综合利用补贴 300 元 / 吨（市补 240 元 / 吨、区补 60 元 / 吨）；（5）农药包装废弃物回收与集中处置补贴 3.15 万元 / 吨（市补 0.6 万元 / 吨、区补 2.55 万元 / 吨）。这部分的农业补贴只能覆盖成本，农户无法从中获得剩余。

事实上，上海市部分乡镇在 2000 年左右就通过“土地换社保”的形式将绝大部分农地承包经营权收归村集体所有，村集体通过区或街政府平台向有资质的承包户或企业发包土地。上海农村土地承包经营权的集中大大提升了农田水利设施等公共品供给效率，提升了农业机械化、专业化水准，强化了地方政府对农业生产的调控力度。上海市实行农地休耕政策，耕者如果在一块田地连续种植两季作物，则不能获得相应财政补贴。在上海农村种地的农民多数来自安徽、河南、四川，他们通常耕种 100 亩以上的土地，每年工作 6 个月时间。粗略估算，耕者可以从每亩土地获得500元至800元的净收益，这些收益几乎全部来自政府补贴。

（三）都市农业

在城市发展战略推动下，东部农村的产业空间与生态空间被重构[①]，都市农业成为其新功能之一。超大型城市依靠科技与人

① 陈潇玮，王竹．城郊乡村产业与空间一体化形态模式研究：以杭州华联村为例．建筑与文化，2016（12）.

才优势，在郊区农村建设现代农业基地，将农村农业空间变为农技创新、技术示范、教育观摩、高端产品供应的空间。例如，浦东新区张江镇 2021 年投资 900 万元在环东村现代农业基地引入自动化蔬菜生产区，建立自动化新型叶菜盆栽系统，实现蔬菜工厂化生产设备全自动流水线作业栽培模式，从播种、育苗到生产以及最终产品销售都实现专业化的管理。同时，该镇还加快推进环东村农业苑蔬菜示范创新基地建设，以张江蔬菜栽培新技术为载体，投资 500 万元打造可复制可推广的绿色农业生产基地，展示“小而特”农业的示范效应。由于毗邻张江科学城，张江镇的农业生产示范基地还成为科学城工作人员的“后花园”，发挥都市农业功能。而上海南汇新城的农民则利用轮耕时间，种植西瓜、小番茄等高附加值、高价格的“私人订制型”农产品。

超大型城市郊区农村的农民因城市经济的溢出效应而能就地或就近就业，未出现中西部农村常见的留守儿童问题；超大型城市郊区农村的农业因城市强大的财政实力支撑，而较早实现规模化、机械化和现代化。在此背景下，以上海为代表的东部农村治理、农业发展和农民福利，对于全国其他地区农村而言具有“未来村”的示范引领价值。

三、东部农村的工业整合

上海郊区农村产业在 20 世纪 80 年代从农业向工业转型。

2000年以后，随着乡镇企业转制，农村成为中小型私营企业主的生产空间。在30余年的工业化进程中，当地农民获得就近就业机会，农村集体获得土地厂房租金收入，农民凭借参与工业化的技术、资本和经验积累进城买房、就业。2010年前后，上海郊区农村成为中低端工业和外来人口集聚的空间，面临着生态环境治理和外来人口治理两方面的困境。

（一）农村工业企业进园区

2014年起，上海市政府为了实现集约利用建设用地和改善农村生活环境的双重目标，开展了一轮又一轮的农村违建和生态环境整治工作。上海郊区曾经遍布小作坊、仓库、加工门店的村庄逐渐变回20世纪80年代的田园生态模样。曾经在农村的大中型工业企业，通常迁入政府新建的大型工业园区，而小型企业和家庭作坊考虑到成本要素，要么外迁，要么关闭，农村工业向园区集中的趋势明显。

"五违四必"是上海市"十三五"期间的重要工作之一。"五违"是指"违法用地、违法建筑、违法经营、违法排污、违法居住"这五种情况，必须做到"安全隐患必须消除、违法无证建筑必须拆除、脏乱现象必须整治、违法经营必须取缔"。"五违四必"是上海市向存量建设用地要空间的重要策略。在锦标赛体制下，各街镇努力实现"新增违建零增长、在建违建快速拆、存量违建大量拆"的目标。例如，浦东新区张江镇2016年全年新增违建"零增长"，消除存量违建106万平方米，完成新区下达任务量的425%。据报道，2015年7月至2017年3月底，上海市连续三轮"五违四必"区域环境综合整治工作，共拆除违法建筑8 531.84万平方米、消除违法用地14 286.4亩、整治污染源2 440处、关闭查处无证违法经营企业11 633家。

政府推动农村违建治理的中心目标是农村建设用地减量化，缓解大城市建设用地指标压力，为城市产业转型升级提供战略空间。在"五违四必"整治中，多家企业关停、迁移，仅张江镇某村就有140多家企业或关停或迁址，该村2019年的集体土地和房屋租金为935万元，较2016年减少80%，该村被拆除的集体违法建筑和违法用地面积为32万平方米[①]。

在中西部市、县政府仍在寻求工业化契机的当下，东部地区大力推进本地农村去工业化，要求工业企业向园区集中，展现出东西部地区不同发展阶段的政策需求。东部农村的去工业化并非去产能化，而是地方政府规划产业转型升级的重要步骤，正如上海郊区农村建设用地减量化后腾出来的用地指标被用于支援特斯拉汽车等工厂用地一样，广州、杭州等超大型城市也将分散的农村建设用地集中起来用于高新科技产业园区建设，满足产业转型升级的需求，提升了城市发展的全球竞争力。

① 数据来源于笔者对该村村干部的访谈，访谈时间为2021年1月。

（二）农村人居环境景观化

农村人居环境的景观化成为后工业时代的重要标志。在农村工业整合的同时，地方政府往往启动美丽农村、美丽庭院等人居环境整治工作，投入大量资金改造农村公共环境和居民庭院景观。

浙江省近年来提出“五水共治”“三改一拆”“四边三化”等政策，大力推进农村生态环境整治。这些政策与上海市的“五违四必”“拆建管美用”有着相同的目标，即拆除违法建筑、消除违规用地、腾出建设用地指标、建设美丽农村。与上海不同的是，浙江农村工业化是以农民企业家为主体的家庭式工业化，农民将庭院、宅基地和自留地改扩建为工厂的现象较为普遍。农村拆违工作需要与家庭小私营企业主打交道，工作难度相对较大。据报道，杭州市大慈岩镇通过强势推进“五水共治”“三改一拆”“四边三化”等工作，统筹推进全域环境整治，已拆除“一户多宅”、土地违法、乱搭乱建共计 8 万余平方米，优化村镇建设用地，美化了人居环境①。

在上海，近郊农村的公共空间建设日益与城区一致，政府在村庄路口建造花坛、栽植绿化苗木、设置路灯，在河道水流两岸

① 陆群安，张寅韬．建德大慈岩镇：以土地综合整治助力全域风貌提升．浙江日报，2022-12-29（14）.

设置护栏，将村庄生活用水和自然河流纳入污水处理系统。粗略统计，浦东新区某村 2017 年至 2020 年四年间，在美化点位、道路建设、村容风貌、公共建设方面投入资金 1.2 亿元，其中大部分资金来自市、区公共项目。而上海市嘉定区某村的村庄平移工程，在基础设施投资上保守估计花费 4 亿多元。这些村庄是规划保留村庄，也是地方政府重点建设的美丽乡村和乡村振兴示范点，一定程度上代表着发达地区村庄的发展模式。

上海、广州等超大型城市凭借强大的财政实力，能够在从农村汲取建设用地指标的过程中给予农民较多的实物补偿或货币补偿，亦能投入大笔资金改善生态环境，因此，这些地区农村的去工业化并未导致农村的衰败，反而成为农村生态化转型的契机。

四、超大型城市郊区农村的风貌管控

“城市像欧洲，农村像非洲”这句话适用于一些超大型城市的城乡空间概况。无论是上海，还是广州、北京，城乡发展不平衡的现象依然存在，超大型城市远郊农村的破旧风貌与其国际大都市的地位似乎并不匹配。然而，如果将远郊农村视为超大型城市的一部分，就可以理解超大型城市政府对农村风貌管控的政策逻辑。

（一）东部农村的宅基地政策

宅基地审批和农房翻建管理政策是决定农村风貌优劣的关键

因素。上海市国土部门对农村风貌管控一贯严格，农户翻修房子必须报国土部门审批，农户获批的宅基地面积也有明确规定：人均 30 平方米，户均不超过 90 平方米。如果子女成家，可作为一个新户申请宅基地。农户新建或翻修房屋之前，需要四邻签字确认地界，奠基和封顶时必须请国土部门管理员和村干部到场签字。如果农户建房超过规定高度（如南汇区规定不超过 13 米），必须拆除超高部分，否则这个住宅无法取得房屋使用权证，也无法办理户口迁入迁出业务。地方政府对违建的严格管控，为后期的违建治理积累了制度势能，例如浦东新区某村在“五违四必”期间顺利拆除 8 万平方米的违建房屋。国土部门严格的宅基地管控政策，导致上海嘉定区、奉贤区、松江区的绝大多数原始农村农房是 1990 年之前建造的，农村风貌老旧；浦东新区农房翻新的政策延续到 2000 年左右，农村风貌整体良好。

相较之下，广州郊区农村的农房布局构造更为复杂，违建情形较多，违建治理效果较差。这一方面与有些地方政府的违建管理政策混乱有关，另一方面与违建管理部门的工作能力有关。近年来，广州市的旧村改造政策公开承认了某个时间节点之前的违建房屋合法（例如，广州市黄埔区为 2009 年 12 月 31 日），某种程度上潜在鼓励了其他违建者。调查发现，无论是地方政府主导的征地拆迁项目，还是企业主导的旧村改造项目，对农户的违建房屋都予以最大范围的承认。这在一定程度上加大了征地拆迁或旧村改造的难度和成本。

（二）东部农村的征地拆迁补偿

珠三角地区的征地拆迁补偿标准高于全国其他地区。该地区采取“按户补偿或按建筑面积补偿”的方案。以广州市黄埔区当前的政策为例，如果按户补偿，一户补偿 240 平方米，18 岁以上的成年人无论是否成家都算作一户；如果按照建筑面积补偿，则按照单层建筑面积的 4 倍予以补偿。当地户均宅基地面积通常在 100 平方米以上。上海征地拆迁补偿同样采取“人头多数人头，砖头多数砖头”的模式，如果按人头补偿，人均补偿 30～40 平方米（农村户口为 40 平方米，城镇户口为 30 平方米，公务员不予补偿）；如果按房屋原始面积补偿，则补偿合法建筑面积单层的 2.5 倍。与上海市传统农村整体上有序的风貌不同，珠三角农村呈现出新旧不同、高低不一、“握手楼”常见的马赛克式农村风貌。

广州和上海农村空间风貌治理效果的差异来源于不同的地方土地制度实践。广州在 20 世纪 90 年代大力发展“三来一补”产业，许多农村农地就地转化为工厂和集体宿舍，农户可以自建多层房屋出租获利。1998 年《土地管理法》修订后，明确规定城市工业和商业用地必须经过国家征收程序。但在 1998 年之前，珠三角地区已经形成大批历史性违建房屋。基于外来企业和外来人口的空间租赁需求，珠三角地区的农民能够轻易从土地、房屋中获得可见的货币利益，因此形成强烈的土地共有观念。部分当地农民在征地拆迁中的预期收益高、讨价要价能力强，加大了城市建设和产业转型升级的成本，我们将该地区的土地制度实践称为“先发劣势”[①]。

上海的国土空间规划建设延续了严格管控的政策逻辑。农民不具有违规建设、利用土地的历史合法性。此外，上海市政府基于长期的土地征收和开发经验，在征地拆迁中坚持了相对统一、长期稳定的征地拆迁补偿标准和公开透明可追溯的工作流程，降低了农民在征地拆迁中的机会主义心理预期。

在超大型城市的空间规划中，绝大多数村庄在未来 30 年不保留村庄，东部农村的破旧风貌将成为城市发展中的过渡性景观。农村风貌管控政策具有两方面效果：一方面避免农村人力财力物力资源浪费，另一方面降低未来城市化、工业化过程中征地拆迁的难度和成本。那些未能在过去和现在有效控制农村新建、违建房屋的超大型城市，则可能要在未来支付巨额政治经济成本。

东部农村虽然在体制上仍属于农村，但在功能上已成为城市不可分割的一部分，它一方面分担了城市经济社会发展的功能，另一方面分享了城市发展的收益，是城乡一体化的具体空间呈现。

东部农村的核心特征是处于城市经济带的辐射范围之内，自

① 贺雪峰. 发达地区土地利用上的先行劣势. 农村工作通讯，2016（12）.

然地分担了城市功能，分享了城市经济外溢的利好，是城乡一体化、城乡融合发展的典型地区。东部农村农民与市民之间基本上不存在教育、医疗、公共服务等方面的差异性政策权利，其主要差异表现为更普遍的消费能力差异。相较于市民，农民拥有农村集体身份赋予的独特权利——宅基地使用权、土地承包权、集体土地收益分红权等村社权利。在东部城市化过程中，农民通过征地拆迁获得较多的房屋和货币补偿，就地实现有就业支撑的城市化。

在当前阶段，超大型城市政府对农业和农民仍实行优惠政策，但绝大多数本地农民已离开农业和农村，相应的政策精准度有待提升。同样，超大型城市郊区农村的治理资源和治理任务，与中西部农村有着明显差异，该地区的社会治理分为以外来人口为中心的外部治理和以福利分配为中心的内部治理，社会治理创新经验具有一定的特殊性。郊区农村与普通农村的区位及空间功能差异，决定了其面对的问题和情况不同，这为中国政策制定、地方政策创新扩散提供了分类基础。

东部农村作为一种农村类型，并不完全以地理边界为准。东部地区也有个别不在城市经济带辐射范围之内的村庄，例如省市交界处的边缘村庄；中西部地区也有在城市经济带辐射范围之内的村庄，例如省会城市、二线城市的少数近郊农村。以上农村在各地区都属于少数，可以根据其属性划到相应类型中，并不影响东部农村与中西部普通农村的类型划分及政策研究。

第8章
村庄社会分层的区域差异

一、村庄熟人社会的分化

随着20世纪80年代初农村改革的启动，农村市场化和农村人口流动不断加速，中国农民逐渐从单一化、差别不大的农耕群体，向不同职业、不同收入群体发展，农民在政治、经济、社会关系等方面的分化程度越来越高，对中国经济社会发展、农村政治社会稳定和乡村治理产生了深远的影响。由于村庄的熟人社会特性，农民分化本质上是村庄内部熟人社会的分化。村庄熟人社会的以下特点对农民分化的影响较大。

（一）信息的对称性

村庄是相对狭小的空间，农户之间关系近乎透明，彼此知根知底。那么，农民因为清楚自己和其他农户的情况，就会在比较和竞争中对自身进行定位，确认自己在社会分层中的位置和所扮演的角色。在村庄里，因为信息的对称性，农民的主观阶层认知与其客观阶层具有高度的一致性。信息的对称性还使得几乎每一个农民都完全暴露在村庄之中，相互之间无法隐藏信息，也不得不接受他人的信息。村庄内信息的对称性常表现为信息的物质可见性，主要体现在居住、酒席、人情、消费等竞争性项目上。这些项目的差异易为村民感知。

（二）互动的在场性

城市社会阶层的互动大多发生在陌生人之间，人们有时可以逃离这种互动。但在熟人社会中，人们的互动是在场的，这主要源于村庄交往距离短和信息对称。互动的在场性表现在两个方面。一是互动双方知根知底。只要发生互动，互动双方就清楚彼此的底细，尤其是各自所拥有的资源禀赋，也很清楚怎么跟对方打交道。事实上，互动结果也是结构性的。根据经济收入水平和所拥有资源的情况，可以将农民群体大致划分为上层农民、中间农民和下层农民。上层农民往往掌握的资源更多，知道中下层农民的弱势以及怎么和他们打交道，因而在跟中下层农民打交道时具有天然的优势。二是互动的面对面性。无论互动双方关系如何，只要生活在同一村庄中，“抬头不见低头见”，就得直面与其他农民的互动。

（三）价值的共享性

城市社会的价值观是多元的，人们可以归属不同的价值体系并在其中获得价值感。如果有人在某种价值体系中无法实现自我，便可投入其他更容易实现自我的价值体系之中。但农村的价值体系却是村庄共享的，某一套价值体系会成为垄断性的力量而为多数村民所认可，村庄中一般不可能存在两套或多套相互对抗的价值体系。人们只有达到了某套价值体系的标准，才能在村庄中获得面子、荣耀和承认。而且，一般只有强势群体的价值目标才能成为村庄共享的价值目标。

村庄熟人社会的上述特征，使得农民不能轻易退出村庄社会关系，进而导致农民分化呈现出独特的景观：层级位置的自我确认，主观认知位置与客观位置的一致性；不同层级间农民在互动中形成既定模式；下层农民的压力源于需要与上层农民直接互动；上层农民对下层农民的价值主导是面对面的。质言之，不同层级农民间的关系是面对面的和无可逃遁的。

村庄熟人社会的分化是中国不同区域农民分化的统一特征。同时，由于东部农村与中西部农村在市场发育程度、经济发展规模、城镇化进程等方面存在较大差别，在农民分化与村庄社会分层方面也就会表现出较大差别。具体来说，在中西部地区，村庄社会存在去阶层分化机制，农民分化呈现出中低度分化状态；在东部地区，村庄经济社会高度分化，阶层界限和阶层关系显性化。

二、中西部地区村庄社会的去阶层分化

根据我们近年对全国各地农民分化的追踪考察，不同于沿海发达地区的城郊农村，广大中西部地区农村虽然存在农民分化，有的地方的分化程度还比较高，却没有形成明显的阶层分化。在这些地区，农民在权力、经济实力、职业、消费水平和社会关系等方面的分化，并没有带来他们之间在社会交往、社会活动、人情往来、价值观念、行为逻辑等诸多方面的明显界限。这种有分化却不存在明显的阶层界限的现象就是去阶层分化。

中西部地区农村存在一种去阶层分化的社会机制。这种机制与社会学概念上的“社会整合机制”存在差别。后者指当一个社会出现阶层分化的事实之后，有某些机制在各阶层之间发挥作用，使得各阶层之间交流相对通畅、阶层关系相对缓和，并在一定程度上弥合了阶层隔阂，从而使整个社会重新成为一个整体。去阶层分化机制意味着在农村阶层形成之前，便有某些机制介入和干预农民分化，使其不至于过度发展，特别是使其不能在社会交往和价值观念等层面产生较大隔阂，从而形塑具有明显界限的阶层。去阶层分化机制的存在，其前提是分化已经存在，但阶层尚未形成。

所谓农村的去阶层分化机制，就是阻滞、化解、中和农民分化形成阶层的各类措施和制度等社会安排的相互联系、相互作用的结构、功能和原理。调查发现，中西部地区农村的去阶层分化

机制主要由社会、经济、价值三重基础所形构。

（一）血缘地缘关系：去阶层分化的社会基础

中国传统社会是伦理社会，与西方意义上的阶级阶层社会有明显的差别。梁漱溟直接以“伦理本位”来概括中国社会的秩序，费孝通则认为中国社会是通过“差序格局”来组织的。差序格局是从社会结构意义上来说的，它是人与人之间最基本的结合方式，而伦理本位讲的则是社会规范，是人与人之间在社会交往过程中应该遵循的基本准则。二者是对社会一体两面的概括，即中国社会的结构是差序格局，而结构背后规范人们行为的是伦理，差序格局所呈现出来的是伦理本位的社会。

中国伦理本位的传统社会有以下特点：（1）从社会结构来看，差序格局是以个人为中心，根据关系亲疏远近建构起来的一个圈子，这个圈子从中心向外一波一波地推，被波纹推及的就发生了联系，离中心越近的人关系越亲，越远则越疏；（2）从人与人的联结方式来看，在差序格局中，人们主要是通过血缘地缘关系联系起来的，血缘地缘的亲疏远近就是其相互之间关系的亲疏远近；（3）从社会规范来看，在差序格局的社会中，传统的儒家伦理如“三纲五常”等是主要的道德规范，正式的法律规范常常服从于道德规范，且伦理本身具有差序性，即对不同等级的人有不同的标准，所谓“刑不上大夫”；（4）从等级秩序来看，差序格局所建构的是尊卑长幼男女有别的等差秩序，不同的人在不同的生命阶段会处在不同的等级结构中。

在传统村庄伦理社会中，有层级分化，但不存在固化的阶层，其层级结构也不是整个社会结构的主流，没有主导人们的生活。层级结构并不规范人们的行为，也不是传统人们认同和行动的单位。尽管有上中下之分，但上中下各层级仍然是在差序格局的规范下行动，层级的分化并没有打破差序格局的总体秩序。即使在社会相对稳定时期，层级界限明显，层级之间也没有完全固化，层级之间仍共享一套话语体系，相互间互动频繁，交流没有障碍，层级关系相对和谐。差序格局下的纵向等级关系要比层级分化下的层级内部关系重要。同时，层级之间的关系也不是人们处理关系的重点，如何处理好纵向等级关系才是重点。总之，传统主导的社会结构是差序格局，其规范下的血缘和地缘团体才是人们认同与行动的单位。

中国农村的差序格局和伦理本位可化约为“血缘地缘关系”。中国农村传统的血缘地缘关系，曾被认为是落后的关系形态，改革开放后又受到市场经济、人口流动、新观念潮流等诸方面的冲击，在不少地区，由其支撑的差序格局的社会权力结构被摧毁，血缘地缘性的组织活动逐渐终止，宗亲内部难有统一的组织行动和等级秩序。尽管如此，在当前广大中西部农村，血缘地缘关系仍然是其人际关联和社会结合的基础之一，对血缘地缘的认同较为强烈。在血缘层面，家族、宗族的组织性和等级性虽然已大大减弱，但宗族成员间共同的“历史感”还具备一定的凝聚力，其内部“自己人”观念和认同依旧存在，宗亲仍具备一致的行动能力。在地缘层面，共同生活于一个村庄、一个地区的农民尚有较强的“当地人”意识，人情构成是没有血缘关系的农民之间的主要联结方式，相互之间通过人情往来建构“自己人”关系。血缘地缘内部的“自己人”关系，是一种互为义务的社会关联，相互提携、帮扶、救济、体谅、宽忍等，在交往中讲究血亲情意和人情面子，讲究做事不走极端、留有余地。在这些血缘地缘关系原则的主导下，农村社会关系相对和谐。

当农村社会分化之后，血缘地缘关系就可以在分化的农民之间起着沟通、联结和润滑的作用，它“中和”农民的分化，消解农民分化的负面影响，使农民之间不因权力、财富和关系资源的差距而产生较大的隔阂。因为有“自己人”的认同感和熟人社会的交往规则，血缘地缘关系使相对富裕的农民仍然能够与贫穷农民坐在同一张桌子上吃饭，也令相对贫穷的农民不因贫富差距而自卑和自我矮化，使不同层级的农民仍能平等交往、自然交流，而没有心理压力和心理障碍。如果哪个富裕农民在村里摆谱，自觉高人一等，看不起人，不屑于跟其他农民来往，其他农民就会对他进行集体排斥，当他遇到大事（如婚丧嫁娶）时便没有人出面帮忙。这样，分化后的农民虽然有层级之分，却难以形成具有主观认同和客观意识的独立阶层，更没有形成相互隔阂、排斥和对立的阶层关系。分化的层级之间在关系、信息、资源等方面的交流相对畅通，不同层级的农民之间更多的是一种既有攀比和竞争又有互助和合作的关系，使得农村社会既充满活力，又有人情味。

血缘地缘关系在农村去阶层分化的过程中，通过以下机制发挥作用：

1. 血缘地缘关系超越分化层级内部关系

在农村社会，通过血缘地缘建构起来的关系，比因农民分化而呈现出来的关系——层级内部关系——要紧密和重要得多。这是熟人社会中差序格局的一般性规则使然：血缘关系越近，关系越重要，也越优先；血缘关系优先于建构性的人情关系；村庄内部“自己人”关系要重于“外人”关系，即重于村庄外部的亲朋关系。在农民分化之后，即便同一层级的农民之间在权力、财富、职业、观念和社会关系等方面都极其相似，而与同族、同村人在这些方面有很大的差别，在社会交往的亲疏远近上，也是优先考虑血缘地缘关系，在需要取舍时尤其如此。假设两个不同姓氏的富裕农民同处村庄的上层，他们之间有密切的交往，而他们同时又都有处于中下层的兄弟和族人，那么在关系的孰轻孰重上是很明显的，与兄弟和族人的关系要比与同一阶层的人的关系紧密、重要得多；在关系的处理上，层级内部的等级关系要让位于不同层级的兄弟、族人间的血缘地缘关系，如当兄弟或族人与另一富裕农民发生纠纷时，要站在兄弟或族人的立场，而非本层级的立场。也就是说，农村不是不主张有相同层级农民之间的社会联系，而是层级内部关系不能超越或瓦解血缘地缘关系。

2. 分化层级之间的关系受制于血缘地缘关系

血缘关系内部讲究的是血亲情谊和兄弟情结；地缘关系通过人情来建构人与人之间的关系，它是血缘关系的投射，服从和服务于血缘关系，在交往当中讲究的是人情面子。因此，在同一血缘地缘内部，不同层级农民之间的关系要受血缘地缘的约束，也要讲究血亲情谊和人情面子，不能完全按照利益关系、法律关系或陌生人关系来处理。在血缘地缘关系内部，经济条件较好的上层成员有接济、帮扶经济条件不好的下层成员的义务。富裕农民之间可以有紧密的交往，但其内部不能封闭圈层、垄断资源和排斥其他农民，不能打破村庄社会交往的公共规则，尤其是在酒席规模、人情礼单上，不能自定规则，造成恶性竞争和排斥下层农民。在土地出租、房屋买卖中，有宗亲优先的传统。在双方发生矛盾纠纷时，不能一味据理抗争，或得理不饶人，双方都要讲血亲情谊，相互给面子、卖人情，使紧张关系恢复到原初的秩序状态，即各方以修复和维持社会关系为准则，而非以追究是非对错为正义。

血缘地缘关系仍是中西部农村的主导关系原则，由其建构起来的交往规则，是该地区处理农村社会关系的基本规则。层级内部关系和层级间关系不是独立存在的社会关系，而是嵌入血缘地缘关系之中，并受后者规约。如此，在农民发生分化之后，各层级农民仍处在同一血缘地缘关系之中，并仍按照原来的交往规则行动，不能无视与其他层级农民的关系，从而使得各层级内部无法自行其是，形成不了独立的交往规则和行为逻辑，也就无法催生阶层边界和阶层意识，独立的阶层也就成长不起来。

（二）“半工半耕”结构：去阶层分化的经济基础

广大中西部农村家庭之间的经济分化不显著，与该地区农民家庭的“半工半耕”的收入结构和生计模式相关。这种结构使得大部分农民家庭的经济收入保持在农村的“中等收入水平”上。在中西部农村，约 5% 的农民家庭通过在外经商、办工厂等发家致富，成为村庄里的先富家庭；约 15% 的农民家庭因为家有老弱病残、家庭负担重、土地较少、没有壮劳动力、无法外出务工经商等缘故，只能耕种少量土地而处于拮据和贫弱状态；约 80% 的农民家庭则通过“半工半耕”获得家庭收入，即家庭中一部分劳动力外出务工经商兼业，另一部分劳动力（或半劳动力）在家务农、照看家庭，这样的家庭就有年轻人务工和中老年人务农两部分收入。这种分工和收入结构基本上已接近稳定，并具有再生产性。在未来数十年内，在农民无法完全转移到城市、农民工家庭无法在城市完成劳动力再生产的情况下，年轻夫妇外出务工经商，老年人在家种地、照看家庭和孙辈将成为一种稳定的家庭及收入结构。这种稳定性和再生产性对农村收入结构进而对农民分化将产生长期影响。

当前以代际分工为基础的“半工半耕”结构，主要从增加经济收入和降低消费支出两个方面对农民家庭经济收入结构产生影响。

1. 该结构增加了农民家庭的经济收入

以代际分工为基础的“半工半耕”结构，意味着一个家庭的收入由两部分构成：一是年轻夫妇在外务工、经商或兼业的收入，一般占家庭总收入的60%～70%；二是老年人在家务农的收入，一般占家庭总收入的30%～40%。据我们在全国各地对农民工的调查，一对年轻夫妇在城市务工（经商、兼业），除去日常开支（饮食、日用、服饰、人情、房租、通信等费用），一般到年底能够带回家1.5万元至3万元不等。如果是不甚节俭的家庭，则一般在1.5万元左右，较为节俭的则可达3万元，只有少数技术、管理工种才可以超过3万元。

在家务农的老年人一般在50岁至70岁之间，随着农耕机械化程度的提高，耕作的劳动强度大大降低，在重体力活请工的情况下，部分70岁以上的老年人也还能耕种一定田亩的土地。到一定年龄，老年人不再种大宗粮食作物，但一般还会种少量的蔬菜水果。老年人在家种地，根据年龄不同，种的田亩数也有差异，一般50多岁的老年人还属于壮劳动力，能耕种数亩到十几亩不等，一般年收入在1万元左右。种少量土地的老年人，一年的收入也可以达到数千元。

务工和务农两笔收入加在一起，其经济水平就可以达到农村中等收入水平（每年2万～4万元）。有了这两笔收入，一个农民家庭若没有大笔应急开支，生活就会相对宽裕，在负担家庭的基本生活的情况下，尚能有相当的结余用于完成劳动力再生产、就医上学、建房娶妻、养老送终，以及参与村庄的社会性竞争等。对于一个“半工半耕”家庭来说，这两笔收入都不可或缺，缺了哪一笔，都会使家庭的生活质量下降。如果缺了务工的收入，纯粹务农的收入少之又少（少数转入农地的大户除外），几乎无法满足生活的日常开支，更不用说参与村庄社会性竞争和进行劳动力再生产，家庭就会陷入贫弱状态。如果缺了务农的收入，农民工要在城市“高成本”“纯货币化”地开展家庭生活、进行劳动力再生产、完成各项人生任务等，除了少数幸运家庭外，几乎不可能。

2. 该结构降低了农民家庭的消费支出

农村“半工半耕”家庭的一个显著特点是，其大部分收入不用于城市的高消费。在当前农民工工资结构和城乡二元结构的限制下，中国农村绝大多数年轻夫妇外出务工的目的，不是在城市立足和扩大在城市的消费，而是将大部分务工收入回流农村，用于在村庄完成家庭再生产和参与社会性竞争。

这样，一方面，农村年轻夫妇务工的预期在于使自己在农村的生活更体面，而不是当下在城市里享受消费带来的快乐，那么他们就不会跟随城市的消费浪潮，更不会在城市进行炫耀性消费，而是尽量缩减在城市的开支，以能带更多的钱回村。当回到农村后，由于农村的物价相对较低，他们在农村的消费开支较城市又要低许多。

另一方面，年轻夫妇外出务工，而老年人在家务农并照看孙辈，那么老年人和小孩的生活在农村展开，这是一种“低成本”“廉价”地完成劳动力再生产和养老送终的方式，仅这一项就为一个农村家庭节省了大量开支。我们调查的普遍情况是：一对年轻夫妇外出务工不带小孩，一年可以带回 3 万元钱；若把小孩接到城里一起生活，就得腾出人手来照顾他们，送他们上幼儿园或小学，以及为他们购买城市生活物品等，那么他们年终能带回家的一般不会超过 1 万元钱。如果老年人也搬到城里生活，那么年轻夫妇根本应付不过来。

并且，老年人在家务农，除了能维持自己和孙辈的生活外，还有许多非货币化收益。老年人种地为锻炼身体、活动筋骨提供了方便，也是一种打发时间的方式。老年人自种的瓜果蔬菜粮食、自养的鸡鸭鹅猪牛羊等为农家生活提供了丰富的食物，提高了生活品质和健康水平，富余的还可以投入市场，赚点零花钱。农家有自建的房屋院落，既宽敞透亮，又方便相互走家串户，交往频繁而不至孤独寂寞。农村烧的柴火来自山上或田埂、河岸上，无须买卖。老年人在家还有一项重要工作，便是照顾成年子女的“人情往来”，以为子女今后回村生活做人情投资。这些都是老年人在家种地带来的非货币化收益，是农民家庭隐性的收入和福利，如果这些收益都要在城里获得和享受，则对于农民工家庭来说无疑是一笔巨额的开支。

当前以代际分工为基础的“半工半耕”结构总体上实质性地提高了农民家庭的经济收入，增加了农民的社会福利，使大部分农民家庭能够达到农村“中等收入水平”。广大中西部农村的农民家庭在经济水平上总体相当，说明这些地区的农民在经济上的分化不彻底、不明显，也就决定了他们在政治权力、社会关系上的差异不会太大。同时，由于经济收入水平差距不大，农民不会在经济层面撕裂和分割村庄，广大中西部地区的村庄依然是一个共同体，农民家庭在生活水平、生活方式、消费水平、休闲类型、交往群体、劳动时间、作业方式等方面会有一定的差异和分化，但不会太大，总体上保持在相似层面。这是由于存在一个庞大的中等收入群体，他们相近的生活方式、行为逻辑和思想观念会辐射到整个村庄，成为村庄主流。那么，在村庄内部，约占5%的富裕农民及约占15%的贫穷农户就不会成为拥有独立观念和行为逻辑的实体，也就无法形成阶层认同和阶层意识。

（三）上层农民走出村庄：去阶层分化的价值基础

农民通过归属于某个村庄，在村庄熟人社会中获得认可，来体现和体验活着的价值与生命的意义。农民的价值世界往往有多重，既有关注本体性的价值目标，比如传宗接代，通过生育儿女、传承祖先血脉来安排自己的人生和设定自己生命的目标，也有关注社会性的价值目标，如村庄的面子、尊严等方面的竞争。一般而言，农民只有实现了或正在实现本体性的价值目标，才会主动、积极、乐观地去追逐社会性的价值目标。

无论是本体性价值还是社会性价值，归根到底都是为了在村庄中过上体面而有尊严的生活，获得社会声望和地位，得到人们的承认和赞赏。那么，要达成这些目标，就必然会在村庄内部进行比较、竞争、较量。这也意味着村庄具有价值生产能力，人们看重村庄对个人的评价，在意自己在村庄中的言行举止，主动接受村庄对自身的规约和塑造。在这个意义上，村庄就是农民奋斗的终极目的：外出务工努力拼搏、节衣缩食，为的就是能回到村庄享受受人尊重、有面子有尊严的体面人生。

随着市场经济的发展，村庄体面生活的标准越来越趋向于一元化的经济消费。只有达到了某种经济消费水准，一个家庭的生活才算体面，家庭主要成员才会获得他人的认可，才会有成就感和满足感。达不到这种消费水准，则会被人“瞧不起”，自己也会认为“没有用”，而成为农村的“有缺陷的消费者”和“新穷人”。消费水准还会随着最有消费能力群体的引领而不断提高。农民家庭的消费水平取决于其经济水平，但当前农村的经济水平并不是整齐划一的，而是出现了分化。最有消费能力的是村庄中占少数（约 5%）的先富农民，最欠缺消费能力的是处于村庄最下层的少数家庭（约 15%），中等收入层级家庭的消费能力处在中等水平。那么，在这种情况下，如果先富农民也参与村庄中的消费竞争，村庄的社会性竞争规则往往参照先富农民的消费水准而定，因而水平较高，使得竞争较为激烈。先富农民凭借自己丰厚的经济实力，在村庄中进行炫耀性消费，引领村庄消费竞争的潮流，从而使其能够达到的消费水平成为村庄其他层级农民竞争的参照，即只有达到他们的水平才算是成功。先富农民的高标准，使得各层级的农民都处在一种较为激烈的竞争和焦虑的氛围中。

在广大中西部农村，先富起来的农民常常搬出村庄生活。在该地区，农村跟城市存在巨大的差距，城市生活是人们所向往的。同时，随着村庄的开放和农民的流动，村庄的价值生产能力减弱，有些农民逐渐不在乎村庄的评价和村民的认可，也有些农民能在外面的世界获得其生活意义和生命价值的体验方式，获得认可。那么，这些农民便搬出村庄，在城市定居，脱离了村庄生活和村庄的价值规约。他们不再参与村庄的价值生产，也不介入村庄的面子竞争。这些人一般是农村的先富农民，他们最先搬离农村。

当先富农民搬出村庄后，他们的消费标准无论有多高，都不再是其他农民的参照标准和比较的对象。那么，接下来村庄中最具消费能力的群体就是占 80% 的广大中等收入者，他们的消费水平会成为村庄新的参照，村民的竞争开始围绕这个标准展开。其目标或者是确保中等收入的位置，或者是成为新的中等收入者。所谓中等收入，在广大中西部农村也并不是一个很高的收入，它是一个相对收入，较其他层级农户的收入水平不会相差太大。即便对于收入水平处在最下层的农民来讲，中等收入也不是一个遥不可及的目标。那么，实现中等收入水平、过上中等收入的生活就是每个农民都可能达到的标准。

相对于先富农民的高标准，中等收入的目标较低，农民只要稍加努力，就可以达成，使自己成为村庄的"成功人士"，过上体面、有尊严、有地位甚至有话语权的生活。也就是说，每个农民都可以使自己的生活有意义，使自己的生命有价值。那么，这样的生活对于中下层农民来讲，是有奔头、有希望的。如此，每个农民家庭都会积极向上朝着这个目标走，而不像在富人制定竞争标准和规则的地方，因成功遥不可及而放弃，甚至变得颓废。所以，在这个竞争体系下，较少有因竞争不力而被淘汰的农民，也较少有自动退出竞争的农民。即便是处在最下层的农民，也信心满满，认为自己只是暂时达不到中等收入水平，而不是永远达不到；或者，认为现在没有达到是因为子女还小，负担重，只要子女都长大成人，成了壮劳动力，家庭收入水平很快就会上去。于是，在广大中西部农村，农民家庭普遍充满希望和活力，家庭的每个成员都为了过上体面的生活而竭尽所能，贡献自己的力量。

在这种价值生产观念的基础上，既不存在勾连在一起独享成功、排斥其他群体的上层农民，也不会形成在村庄竞争中被淘汰、心灰意冷的下层农民。更为重要的是，每个农民在主观上都不会认为自己是下层群体一员，更不会认为其他人高人一等，不会自甘落后和认命。因此，在这些农村地区，就难以形成有形的阶层结构和主观的阶层排序。

三、东部地区村庄社会的高度分化

在东部农村，经济发展迅速，大部分农民从农业领域分离出来，到非农领域就业，一部分农民通过在工商领域自主创业率先发展起来，经济上较为富裕。经济上的分化使得原先均质化、收入水平相差无几的农民形成不同的社会阶层。相较于中西部地区农村经济分化不大、社会分层不显著的状况，东部地区农村已经有了明显的阶层分化，阶层意识显性化，出现了较突出的阶层隔阂和区隔现象，并对当地基层治理产生了较大的影响。

（一）社会高度分化的表现及其影响

相对于中西部地区农民的中低度分化，东部地区农民的分化属于高度分化，表现在两个方面：

一是经济收入的纵向分化大。改革开放后，该地区有一部分农民利用集体社队企业积累下来的管理和销售经验、技术及人脉关系等，从家庭作坊、跑供销等做起，逐渐做大做强，将家庭作坊升级为中小企业或规模企业。多数农民则仍然从事农业生产和家庭作坊经营，或在本地企业务工。职业分化带来农民家庭经济上的巨大分化，其年收入从两三万元到数百万元甚至上千万元不等。处在经济上层的农民千方百计地将其经济优势转化为社会关系、政治权力方面的优势，以总体性占有村庄中的经济、声望、权力、文化等资源，带来了农村社会分层的显性化。不同阶层农民在经济水平、居住格局、消费方式、参政意愿、社会交往、价值观念等方面都存在较大差别，上层农民与下层农民之间的差别尤其大。中间农民不是一个独立的群体，他们在经济利益、产业、社会关系上常常依附于上层农民，在消费方式和社会交往上紧跟上层农民，并在村级选举中充当上层农民的支持者。

二是血缘地缘关系的横向分化彻底。血缘地缘关系在村庄里主要表现为宗亲关系和邻里关系。由于经济上的差别，农民之间交往时间变少，交往空间和心理上出现了较大距离，使得相互之间交流变少、关系变淡。上层农民大多是企业主，遵循的是现代工商企业的作业时间，工作、休息都较为有规律；下层农民有的遵循农业劳作时间，有的遵循工厂务工时间。这样就会造成二者在时间上的错位，当下层农民作业的时候，上层农民往往在休息，而上层农民晚上社交或娱乐时，下层农民已经休息了。空间上的差别源于经济收入的差别，包括居住空间的距离和消费空间的差别。上层农民常常不仅在县市有房产，在镇上有商品房和别墅，在村里还有自建别墅。而下层农民则居住在环境逼仄和基础设施落后的老村落。在消费空间上，由于消费形式的差别，上层农民活动的地方主要是咖啡馆、农庄、大商场、高尔夫球场、旅游区等，而下层农民主要在自家房屋、小店、街道、堰塘边等地方消磨闲暇时光。因此，上层农民与下层农民在空间上是相互区隔的，基本上难有社会交集。上层农民与下层农民的心理距离也在加大，表现为有的上层农民看不起下层农民，认为其经济水平落后是因为无能、懒惰和愚蠢，不屑于与其交往。有的下层农民跟上层农民交往有压力，也看不惯个别上层农民高高在上、自以为是的做派。因此，上层农民与下层农民交往减少、心理距离加大，即便是亲兄弟、堂兄弟或邻里关系，也常因经济的高度分化而产生距离。

在东部农村，经济收入水平和血缘地缘关系皆高度分化，因而农民呈高度分化状态。社会高度分化给东部农村带来了两个影响：

第一，阶层内部关系超越血缘地缘关系，成为农民之间的主要关系，对于上层农民而言尤其如此。阶层高度分化之后，上层农民通过产业关联、人情往来、共同消费等方式，在其阶层内部构建起了一个广阔、高质量、联系紧密的关系网络。上层农民内部的圈子是利益聚焦、生产性强的圈子，上层农民在共享资源中凝聚利益、共同发展，从而保持和强化其上层地位。而下层农民内部则利益关联较不紧密，关系比较零散，没有形成紧密的圈子，即便有打牌、打麻将、垂钓、聊天等共同行为，其关系也是生活性的，而非生产性的。生活性关系只能带来消遣娱乐，生产性关系则可以带来资源集聚和财富增长。村庄的交往规则和行为逻辑也因农民高度分化而发生改变。首先是上层农民与下层农民的交往不再遵循亲情、人情和面子等原则，相互之间不再遵循血缘地缘关系基础上的权利义务关系；其次是血缘地缘关系成为上层农民加强内部关系的润滑剂，人情关系则是其建立和强化内部关系的重要手段；最后是在下层农民内部，传统交往规则被经济分化、市场经济侵蚀而越来越脆弱。

第二，下层农民退出村庄竞争。村庄竞争是指在一定标准之下，农民在人情、消费、居住、婚姻等方面展开比较。达到或超过该标准的农民，可获得村庄主流社会的承认而有面子、有尊严。这种标准往往是由上层农民制定和引领的。部分上层农民因其经济实力雄厚，在竞争的各个方面都能够达到很高的标准，比如酒席规模达到 100 桌以上，人情礼金不低于每次 1 000 元；一个家庭可以购买四五辆上百万元的豪车，甚至可以结队乘坐私人飞机到外地打高尔夫球；在村里或镇上都建有别墅；嫁女儿时要给数十万乃至上百万元的嫁妆；等等。因为经济条件与上层农民差距太大，下层农民即便使出浑身解数、调动全家劳动力参与也难以望其项背，远远达不到上层农民不断抬高的竞争标准。这进一步带来两个结果：一是下层农民因为达不到竞争标准而得不到承认和无法自我实现，有时被上层农民瞧不起，自己也觉得在村里抬不起头来；二是下层农民退出与上层农民的竞争，不再追求上层农民引领的生活和消费方式。这在人情上表现得最为明显。人情是构建和维系社会关系的主要方式。上层农民拉高了人情消费，下层农民承担不起。于是，有些人情能不去的尽量不去；有些关系能不走动的尽量不走动；有些酒席能不办的尽量不办，能办小规模的尽量小办。跟上层农民的人情和社会往来成本太高，下层农民就尽量不走动。于是，下层农民就逐渐中断了许多社会交往，有的下层农民的酒席规模低至数桌，一年的人情往来支出也只有数千至上万元。这样，虽然缩小了社会关系网络，但也降低了现金支出，减轻了负担，保证了他们基本的生活质量。

（二）面对面压力的形成：上层农民具有一定数量且在村

在东部农村，一般以镇县为基地形成了密集的贯穿上中下游的产业集群，在同一产业内部又形成了包含高中低端环节的产业链。不同产业和产业内不同环节的企业在本地市场上相互咬合、相互依存，形成了成熟的市场环境。如果一个企业离开本地到外地发展，就会脱离本地的产业供应链从而加大生产成本。当地中小规模企业的厂房一般由宅基地扩建而来，土地要素的成本较低。为了推动经济社会发展，当地政府在税收、环保、安全、质检、产业升级等方面给予企业许多优惠政策。同时，东部大部分地区已经实现了城乡一体化，农村公共基础设施与城市实现了同步发展，农民在农村就能够享受城市化、现代化带来的便捷。

这样，东部地区内生资源和政策资源密集，城乡一体化程度较高，给当地农村阶层分化带来了两个重要特点：一是上层农民数量较多，二是上层农民留在村里。当地乡村治理和阶层关系中出现的许多情况皆与这两个特点相关。

就第一个特点而言，因为当地资源密集，在不同产业和同一产业链的不同环节都造就了相当多的富裕群体，这些人往往成为村庄的上层农民。东部地区上层农民一般占农民总数的10%，其中的中等规模企业主的年收入在50万至200万元，而中上规模企业主的年收入在200万元以上，少数达到了上千万元。若一个村以300户计算，那么，这个村就有30户属于上层农民。达到这个数量之后就会形成规模效应，上层农民的一举一动都会成为村庄关注的焦点。一方面，上层农民在其内部可以构建圈子，并逐渐形成村庄“亚文化”，而不受外部主流文化的影响。这是因为上层农民不需要与其他农民交往，就可以在上层圈子中满足交往需求和获得价值认同。另一方面，因为上层农民数量足够多，他们内部的“亚文化”就不会被看作异类，反而会溢出其圈子而成为其他农民不得不面对的文化类型。同时，农民在村庄内比较和效仿的都是比自己收入水平和消费标准高的对象，因此，上层农民的生活水平和消费标准就会成为农民比较和竞争的参照。

假若当地上层农民只是少数或个别人，那么上层农民就会被认为是村庄的另类，其生活和消费标准也不会被其他村民效仿。譬如，上层农民建别墅，或办大规模酒席，若大部分农民都认为这是个别现象，就不会因比较而给自己带来压力。若大部分农民经济水平都落后，说明这不是个人能力问题，而只是某些上层农民运气特别好或者特别努力，理应得到相应的回报。当只有个别人才能做到摆上百桌宴席或建别墅时，人们会认为这是在炫富，不值得提倡和效仿。但是，当一群人都可以做到时，这就不再被认为是运气和炫耀，而是个人能力问题。所以，办不到的农民就要朝着这个方向努力，争取办到以证明自己的实力。上层农民也就成了农民比较和效仿的对象。

就第二个特点而言，上层农民脱离不了当地产业链和市场、政策环境，从经营企业的角度来说他们必须留下来。城乡一体化程度较高又使得上层农民愿意留在农村，这样东部农村就集中了一大批上层农民。上层农民在村给当地阶层分化和阶层关系带来了三个特点：

第一，凸显了阶层的高度分化，主要表现为下层农民与上层农民之间的经济收入差距太大。假若上层农民离开村庄，那么中间农民和下层农民之间虽然有差距，但不会像下层农民与上层农民之间那么大，农民分化就不会呈高度分化状态，也不至于造成阶层间的较大裂痕。

第二，下层农民必须直接面对上层农民。只要上层农民在村，下层农民与上层农民的互动就在所难免。但是，若双方差距太大，会使互动不自然。有的下层农民为了少受伤害，尽量避开与上层农民的面对面互动，便退出上层农民的交际圈。但是，下层农民可以退出与上层农民的直接交往，却不能退出熟人社会，总会有需要与上层农民打交道的时候。有的上层农民在跟下层农民互动时也有所顾虑，在说话、做事、开玩笑、花钱消费等方面都会有所顾忌，生怕一不小心就伤害到了下层农民。笔者在调研时发现，有的上层农民在口袋里装有至少两种香烟，一种是高档的“软中华”，另一种是相对低端的“硬白沙”，跟不同层次的村民交往抽不同档次的烟。当然，因为上层农民占据优势，双方的互动对下层农民的负面影响更大一些，有时还会给其带来生存性压力。

第三，上层农民的生活和消费水平成为村庄共有的标准。上层农民在村，就必然会参与村庄的社会性竞争，其生活和消费水平很快超越传统的竞争标准而成为新的标准，其他农民则参照行事。下层农民和中间农民不断追赶上层农民的消费水平，希望与其保持一致。中间农民与下层农民也有差别，其在消费上紧跟上层农民，虽然不能与上层农民完全一致，但至少看上去差不多，下层农民则无论怎么努力也无法达到上层农民的消费水平。如果上层农民离开村庄，那么中间农民的消费标准就有可能成为村庄共有的标准，这对于下层农民来说虽然仍有难度，但通过努力勉强可以达到，因而下层农民不至于退出竞争而被边缘化。

上层农民在村还使得他们能够利用经济优势和优质社会关系网络，垄断村庄公共资源的再分配权，将下层农民排除在再分配之外。

（三）阶层比较：下层农民面临巨大压力

鉴于经济实力差距太大，下层农民退出与上层农民的竞争，但是，这并不等于其在村庄中可以完全不受上层农民的影响。事实上，下层农民时刻都要面对跟上层农民的比较，并因此而倍感压力，个别下层农民甚至产生对上层农民的怨恨情绪。

在集体经济时代，因生产工具和其他生产要素都被集体掌握，农民之间的差别很小。改革开放给个人和家庭能力的释放提供了巨大的机会和空间，那些个人能力强、家庭劳动力多、敢于闯荡和能够抓住机会的农户就率先发展起来。经过四十余年的发展，农民之间经济水平的差距越来越大，甚至有少数农民将其他农民远远地甩到了后面。

以前大家是一起下地干活、家庭条件都差不多的伙伴，现在其中一些人成为亿万富翁，一些人成为打工仔，而所有人还在一个村庄生活，每天都要见面，那么，相互比较就是不可避免的。大家起点都差不多，那么，贫富差距就意味着个人能力的差别，落后者可能就会在村民的指点和比较中丧失面子，被人瞧不起，从而产生压力。

比较给下层农民带来了巨大的压力，同时也给他们带来了追赶的动力。但是，若下层农民与上层农民的差距太大，即便下层农民通过拼命增加家庭生产力（如多打几份工）、缩减生活开支（如减少人情消费、休闲费用等）也追赶不上，那么，他们的心理压力就更大。下层农民避免压力的唯一方式就是不在村庄生活，但受制于经济条件和谋生方式，他们又无法搬出村庄。所以，下层农民只能尽量减少或避免与上层农民互动，尤其是不跟随上层农民的消费方式和社会交往。进而，下层农民退出与上层农民的人情往来，不参与村庄公共生活，“关起门来过日子”，这也是对自己的一种保护。

在这种情况下，个别下层农民对上层农民会产生怨恨情绪，主要表现为怨恨批评和反向思维。前者是漫无目的的批评，目的只在于通过批评宣泄情绪，而不是推动状况的改变；后者则只要是上层农民的所作所为，都往负面、否定的方向去理解。有的下层农民还通过否定上层农民财富来源的正当性和合理性来宣泄不满，或者制造谣言使上层农民在村庄中声誉受损。这些都进一步加大了部分下层农民与上层农民之间的隔阂。

（四）上层农民治村及其政治社会影响

上层农民大都是企业主、商人，个别上层农民竞选村干部不是为国家效劳，也不是为了服务村民，而是基于利益的考虑。

首先，担任村组干部能够提高他们在村庄和村民中的社会地位和影响力。在东部地区，由于内生型利益密集，村庄富裕农民较多，一个普通的上层农民在其圈子中地位并不突出。如果他想在上层农民中脱颖而出，就得掌握村庄政治权力，从而提高他在圈子中的政治和社会地位。这样，其编织高质量关系网络的成本就会低很多。

其次，担任村组干部在某种程度上意味着进入了“体制内”，便于与基层干部建立公共和私人关系。调研中，一个村支书跟我们说，在他们镇上亿万富翁没有什么了不起，但是，如果一个亿万富翁同时还是村支书，那么，他可以直接去敲镇委书记、县委书记的门，因为他和他们是上下级关系（可以去汇报工作）。有的上层农民认为，跟上级政府保持密切关系，一方面，可能有机会获得工程项目、税收优惠、升级改造政策优惠、贷款、建设用地指标等；另一方面，可以更好地保护自己的企业。有些上层农民的企业为了节省成本，在报税、环保、质检、消防等方面有时不符合标准，当地政府为了“放水养鱼”，偶尔会睁只眼闭只眼。但这终究是违规的，一旦严格管理，企业就会处于被动。所以，为了维护企业生存，上层农民就会与政府部门主动联络，希望出了事情后可以疏通关系予以解决。

最后，有的上层农民期冀通过担任村组干部掌握村庄利益再分配权，从而垄断和分配村庄的公共资源。基层政府在农村开展工作，需要与农户对接，但不可能与每一家农户直接对接，这样成本太高，那么，就需要在村里找中间代理人。在农村城镇化、资源下乡的背景下，基层政府的任务从资源汲取转变为资源输入，基层政府就得找到适合的人来担任村干部，以顺利完成这些任务，而村庄的上层农民正好符合政府的需求。第一，村庄改造、农房拆建、在景观上融入城市小区及大量村内市政工程建设等任务，不仅需要人力投入，还需要大量资金、管理经验、技术技能等投入，以及管理和协调能力，在农村拥有这些资源的只有农民企业家。第二，在国家向农村输入大量公共资源的情况下，要使这些资源“安全落地”，就得有合乎财务管理程序、有相应资质、有预决算能力的公司来承接，村庄中只有上层农民才有这样的公司。第三，在推进城镇化、开展各项工作过程中可能会出现大量“钉子户”，而在村庄中一般只有上层农民才有足够的资源来应付“钉子户”。所以，基层政府往往支持和乐见上层农民担任村干部。

在竞选机制下，能够胜选担任村干部的前提是有足够的动员能力。谁的动员能力强，谁就能够得到足够多的选票，从而当选。由于高度分化，上层农民与下层农民之间存在隔阂，上层农民如果利用传统的血缘地缘关系来动员，很难有效果，即便是利用宗亲关系，下层农民也难以被动员起来。在传统动员方式失效的情况下，候选人就得寻找其他方式，包括成立“竞选团队”、加强技术投入、改进竞选手段、通过企业关联动员等，常见的动员方式是承诺好处。

村级选举竞争的激烈程度与上层农民的数量和村级资源总量相关。村庄上层农民越多，村干部职位就越稀缺，竞争就越激烈；村庄资源越丰富，村干部职位就越有吸引力，竞争也就越激烈。个别下层农民之所以接受上层农民承诺的好处，与他们在村庄中的政治效能感低有关。一方面，有的村庄下层农民内部离散，没有一致行动的能力，不能推出代表自己的候选人参与选举；另一方面，他们的经济条件也很难支撑其进行选举动员，因而自身也无法参与竞选。同时，虽然一些通过选举上台的上层农民是下层农民名义上的民意和利益代表，但当下层农民与上层农民之间存在隔阂时，下层农民无法通过上层农民参政而获得政治效能感。因此，对个别下层农民来说，谁担任村干部都一样；既然选谁都一样、投票与不投票都一样，那么，就把票投给那些给他好处最多的人。承诺好处是部分上层农民的一种动员手段。除此以外，上层农民也有足够的动员能力进行选举动员，村庄选举中最终胜选的往往还是他们。问题的关键在于下层农民的低政治效能感，而之所以如此，又与农村阶层的高度分化有关。

（五）社会排斥：部分上层农民对优质资源的总体性占有

部分上层农民通过竞选成为村干部，在有些地方，他们将经济上的优势转化为政治上的优势，垄断村庄利益再分配的权力，从而将政治上的优势再转化为经济上的优势。譬如，个别村干部将宅基地指标、集体建设用地等资源分给上层农民，上层农民利用这些资源突破企业发展的土地要素瓶颈，实现企业的转型升级。得不到这些资源的其他农民，就只能维持家庭作坊的低端经营模式，获得的利润较低。有的上层农民还可以利用政治上的优势实现资金、技术、管理等生产要素方面的突破。由此，这些上层农民掌握并垄断了当地优质的经济资源。

不仅如此，部分上层农民还以经济优势为基础掌握了镇域范围内优质的社会关系资源和文化价值资源。在社会关系上，上层农民通过人情往来和共同消费在其内部构建关系网络。只要是能够拉扯上关系的，他们就去赶人情，或者邀请人家吃酒席，使双方从“没关系”变成“弱关系”。上层农民注重“弱关系”的构建和经营。“弱关系”看起来没有什么用，还要花费时间和精力去维持，成本并不低，但是，上层农民认为“说不定哪天就用得上”。在调研中，不少上层农民说，他们的某单大生意就是“朋友的朋友介绍的”。上层农民主要通过共同消费来经营“强关系”，一同垂钓、喝咖啡、逛街、旅游、运动等。“强关系”主要涉及生意伙伴、“政治盟友”等。上层农民还经常通过联姻的方式实现强强联合。上层农民之间的关系既是生活性的，也是生产性的，能够给其带来生产效益，推动企业发展。下层农民缺乏经济承受能力，因而逐渐退出了与上层农民的社会交往，这样，上层农民的关系资源常不能为下层农民所用。

掌握文化价值资源是指上层农民在生活和消费上起引领作用，主导村庄的价值评价体系。上层农民的价值目标取代了其他评价体系，成为村庄主导的价值标准；只有在经济上、消费上达到上层农民的标准，才算得上成功。这样，上层农民就成了村庄中成功的标杆，获得了村庄极大的承认，其价值也得到了充分的实现。上层农民成为村庄中有面子、有成就感的人。这样的人当然是其他人结交和参照的对象。

部分上层农民通过经济上的优势垄断了农村权力资源、社会关系资源和文化价值资源，从而总体性地占有了农村的优质资源。这些资源具有相互转化性，即一种类型的资源可以转化为另一种类型的资源。上层农民的资源垄断和总体性占有对部分下层农民而言是排斥性的，即将部分下层农民排除在优质资源的分配之外，使他们因缺乏资源而无法获得成功。从这个角度说，这类上层农民在村本身就意味着部分下层农民的失败。

由于资源具有再生产性的特点，部分上层农民可以利用其总体性资源扩大企业生产，占有更多资源，以保持或提升其社会阶层位置。上层农民尤其善于利用其资源培养子女，首先是让他们接受最好的教育，如果上不了国内名牌大学，就留学欧美；其次是让子女在自己的公司或分公司独当一面，并将他们引入自己构建的高质量关系网络中。笔者在浙江省绍兴市G镇调查发现，当地上层农民的子女内部结成了一个联系紧密、活动频繁、认同度高的关系网络，自称“创二代”。上层农民通过这些措施来实现精英的自我复制和再生产。下层农民则缺乏资源可用，难以给自己的子女提供良好的教育资源和成长的高起点，其子女一般只接受了初高中教育，较好一点的读了一般的专科或本科。下层农民的子女大多在当地企业打工，属于工薪阶层，工资不高，上升空间不大，因而难以实现阶层的代际流动。总体来说，东部农村阶层的流动性降低，阶层固化迹象明显。

综合分析，中西部地区农村与东部地区农村在农民分化和村庄社会分层上既存在统一性，也存在差异性（见表 8-1）。统一性是基础，差异性是表现，将二者结合起来才能更好地理解农民分化与村庄社会分层上的东西差异。

表 8-1　农民分化与村庄社会分层的东西差异

比较项	中西部地区农村	东部地区农村
农民分化程度	多中低度分化、少中高度分化	中高度分化
农民分化特点	村庄里的分化；上层走出村庄	村庄里的分化；上层有一定规模；上层在村
去阶层分化机制	强	弱
村庄社会分层	不明显	明显
阶层（层级）关系	各层级关系相对紧密、互动频繁；层级界限不明显；层级位置不稳定	上层与下层关系疏远；阶层界限明显；出现阶层隔阂和固化现象
主导关系	中间农民与其他层级农民的关系	上层农民与下层农民的关系
社会排斥	无	阶层排斥
与体制的关系	在乡农民是体制亲密者	上层依附体制，下层疏远体制
价值生产主体	中间农民	上层农民
治村主体	中间农民	上层农民

统一性主要表现为都是在村庄熟人社会里发生的分化，从而

存在一些相同的特性。农民分化是在村庄狭小的空间内发生的，由于空间被高度压缩，必然有区别于西方社会和中国城市社会分化的独特之处。空间压缩下的农民分化对村庄、家庭、农民间关系以及村级治理有着独特的影响，它推动着村庄内部农民之间的比较与竞争，促进了农民劳动力的市场化，加速了村庄社会关系和家庭关系的变革。同时，农民分化所带来的社会问题也由于村庄回旋余地小而容易集中爆发和被放大。这些现象在东中西部地区都具有一致性，只是程度不同而已。

差异性是指东中西部地区在农民分化和村庄社会分层上质的区别，集中表现在是否存在去阶层分化机制或去阶层分化机制的强弱程度上。由于血缘地缘关系还较为密切、“半工半耕”收入结构普遍、上层农民走出村庄等缘故，中西部地区农村社会内部可以中和村民在职业、经济、价值观念等方面的差异，使得村民之间在社会交往、心理层面没有出现较大的分化，村庄社会共同体性质仍然较强。由于中西部地区农村的经济收入水平分化不太大，但社会关系又有所分化，因此农民之间的比较和竞争较为激烈，会弱化农民间的协作关系与一致行动。中等收入群体是中西部地区农村占比最大的群体，他们中的在乡农民是村庄社会规范和价值意义的主导者，也是村庄建设、秩序维护及村庄治理的主体。中等收入群体是市场经济发展、社会开放、涉农制度和政策的受益者，因而是农村社会的稳定力量、农村社会关系的调和者和政府在农村开展工作的中坚支持力量。中等收入群体生产和塑造的村庄价值标准，包括下层农民在内的村民通过一定的努力都能够达到，从而可以获得村庄社会的价值认可，具有润滑社会关系、凝聚不同群体的作用。总之，中西部地区农民分化虽然给当地村庄社会带来了激烈的比较与竞争，但同时也带来了农村社会的活力和新的更大的稳定。

东部地区农村缺乏去阶层分化的社会机制，一旦经济分化加大，就会反映到村庄社会关系上，从而推动村庄社会分层。经济分化越大，村庄社会分层就越明显。由于上层农民在一定程度上掌握了总体性资源，构成了对其他阶层的资源支配和价值引领，当地阶层关系的性质决定于上层农民与其他阶层的关系。中间阶层通过努力勉强够得上上层农民引领的村庄价值标准，但是下层农民怎么努力都无法企及。因而，中间农民能紧跟上层农民的步伐，并与之形成社会和利益关系，而下层农民则对上层农民及其掌握的村庄利益分配结构并不完全认同，有时可能因此而产生直接的冲突。上层农民与基层体制有较紧密的关系，是当地农村政策的受益者。也因此，下层农民对上层农民的不满有时容易转化为对基层体制的负面情绪，造成个别下层农民对基层政府的疏离。下层农民与上层农民的关系是当地基层治理需要处理的主要关系之一。所以，在东部地区农村，村庄社会分层不可避免，也给当地社会带来了巨大的活力，但个别村庄内部紧张对立的社会关系需要予以调和与重塑，下层农民的不满情绪需要予以重视与疏导，否则可能影响当地社会稳定。

第9章

生活方式的东西差异

中国正处于从乡土中国向城乡中国的变迁之中。在城市化浪潮的席卷下，中国农村的社会面貌呈现出复杂多元的图景。由于市场区位条件的差异，东中西部农村在经济发展程度、社会变迁速度等方面存在着鲜明的区域差异，由此展现了中国农村现代化的非线性路径。不同区域农村各有其演变逻辑，中国农村现代化因而呈现出了丰富多样的形态。农村生活方式转变是农村现代化的重要切面，相对于工业化和城市化而言，生活方式弥散在农民日常生活实践之中，反映了农村现代化的底层逻辑。本章将从生活方式切入，在东西中国的视野下探究农村现代化的深层逻辑。当然，关于生活方式东西差异的分析也有助于拓展东西中国的研究视野。

一、生活方式：理解东西中国的一个维度

相对于南北中国蕴含的村庄社会结构差异，东西中国折射了农村现代化的差异。在中国现代化进程中，东西中国的差异往往

被视为经济发展过程中不同阶段的差异，东部地区的当下状况即中西部地区的“将来完成时”，其“先行者”的角色赋予东部地区相对于中西部地区的显著的“势能”，从而在一定程度上界定了中西部地区的变迁路径和发展模式。这种视角的问题是容易遮蔽中西部地区农村在现代化进程中的自主形态，模糊了东西中国的内在差异。事实上，中国农村现代化具有丰富的意涵，它既是一个经济发展过程，也是一个具有包容性的社会变迁过程，不同区域自身的资源禀赋和社会文化传统设定了各自现代化的起点和路径的差异。因此，理解中国农村现代化进程，必须拓展对现代化的认知视野。相对于广受关注的经济维度，生活方式是一个不太受关注的维度。长期以来，在“发展农村经济，增加农民收入”的政策导向下，学界倾向于将农民生活方式还原为农民的收入与消费的问题。农村经济发展程度和农民经济收入水平被视为农村现代化的重要衡量指标。

生活方式是一个社会学概念。特定的生活方式反映了人们规划和展开其生活的实践逻辑。它不仅依赖于人们经济收入的客观状况，而且取决于人们在资源受到约束条件下的创造和适应能力。因此，对农民生活方式形态的界定可从生活动力和生活空间两个维度切入。在农村现代化进程中，生活方式的转变直接关系到人的现代化，反映了农村现代化的深层逻辑。生活方式与经济发展程度之间并非线性关系，农民参与现代化进程并不限于资源的积累和消费的经济过程。资源的积累和消费是为了生活，即所谓的“过日子”。市场力量的分布具有非均质性，体现为东部地区与中西部地区市场化程度的直观差异。由于区域性的资源禀赋状况的差异，农民不得不采取灵活且富有差异的策略，以维系日常生活方式的连续性。只有深入资源流动背后的社会机制，才能充分理解农村现代化进程中生活方式的差异性和多样性。

村庄是农民日常生活的基本场景，而家庭是农民生活的核心单元，村庄和家庭共同定义了农民的日常生活框架[①]。在日益频繁的城乡流动和区域流动过程中，村庄社会渐趋开放，家庭形态日趋多样。农民流动并不影响村庄作为农民基本生活场景的重要性。东部地区农村的本地市场就业反而凸显了村庄的生活功能，中部地区农民外出的工具性定位始终保留了农民与村庄或多或少的价值关联，而西部地区的村庄依然承载着较多的生产生活的功能。在这个意义上，城市化、市场化等现代性力量并不必然是长驱直入的，在微观层面，它们还依赖于农民对于现代性的压力感知和压力回应的方式。村庄是农民与市场互动的媒介，村庄的区位条件决定了市场压力影响农民生活的路径，由此形成了市场机会与市场压力的不同配置状态。这不仅影响了农民与市场互动的家庭策略，而且影响了农民参与村庄社会生活的行为逻辑。农民在家庭和村庄层面的行为调适塑造了其特定的生活方式。因此，

① 杜鹏．情之礼化：农民闲暇生活的文化逻辑与心态秩序．社会科学研究，2019（5）．

村庄的市场区位条件是理解生活方式的东西差异的关键变量。在下文中，笔者将分别着眼于东部农村、中部农村和西部农村的市场区位条件，论述农民生活方式的区域差异。

二、东部农村：压力释放型的生活方式

东部地区是中国工业化的先行地带，主要是指东部沿海的京津冀、长三角、珠三角地区。改革开放以来，因其地处沿海的优越区位条件，东部地区的工业化和城市化进程快速推进，当地乡村深深地介入城市发展过程。随着工业及其带动的服务业快速发展，当地农民逐渐非农化。苏南农民早在 20 世纪 70 年代便已经“洗脚上岸”，进工厂打工，农业收入在其家庭经济收入中的比重不断降低；浙江农民早在 20 世纪 80 年代即已开始创业；珠三角地区农民也早在 20 世纪 80 年代便进入外资企业务工。在工业化进程中，原有的农地逐渐非农使用，而农民逐渐被纳入集体和地方政府提供的福利保障体系。由于务工机会多样，农民参与劳动力市场的程度较高，经济收入水平较高，其务工收入与务农收入呈现出比较典型的替代性关系。较为充裕的家庭经济收入为农民趋近于城市化的生活方式奠定了经济基础。

（一）本地工业化的市场参与模式

东部地区的一个显著优势是本地工业化。本地工业化模式维

系了城乡之间的密切联系。当地农民进入城市劳动力市场的成本很低，不用背井离乡、拖家带口。早出晚归的通勤模式依然可以维持相对完整的家庭生活，夫妻之间、代际的互动比较频繁。由于就业机会丰富多样，家庭经济压力不太大，家庭关系总体上比较平和，富有温情。在这种环境下成长起来的年轻子代及其家庭对于生活的压力感知度较低，他们青睐于稳定、体面的职业，甚至为了降低生活风险宁愿接受工资待遇较低但稳定的岗位。所以，东部地区农村年轻人就业的优先选择是提供社保的正规单位，且最好有正常的节假日，平时可以正常上下班。如此，工作之余才有比较充分的闲暇时光，以满足他们购物、郊游、聚会的需求。年轻人的经济收入若不足以支撑小家庭的生活开支，“啃老”常常是一种代际双方乐见其成的选择。对于父代而言，他们依然在很大程度上延续了过去农业社会的劳动习惯，生命不息，劳动不止，而发达的工业配套体系也足以为老年人提供一些相对轻松的工作，例如做手工活、担任保安之类，既可以打发时光，也能获取一些收入。在力所能及的范围内支持子代并不会给父代带来多大的压力，反而是他们情感表达的重要方式，由此滋养了父代的家庭生活。

东部地区农民虽紧邻市场中心地带，但进入劳动力市场的过程并非自然而然的，就业机会的分布也并不是均等的。除了学历、技能设定的条件之外，大量的非正规就业机会还是依赖地方社会关系网络。关系网络越宽广，越容易得到收入高且体面的就业机会，反之，则就业机会越不稳定，且收入越低。劳动力市场中相对优质的就业机会的竞争促进了村庄社会关系的资本化，村庄社会关系的价值性弱化，而工具性凸显，这必然影响村庄日常生活中的交往逻辑。随着村庄非农化，农民的利益重心逐渐超出村庄之外，村庄日益成为一个纯粹的居住空间。农民逐渐脱离村庄中的日常交往，村庄社会生活的频率降低，村庄规则的约束力减弱，村庄社会的联结度降低，农民生活方式的个体化程度提升。对于东部地区农民而言，村庄公共生活是一个“负担”，这种负担感仅在村庄关系的经营可以带来相应收益的前提下才可能有所缓解。所以，东部地区农民早出晚归的务工模式虽然在一定程度上维系了村庄的完整性，但其生活方式却具有“去村庄化”的趋势。到底是选择在村庄居住还是选择进城居住，主要与人们的职业选择有关，其他因素影响不大。即使是年轻人，也乐见村庄中贴近自然、田园式的生活方式，而在村居住也并不影响农民体验城市化的生活方式。

（二）压力释放型的生活方式

因紧邻市场中心地带，东部地区农民具有承接市场机会辐射的便利区位条件，并深深地介入了市场化进程，受到市场的竞争与分化效应的影响。在一定意义上，东部地区农民与市场的关系是相对完整、均衡的关系，即市场压力与市场机会相对适配，由此形成了压力释放型的生活方式。压力释放型的生活方式是指，东部地区农民对于现代化、城市化的压力有着明确的感知，并据此调整日常生活的目标和节奏，同时，区域性的资源禀赋为这些压力的释放和缓解提供了条件。具体而言，压力释放型的生活方式具有如下两个典型特征：

第一，在生活动力方面，当地农村生活方式具有比较突出的消费取向。在城市生活方式的辐射下，东部地区农民的生活方式呈现出鲜明的消费取向。当地农民基本上脱离了传统村庄日出而作、日落而息、四季流变轮替的时间节律，且服从于工业时间的节律支配。日常生活被清晰地分割为工作与消费两个部分。其中，以消费来补偿工作的疲惫，而当地丰富的就业机会、相对完善的保障体系以及父代的经济支持为消费取向的生活方式奠定了基础，减少了农民消费的后顾之忧。消费取向的生活方式压缩了农民的积累意识，这也进一步强化了农民对于市场体系的依赖。

第二，在生活空间方面，当地农村生活方式的自由度高，农民有较大的选择空间。如上文所述，无论是家庭关系还是村庄关系都比较宽松。家庭关系的民主化程度较高，代际关系相对松散，夫妻之间比较平等，家庭转型的过程总体上比较顺滑。因为较少家庭矛盾、家庭冲突的搅扰，个人在家庭生活中的回旋空间比较大，家庭也就真正可以成为比较温馨的港湾。而在村庄生活中，本地村庄关系的资本化加剧了村民之间的距离感和边界感，弱化了村庄生活的公共性。农民的日常生活更少受到村庄舆论的影响，生活的私人化程度和自由度显著提升。外部的压力不容易在村庄社会中传递，不同家庭成员、不同村民可以充分根据自己的兴趣偏好和资源状况来规划自己的生活，选择适合自己的生活方式。

总之，消费取向的生活动力和较大的生活自由度共同定义了东部农村压力释放型的生活方式。在城乡一体化的发展格局下，这种生活方式高度趋近于城市化。东部农村虽然还保留了村庄的空间外观和集体体制，但是，乡村生活系统已经与城市经济社会系统深度接轨，成为城市系统运行的末端。农民不仅承接了城市溢出的经济机会，而且内化了城市扩散出来的生活方式，因此，东部地区农民生活方式的转变是比较彻底、完全的，农民在村庄中即可享受城市带来的便利条件和生活内容，生活方式呈现出了较为鲜明的现代特征。乡村的自然地理景观与城市化的生活方式高度融合。

三、中部农村：压力集聚型的生活方式

中部地区的工业化和城市化进程相对滞后，主要包括河南、湖北、安徽、江西、湖南等区域。中部地区的底色依然是农业社会，除了区域内少数大城市具有较强的就业吸纳能力之外，中部地区绝大部分农民不得不去往东部沿海发达地区务工，跨区域流动成为中部地区农民的生活基调。中部地区打工潮开始后，村庄中青年人大量外出务工，出现了村庄“空心化”的现象，在外务工的中青年子代家庭和在村留守务农的老年父代家庭，共同组合

成了中部地区农民的生活景观，呈现出了以代际分工为基础的"半工半耕"的家计模式。农民家庭主要经济收入依靠外出务工，而农业则日益副业化，"老人农业"成为中部地区农村的普遍现象。中部地区农民外出务工的主要目的是获取更高的经济收入来保障家庭再生产的顺利进行。中部地区农民虽然相对远离东部地区的市场中心地带，却依然能显著地感知到外部经济社会系统带来的压力，从而形成了压力集聚型的生活方式。

（一）跨区域流动的市场参与模式

中部地区农民的跨区域流动有一个比较显著的代价，即农民跨区域流动虽然为农民家庭带来了较高的经济收入，却造成了代际、夫妻之间的空间分离，直接影响了家庭生活的完整性。对于外出务工者而言，城市生活虽然值得向往，但在现实压力面前却不敢有过多的期待。或者说，中部地区农民的跨区域流动促进了外部压力在中部地区农村的扩散，农民在流动过程中习得了城市的观念、价值，但因缺乏东部地区农民所处的区位优势，他们既无法低成本地享受市场辐射的机会，在教育、婚姻等方面也面临着城市比较显著的排斥，这造成中部地区农民在子代的教育、婚姻等方面存在着突出的压力。事实上，乡村社会资源流失的一个重要后果是乡村教育的衰败。教育进城已经是父母教育投入的必然选择，这不仅直接增加了农民家庭的经济压力，陪读等要求也在客观上影响了家庭成员的分工格局，提升了家庭关系的紧张度。此外，跨区域的流动促进了全国婚姻市场的形成，中部地区的青年未婚男性不得不卷入开放婚姻市场的竞争，婚姻风险剧增，婚配压力增加。总之，中部地区农民被迫卷入城市化进程，不得不承受家庭动员的成本和代价，市场压力在激发了家庭的功能性调适的同时也压缩了家庭生活的空间[①]。

中部地区农村中青年人大量外流的一个直接后果是村庄活力的衰退。尤其是老年人主导的村庄生活节奏是相对平缓的，不同家庭忙于家庭事务，忙于回应家庭生存压力，这难免影响村庄公共生活。不过，对于中部地区农民而言，村庄依然是农民社会性价值的载体，寄托着外出游子的乡愁，所以，村庄社会生活始终维持着有限的动力。当然，外部压力也可能激发村庄社会中的竞争，将本已深陷于家庭再生产压力当中的农民推到村庄的竞技舞台之上，所以，农民的生活方式并不容易维持稳定有序的状态。在中部地区的一些农村，农民容易陷入盲目的攀比和竞争，汽车、住房、人情排场等竞争性内容耗散了农民本来有限的经济资源，降低了农民生活的自主性。

（二）压力集聚型的生活方式

中部地区农村因相对远离市场中心，市场机会与市场压力难

---

① 李永萍．功能性家庭：农民家庭现代性适应的实践形态．华南农业大学学报（社会科学版），2018（2）．

以适配，农民家庭为了获取生活资源，不得不付出更大成本，承受更大的代价。对于农民家庭而言，务工收入与务农收入并非替代关系，而是相互补充，共同支持了农民的生活需要。可见，对于中部地区农民而言，市场压力相对于市场机会更显著，应对和回应市场压力是当地农民生活的焦点。在生活动力和生活空间方面，压力集聚型的生活方式主要有以下两个特征：

第一，在生活动力方面，当地生活方式具有显著的积累取向。由于本地经济机会有限，而获取外部经济机会，不仅需要付出经济社会成本，而且不得不卷入现代化的压力的浪潮，因此，中部地区农民生活时常弥漫着紧迫感，最迫切的是尽可能地积累经济资源。在这种心态下，中部地区农民较少有闲暇的时间，也缺乏闲暇的心态，农民的日常生活内容化约为了务工和务农的劳动实践。对于外出务工者而言，出来的目标即打工挣钱，所以可以忍受脏乱拥挤的生活条件；对于在村务农者而言，富有自然节律的农业生产兼有锻炼身体、消磨时间的意义。总之，中部地区的农民需要根据家庭情势定位其压力应对方式，形塑了积累取向的生活方式。通过务工和务农两种方式积累的资源，或者用于子代的教育，或者支持子代结婚（如彩礼、婚房），或者应对日常生活中的风险。

第二，在生活空间方面，当地生活方式蕴含着比较显著的结构性张力，农民生活的自由度较低。虽然中部地区在回应市场压力的过程中呈现了基于代际合作的整体性，但若深入农民生活的家庭情境，则不能不注意到生活方式的代际差异。年轻一代主要在城市务工，无形中内化了城市的生活观念和生活方式，滋生了他们的城市梦。不过，囿于资源约束和家庭压力，其生活方式具有“伪中产化”的特征。他们希望在县城买房，以至于县城的婚房成为婚配的前提，却不一定能够在县城体面地生活下去。他们试图迎合消费主义，但不得不让位于更现实的生活压力。父代则总体上维持了乡村的生活方式，依然在乎村庄社会的面子和名声，并默默地为家庭付出。生活方式的代际冲突折射了农民流动中的城乡冲突。

从变迁阶段来看，中部地区农民的生活方式正处于剧烈变迁之中。与东部地区相对平稳的变迁过程相比，中部地区农民生活方式变革更剧烈，且往往伴随着阵痛。在乡村与城市之间的往返流动意味着农民需要持续地在城市生活与乡村生活之间调适，并不断地定位其家庭生活的目标。由于市场压力与市场机会不匹配，农民的经济资源是相对稀缺的，资源积累是回应市场压力的必要方式，并触发了农民家庭的整体动员。这样一来，生活空间分离、生活观念相异的两代人共同营造了富有紧张感的压力集聚型的生活方式。资源积累是生活的主线，而消费在很大程度上是紧张生活中的“点缀”。或许正因如此，有限的消费往往以仪式化、戏剧化的形式在村庄中呈现出来，从而以看似现代的消费景观满足了乡村中残留的社会性价值的竞争。可见，在市场压力之下，中部农村的生活方式逐渐走向对资源的依赖，这在一定程度上弱化了农民生活的主体性，并放大了农村现代化进程中的生活风险。

四、西部农村：压力缺失型的生活方式

西部地区主要指西南、西北等边陲地区，一般而言，这些地区发展滞后，工业化和城市化水平低。由于自然地理区域相对封闭，且远离东部市场中心地带，西部地区农村依然保持了比较传统的生产生活景观。西部地区的农民虽然也外出务工，但与中部地区相比，西部地区农民外出务工的时间相对较晚，且外出务工的动力不太彻底，时常在进城与返乡之间徘徊。其相对边远、封闭的区位特征限制了外部市场压力的进入，所以，西部地区农民虽然缺乏外出务工的优势条件，却也在很大程度上免于市场压力的渗透，形成了压力缺失型的生活方式。总体而言，西部地区农民外出务工的比例较低，大量中青年人在本地县域社会中就业。对于那些外出务工的西部地区农民而言，挣钱固然是重要目标，但外出务工也是为了体验城市繁华、现代的生活。

（一）本地维持型的低度市场参与

西部地区农民家庭经济收入主要依靠农业生产和本地市场务工。本地有限的产业发展水平限制了就业吸纳能力和工资水平，无法为农民家庭提供相对充裕的经济收入，从而强化了对于农业

的依赖。有限的经济收入显然无法支撑消费取向的生活方式。更重要的是，现代性力量进入的程度较低，西部农村的变迁速率较慢，当地农民生活观念、生活目标的转变比较滞后。例如，在全国婚姻市场中，西部地区虽然处于经济发展的低洼地带，面临区域性的婚姻挤压，但较少的跨区域流动人口数量客观上产生了对本地婚姻的保护效应，缓和了男性的婚配压力。在这种境况下，农民家庭再生产可以比较从容，不必为了资源积累而充分动员。这样一来，代际关系是一种相对松散的状态，年老的父代可以有自己的生活空间，年轻的子代也可以相对自由地消遣。

由于中青年人外出较少，他们依然与村庄社会保持着频繁、密切的互动，村庄社会依然具有一定的活力。村庄社会活力的典型表现是村庄中高频度的仪式性人情互动，尤其是西部一些少数民族地区的传统风俗习惯进一步丰富了村庄公共生活。因此，农民有限的经济收入中的相当一部分须转化为村庄社会参与的支出，由此形成了经济资源约束下的村庄社会循环。

（二）压力缺失型的生活方式

由于西部地区农民缺乏回应外部市场压力的能动性，因此村庄社会关系保持着相对松散的状态，村庄竞争不激烈，这又进一步降低了当地农民对于外部压力的社会性感知。农民的生活逻辑比较理性，这是一种相对豁达的生活态度，与东部地区农民的工具理性的行为逻辑存在差异，可称之为压力缺失型的生活方式。

从西部地区农民的生活动力和生活空间来看，这种生活方式呈现出如下典型特征：

第一，在生活动力方面，当地生活方式具有显著的消遣取向。消遣与消费不同，消费主要针对物质资源，而消遣侧重于时间的消耗。在西部地区，无论是其厚重的农业社会底色，还是本地有限的就业吸纳能力，在限制农民经济收入的同时也为其留下了大量的闲暇时间，从而为消遣取向的生活方式的形成和维系创造了条件。在消遣逻辑下，农民比较注重当下的生活体验，缺乏对于生活的长远规划和责任意识。正因如此，即使是有限的经济资源也可以滋养出丰富多彩的生活方式，甚至可以基于较低的经济支出达到较高的生活满意度。在消遣取向的行为逻辑下，外出务工只不过是生活多样性的一种选择，为当地中青年农民提供了一个更开放的生活场景。与中部地区农民不同，他们外出务工较少背负着资源积累的压力，所以，打工挣钱之后常常及时享受生活，若确实在外面待不下去了，回到家乡也是可以接受的选择。

第二，在生活空间方面，当地生活方式的自由度较高。由于外部市场压力不足，农民无须过多地专注于应对刚性的生活压力，从而形成了有节奏、有弹性、可进可退的生活方式。代际关系相对平和，父代和子代的价值冲突不是太大，父代可以理所当然地筹划自己的生活，而无须为子代无限付出。此外，相对松散的村庄关系为西部地区农民提供了宽松、自由的村庄公共生活体验，农民虽然不得不为此投入一定的经济资源，却可以从中获得较高的生活福利反馈。在这个意义上，西部农村的生活方式较少依赖资源，而以地方性的社会内容滋养了农民的生活。

五、美好生活需要的区域定位与政策启示

以上主要从农民与市场的关系切入，讨论了东部农村、中部农村和西部农村生活方式的区域差异，展现了村庄的市场区位条件这一变量的重要性，总体情况如表 9-1 所示。当然，由于影响生活方式的变量较多，所以，上述各区域内部生活方式也存在着差异。在这个意义上，本章关于生活方式的区域差异的探究属于理想类型的建构，它提供了在具体时空情境中理解农民日常生活逻辑的中观视野。总体而言，东部农村的区位条件形塑了压力与机会适配的生活机遇结构，相对充裕的资源和较低的生活成本疏解了农民的压力，形成了发展与生活兼顾的生活方式；中部农村的区位条件形塑了压力与机会不均衡的生活机遇结构，农民在市场压力的裹挟下不得不通过高强度的家庭动员积累资源，进而压缩生活内容，对生活水平的追求不得不让位于生存与发展的紧迫性目标；西部农村的区位条件同样形塑了压力与机会适配的生活机遇结构，并表现为不同于东部农村的机会少且压力小的低度均衡状态，农民依然依托地方社会维系了较强的生活主体性，生活目标优先于发展目标。

表 9-1　中国农村生活方式的区域差异

	市场参与模式	生活动力	生活空间	生活方式	农村现代化过程
东部农村	本地工业化	消费	自由度高	压力释放型	彻底
中部农村	跨区域流动	积累	自由度较低	压力集聚型	剧烈
西部农村	本地维持型的低度参与	消遣	自由度较高	压力缺失型	缓慢

党的十九大报告指出，中国特色社会主义进入新时代，我国社会主要矛盾已经转化为人民日益增长的美好生活需要和不平衡不充分的发展之间的矛盾。农民的美好生活需要已经是一个显著的政策议题，那么，如何定义美好生活、如何衡量农民的生活方式，是一个需要立足农民生活世界来具体分析的实践问题。生活方式的现代化是农村现代化的重要维度，关于生活方式的东西差异展现了生活方式转变相对于经济发展的一定程度的独立性。在中国城乡二元结构下，农村相对于城市虽然存在着资源的劣势，却蕴含着地方性社会文化内容的优势，后者构成了农民生活方式调适的重要基础。因此，在东西中国的视野下，村庄区位条件固然蕴含了东部地区相对于中西部地区的经济优势，但是，中西部地区的区位条件反而因现代性力量的迟滞而为地方性社会文化传统的延续提供了可能。在这个意义上，美好生活并不能简单地等同于丰裕的经济资源。本章关于生活方式的区域类型建构有

助于拓展对于美好生活的理解。事实上，“美好”本身是一个具有主观性和相对性的概念，农民是生活的主体，若坚持农民立场和村庄本位，还应当着眼于特定生活方式的适配性。

农村现代化是一个渐进的过程，不同区域的农民以不同的条件参与这个过程，并形成了各自不同的生活方式。而这些生活方式反映了农民回应现代化的路径差异。东部地区农村的生活方式并不代表着生活方式转变的必由之路。如果片面地强调东部地区农村生活方式相对于中西部地区的现代化程度，则必然倾向于在政策层面否定中西部地区农村生活方式的正当性与合理性，并将其简单归结为一种“落后”状态。考虑到东部地区农村生活方式本身的城市化特征，以东部地区农村的生活方式引领中西部地区的农民生活变革，实质上是以城市生活方式的标准引领农村，这显然是失之偏颇的。中国正处于发展过程之中，以规范性的应然判断替代实践分析，难免遮蔽现代化过程的复杂性和现代化路径的多元性。在这个意义上，生活方式的现代化需要直面中国东西差异的现实，探索出契合不同区域农民真实需求的政策方案，避免消费主义在乡村社会的过度扩张，真正提高农民的生活满意度。

第10章

经济基础与县域教育形态的东西差异

教育问题是我国最大的民生问题之一，中央高度关注教育事业的发展。教育的民生属性表现为教育问题与全国人民息息相关，它关乎学生个体及其家庭是否能够获得发展机会，是否能够改变个体和家庭的命运，因此全国人民都高度关注教育问题。近年来，全国各地弥漫着教育焦虑情绪，各地的家长为了子女的教育问题不遗余力、煞费苦心。

自2017年以来，笔者在江苏、浙江、广东、甘肃、广西、湖北、湖南、河南等省份开展了多次县域教育专题调研，发现各地家长均存在着不同程度的教育焦虑，但是东部地区和中西部地区县域教育形态与家长教育焦虑的重点并不一样，教育焦虑产生的逻辑也不相同。研究发现，县域经济基础会影响到县域教育形态和家长的焦虑情绪。具体而言，不同县域的经济基础不同，县级政府的教育供给能力和家庭的教育支持能力也不同，政府供给能力和家庭支持能力会形塑出不同的家校关系结构，家长的焦虑情绪则由家校关系结构所决定。本章将从县域经济基础的角度出发，分析我国东部地区和中西部地区的经济基础是如何影响到县域教育形态的，又是如何形成差异化的教育焦虑的。

一、分析框架：理解教育问题的东西区域视角

本章将从经济基础的区域差异出发，探讨东部地区和中西部地区县级政府供给能力与家庭教育支持能力的差异，从中把握不同地区县域的家校关系结构和家庭教育焦虑状态。

地区经济基础主要是指产业基础，产业基础既影响地方政府的财政能力，也影响着当地家庭的经济能力和就业结构。我国东部沿海发达地区的县域经济基础好，产业集聚，一方面，有助于形成地方政府较强的财政实力，在“以县为主”的教育管理体制之下，经济强县能够形成较强的地方政府教育供给能力；另一方面，使得本地人能够就近就业，既能够确保当地家庭获得就业机会和经济收入，也能够确保家庭的相对完整性，子女和父母能够一起生活，父母有能力也有时间关注子女的教育情况。相比之下，我国中西部地区的经济基础相对薄弱，产业分散，尚未形成产业集聚格局，不仅地方政府的财政能力有限，无法对地方教育进行充分供给，而且形成劳动力外流的局面。尽管当地人外出打工可以获得一定的经济收入，但是家庭实行的是“半工半耕”甚至“一家三制”的劳动力分工结构，家庭的完整性受到影响，留守现象普遍，父母因不在场而难以管教子女。

东部地区和中西部地区的政府教育供给能力与家庭教育支持

能力存在差异，进而会形成家校关系结构和家庭教育焦虑的差异。家校关系结构是指家庭和学校针对学生教育进行投入而形成的资源结构和关系性质。由于家校关系性质较为复杂，本章不讨论家校关系的性质，重在讨论家校关系的资源结构和投入能力，及其对家庭教育心态的影响。

在东部沿海县域地区，学校和家庭的教育能力总体较强，所形成的是家校双强的关系结构，学生的校内校外教育时间都有保障。不过，由于家长拥有一定的经济实力和陪伴能力，对于子女的教育问题高度重视，他们会深度介入校内校外教育中。东部地区县域的家长有能力介入学校教育中，而家庭教育具有分散性和竞争性的特点，家长之间的教育参与行为具有极强的外部性，即会形成家长之间的教育竞争态势，进而引发教育竞争焦虑。

在中西部地区，当地家庭缺乏教育能力，高度依赖学校教育，但是学校的教育服务能力和教育质量受制于地方政府的教育供给能力，家庭教育支持能力和学校教育回应能力都不强，所形成的是家校双弱的关系结构。在此结构之下，家长不得不寻求“教育自救”，通过民办学校、托管机构、家人陪读等方式获得相对较好的教育质量和教育服务，而这使得他们的教育投入压力倍增，由此令他们产生强烈的教育保障焦虑。

综上所述，地区的经济基础决定了地方教育供给能力和家庭教育支持能力，由此形塑出不同的家校关系结构和家庭教育焦虑。从东西区域差异的视角来看，我国要办人民满意的教育，就必须把握区域经济基础的影响，并以此为基础理解不同地区家庭教育焦虑的类型差异和形成机制，如此才能有针对性地进行政策回应。

二、东部地区：家校教育双强结构与教育竞争焦虑

东部地区县域因产业体系完备，地方政府的财政实力较强，因此具有较强的地方教育供给能力。完备的产业体系给予当地群众充分的就业机会，不同层次的群体都可以在当地市场中获得一份相对稳定的工作，家长既不用与子女分离，又能够获得稳定的经济收入。在此基础上，形成家校教育双强结构。同时，由于东部地区的家庭具有较强的教育介入能力，家庭之间的教育竞争尤为激烈。

（一）完备的产业体系与东部县域政府教育供给能力

东部沿海发达地区的县域产业集聚，地方财政实力雄厚。以江苏 L 区、浙江 S 区、广东 D 区为例，江苏 L 区的冶金、机械、电子、化工、纺织、服装、电子电器等行业发达，2022 年全区的财政收入为 57.2 亿元；浙江 S 区的医药化工业、轻工纺织业、照明电器业发达，该区还在加快新旧动能转换，推动发展数字经济，2022 年全区的财政收入为 143.05 亿元；广东 D 区的制造业

同样发达，该区正在着力打造先进制造业和高技术制造业，2022年全区的财政收入为265.97亿元。相比中西部地区的普通农业县，东部县域经济整体水平和地方财政能力要强得多。在雄厚的财政实力的支持下，东部地区县域政府形成了较强的教育供给能力：一方面，东部地区较早就完成了城乡学校的均衡建设，无论是城区学校还是乡村学校都进行校舍改造，配备了较为齐全的硬件设施；另一方面，东部地区城乡学校的教师队伍差距逐步缩小，师资配备、教师队伍更新和交流机制较为顺畅。

东部地区的教育供给能力充分体现在城乡学校硬软件资源的相对均衡配置上。在硬件资源的配置方面，东部地区县域内的城乡学校在校舍建设、图书资源、教学设备等方面的差距大大缩小；在软件资源的配置方面，主要是师资配置上，东部地区县域内城乡学校的师资配置相对均衡，且能够保证农村学校拥有一定比例的优秀教师。我们以浙江S区2017年的数据为例来看东部地区城乡中小学基础投入状况（见表10-1）。

表10-1　2017年浙江S区城乡中小学校基础投入状况

阶段	区位	生师比	本/专科率	生均建筑面积
初中	城区	13.39：1	98.6%	19.06平方米
	农村	10.01：1	96.5%	20.03平方米
小学	城区	17：1	98.4%	14.32平方米
	农村	14.27：1	98%	12.63平方米

注：笔者根据浙江S区教育局提供的数据自制此表格。

在硬件投入上，主要看生均建筑面积，从表 10–1 来看，浙江 S 区城区初中要比农村初中拥挤，城区小学则比农村小学宽松。在师资力量上，可以通过两个指标反映城乡学校的软实力。一是生师比，生师比是指一个教师所对应的学生数量。S 区一个城区初中教师比一个农村初中教师多带 3.38 个学生，一个城区小学教师比一个农村小学教师多带 2.73 个学生，可见农村教师配备更加齐全，教学任务更轻。二是本 / 专科率，初中主要看本科及以上学历的教师比例，城区初中高出农村 2.1 个百分点；小学主要看专科及以上学历的教师比例，城区小学高于农村 0.4 个百分点。就教师的状况来看，城区教师的质量略高，但带学生的任务更重。笔者 2017 年在广东 D 区调研时发现，当地农村小学在地方政府和侨胞的支持下面貌一新，校舍建设气派，内部设施先进。而当地村小的教师，有很大比例是外省优秀教师考编到此，即因待遇优厚而被吸引而来。江苏 L 区的情形与之类似。

此外，地方民办学校的发展状况及公民办学校之间的关系，也可侧面展示出地方政府的教育供给能力。在中国，民办学校的出现主要有两个方面的原因：一是地方政府无力建设好公办学校，因此给予了民办学校发展机会；二是公办学校不能满足部分群体的教育需求，而民办学校因其体制机制灵活，可以回应这些群体的教育需求。在东部发达地区的县域，尽管出现了一批民办学校，但是实力最强的学校还是公办学校，即使有些地区的民办学校发展不错，但是公办学校仍然具有与民办学校相抗衡的实力，其核心在于地方政府有能力办好公办学校。比如，浙江 S 区有一所著名的十二年制民办学校，办学条件较好，但是当地最优秀的学生仍然会优先选择到公办学校就读，该学校招收的学生主要是城区的中等生源和乡村学生。江苏 L 区和广东 D 区最优秀的学校也是公办学校。

东部地区县域因产业发达，财政能力较强，确保了地方政府较强的教育供给能力，既实现了城乡学校硬件设施和师资力量的均衡发展，也保证了公办学校的办学实力不弱于民办学校。

（二）市场经济机会与东部家庭教育支持能力

东部地区的县域产业体系完整，就业机会更为充足，当地居民普遍选择就近工作。由于市场就业机会多，本地人具有一定的选择空间，大多数人会选择工作稳定、收入稳定、工作时间确定的职业，进入工厂的本地人相对较少，尤其是年轻一辈。充分的市场经济机会对当地家庭形成两方面的影响：一方面，当地的产业发展给予各类群体就业机会，老中青群体都可以在当地找到适合自身发展的职业，拥有相对稳定的收入来源，能够推动实现自然的城镇化，当地学生大多可以进入城镇学校就读；另一方面，当地居民可以在本地就业，父母与子女不用分离，家长能够时刻陪伴在子女身边。当地留守儿童数量较少。根据浙江省民政部门的统计，该省 2016 年的农村留守儿童大约有 11.68 万人，2017

年仅有8.3万人[①]；江苏省2019年的留守儿童大约为17万人[②]；广东省2019年的留守儿童大约有19万人[③]。可以说，东部地区县域社会中的父母依靠地方产业创生的经济机会，普遍是“有钱又有闲”的父母。

东部地区“有钱又有闲”的父母具备较强的教育支持能力。一是在教育经济投入上，家长们有能力投入，且舍得投入。笔者2018年在浙江S区调研时，观察到当地的培训市场极为火爆，一个区每年因校外培训所带来的GDP大概为3亿元[④]。同样，笔者在江苏L区调研时，也发现校外培训十分发达，既有文化类培训，也有特长类培训。一位校长介绍，其女儿每年参加校外培训的花费至少是1万元，从幼儿园开始培训，总共参加了拉丁舞、象棋、乒乓球、朗诵、笛子、书法、射击和奥数培训，女儿班上至少有1/3的同学会参加校外培训。即使是乡村学校，若孩子的成绩不好，家长们也大多会在寒暑假时将他们送到城里去补习。

二是在教育时间投入上，家长们愿意为子女投入，基本上都

---

① 从11.68万到8.3万，全省农村留守儿童两年降了28.9%，浙江是怎么做到的 .（2018-05-22）. https://www.163.com/dy/article/DIDHRAM05129SQP.html.

② 唐悦 . 江苏：为17万农村留守儿童撑起保护伞 .（2020-07-20）. https://www.rmzxb.com.cn/c/2020-07-20/2621301.shtml.

③ 符畅 . 广东有19余万农村留守儿童、7.4万困境儿童，这些举措为他们保驾护航 .（2019-11-18）. https://www.sohu.com/a/354536084_120046696.

④ 笔者调研时当地人的预估值。

以子女的学习为中心。家长的时间投入包括校外的学习陪伴和校内的活动参与等。一般情况下，当地家长会在下班后陪伴孩子完成作业、阅读、背诵等，还会陪伴孩子参加校外培训。家长也会积极参与学校的相关活动，既包括学校要求家长参与的活动，也包括家长主动参与的活动，比如学校的运动会、游园会、文艺汇演等。南京的一位母亲介绍，只要女儿学校有活动，她都会积极参与，比如女儿学校要举行文艺汇演，她会参与服装道具的租赁，还会和其他家长一起参与舞蹈排练。

（三）家校双强结构与教育竞争焦虑的生成

从教育资源的角度来讲，东部地区中小学校和学生家庭的教育资源都较为丰富，学校的基础设施条件、师资力量和教育能力较强，而家长普遍“有钱又有闲”，能够为子女进行教育投入，由此形成家校双强的资源结构。学生的教育时间可以分为校内时间和校外时间，校内时间主要由学校负责，校外时间主要由家庭负责。对于东部地区的学生而言，他们的校内时间能够依托学校教育开展丰富多彩的校园生活，学校教育完全可以满足学生教育发展的基本诉求，他们的校外时间则依靠家长的陪伴和投入。

不过，由于东部地区家庭的教育支持能力强，家长具有极强的教育介入能力，因此，他们对校内校外的教育活动都会进行介入。针对校内活动，家长们会尽可能地为子女争取老师更多的注意力，较为典型的方式是积极主动地参加学校的活动，或者积极申请成为家委会成员。笔者在调研中发现，东部地区家长在竞选家委会时特别积极，他们会使出浑身解数，尽可能地让自己进入家委会。原因在于，一旦成为家委会成员，家长们就能够影响班级甚至学校的政策，同时可以增加与老师的互动机会，从而为子女争取老师更多的注意力。

由于教育能力较强，具有一定的经济实力和时间投入能力，家长们也将学生的校外时间充分利用起来。校外时间包括学校教育延展的时间和家庭主动教育的时间，前者如学生回家之后要完成学校布置的家庭作业，东部地区的家长多会陪伴和督促子女完成；后者则是家长将孩子在校外额外的空闲时间转化为教育时间，一般是通过到市场教育机构培训实现校外额外时间的利用，包括购买市场培训机构的文化教育、竞赛教育和特长教育服务。

家庭积极介入教育有助于形成家校之间的协同共育，但是也容易引发不必要的教育竞争。由于家庭介入教育缺乏统一的标准，一方面，每个家庭会根据自身家庭经济能力进行市场购买，不同的家庭形成差异化的市场购买能力；另一方面，家长过度嵌入到教育中，容易形成竞争攀比心理，当他们发现别人家的孩子购买的教育服务更多或更优质时，会跟风选择，从而形成较强的校外培训负担。笔者于 2017 年在江苏 L 区调研和 2018 年在浙江 S 区调研时，专门去探访了一些校外培训机构，发现家长们在为子女选择培训项目时，并非从子女的兴趣出发，而是注重机会计算。比如，有些家长将孩子送去学古筝，无论孩子是否感兴趣、是否学得进去，都急切地希望孩子早早去考级。原因在于，家长们希望孩子的兴趣爱好变成他们在学校获得表现机会的资本，或者成为他们升学时申请优质学校的资本。同样，有些家长将孩子送去学习奥赛知识，主要是为了争取更多和更优质的升学机会。在这样的培训竞争下，家长们产生了较强的教育焦虑，不仅要尽心尽力规划孩子的校外培训时间，还要密切关注其他孩子的学习和培训情况，生怕自家的孩子输给了别人家的孩子，而学生们的校外学习负担也十分沉重。

总结来看，东部地区的家校关系结构是双强结构，学校和家庭的教育能力都很强，但由于家庭教育能力太强，对子女教育介入过多，容易形成家长之间的竞争性关系，从而引发家庭的教育焦虑。某种程度上，东部地区的家庭教育焦虑是因家庭积极介入而引发的教育竞争焦虑。

三、中西部地区：家校教育双弱结构与教育保障焦虑

中西部地区的县域社会普遍未建立起健全的产业体系，经济发展能力有限，地方政府的财政实力薄弱，基本上只能维持“吃饭财政”。在“以县为主”的教育供给体系下，中西部地区的大多数县级政府难以承担必要的教育责任，缺乏回应当地群众教育

诉求的能力。中西部地区薄弱的产业体系无法给予中青年群体充分就业机会，大多数人不得不背井离乡，到东部沿海发达地区寻找发展机会，在外地挣钱寄回家乡用于子女和老人日常消费，却不能在场陪伴子女的发展。中西部地区县域学校和家庭的教育能力相对较弱，形成家校双弱的教育结构，家长期待的是学校能够回应和满足他们基本的教育诉求，其教育焦虑主要是由政府和学校无法回应其教育保障诉求带来的。

（一）不完备的产业体系与中西部县域政府教育供给能力

我国的产业主要聚集于东部沿海发达地区，中西部地区拥有一定的产业，但是产业集中度不高，所形成的是不完备不聚焦的产业体系。我国自 2013 年左右开始大力推动产业转移，将东部沿海发达地区的部分产业转移到中西部地区，但是产业转移存在两个问题：一是转移的产业主要是剩余淘汰产业；二是中西部地区省市县都在竞相承接，各地方政府通过大幅让渡利益和“自我剥削”竞争转移的产业，导致中西部地区县域政府的税收收益难以提高，有些县域政府甚至透支未来迎接转移来的产业。在此背景下，中西部地区县域政府可支配财力受到限制，地方政府缺乏教育供给能力，因此高度依赖中央政府的支持。近年来，中央不断向中西部地区输入资源，支持薄弱学校改造建设，同时实行特岗教师政策，帮助中西部地区补充乡村教师力量。不过，由于中央政策和地方需求存在张力，且上级的资金政策需要地方政府配套支持，而中西部地区配套能力有限，中西部地区县域政府的教育供给无法满足当地百姓的教育需求。

从基础设施建设来看，中西部地区难以做到城乡学校均衡发展。随着教育城镇化的发展，大量农村学生进入城镇学校就读，城区学校出现超大规模学校和大班额问题。由于中西部地区的县域政府财政能力不强，面临着县域内学校普遍需要更新建设的压力，在资源有限的情况下，县域政府会优先将项目资源和自主支配资金用于更新、拓展、新建城区学校上。乡村学校的建设存在两个问题：一是将资源过度集中于建设必要性不强的小规模学校上，这些学校往往是完成建设后学生就已流失，或者花几百万元建设却只服务人数极少的学生；二是乡镇中小学的建设迟缓，往往是依靠上级政府的专项项目资源进行建设，很多必要建设难以得到回应和满足。相比之下，城区学校的基础设施条件要比乡村学校好得多。笔者2017年到甘肃H县调研，发现有些乡村中小学的校舍外墙裸露着红砖，学生在30年前建设的校舍中学习，而城区学校则花费上亿元建设，还有不少闲置的大楼。笔者分别于2021年和2023年到湖南H县和L县调研时发现，两县的乡镇初中校舍条件普遍较差，有些学生还住在屋顶掉皮的宿舍中，没有热水洗澡，有些甚至还是两人一张床铺，有些学校食堂没有配备餐桌，学生就在各楼栋的走廊上吃饭。

从师资力量补充来看，尽管国家实施了特岗教师计划，但是乡村教师的数量和质量仍然得不到保证，结构性缺编问题普遍存在，特岗教师的流动性特别强。比如，湖北 X 县一所乡镇中心小学自 2012 年至 2018 年总共招聘 23 名新机制教师，2018 年时就流失了 14 名，留下的多是 2 年之内新招的教师。该县一所小学的校长最担心的就是新机制教师来找他签字，这些教师都算得上是比较优秀的，但是在乡村学校待不住，没多久就会自己想办法往城里调。从师资水平来讲，中西部地区的乡村教师年龄断层较为严重，两极分化明显，即将退休的老年教师和大学刚毕业的年轻教师多，有经验的中层骨干教师较少，因为中年教师考虑到自身的职业前途和家庭发展，会想办法调到县城学校。

在公民办学校的发展上，中西部地区的县域社会也出现了不同于东部发达地区的现象，即民办学校的数量多，发展速度快，一度压制了公办学校的发展。这种现象的出现主要有两方面的原因：一是中西部地区县级财政能力有限，缺乏资源建设和更新学校，不得不借助社会资本进行办学，因此中西部地区的民办学校在发展过程中，受到了地方政府的大力支持，比如在土地利用上给予优惠、招生上允许宣传，甚至支持公办教师到民办学校任教等；二是民办学校自身发展机制灵活，具有调动教师、激励学生和回应家长诉求的能力，民办学校教师的待遇要远高于公办学校教师的待遇，同时给予优秀学生丰厚的奖励，能够回应家长对于学校设施条件和学生学业发展的诉求。中西部地区公办学校的师资力量被民办学校抽取，运行机制又不如民办学校灵活，因此，中西部地区不少县域民办学校的发展能力要强于公办学校，以至于出现“民强公弱”的现象。

总体来看，我国中西部地区的县域教育供给能力有限，普遍优先发展城区学校，使得乡村学校的基础设施更新慢，师资力量存在结构性缺编问题，乡村学校留不住教师，民办学校在既有空间中获得了发展机会，因此出现地方政府依赖社会资本办民办学校的情况。

（二）“半工半耕”家计模式与家庭教育支持能力

中西部地区县域社会的产业发展能力有限，很多县城都未形成完整和聚集的产业结构，多是以农业为主的县城，当地的中青年劳动力需要到东部沿海发达地区寻找就业机会，留下老人在家照顾小孩，并耕种家里的土地，形成“半工半耕”的家庭生计模式。即使是中西部地区的城镇家庭，由于城镇就业机会不多，中青年人也仍然要到外地务工。因为就业不稳定、就业地就读机会有限、消费成本高、无暇照顾子女等，他们一般不会将子女带在身边，因此中西部地区产生了大量的留守儿童。根据2016年的统计数据，我国中西部地区的留守儿童总数为815万人，占全国留守儿童数量的90.35%。

在教育经济投入上，中西部地区的父母外出打工，虽然能够获得一定的经济收入，但是无暇照顾子女，他们往往会从经济层面弥补自己不在场的缺憾。较为典型的方式就是在生活层面对子女百依百顺，比如在食物、衣服、玩具等物质上给予他们充分的满足，孩子想要什么就买什么，“宁可穷了全家，也不可苦了孩子”。这种无原则的投入造成了“穷人家的富二代”现象，使得子女对于父母的投入不仅缺乏感恩之心，反而觉得父母、家人亏欠了他们。

中西部地区的父母常年在外，无法时刻在场陪伴子女成长，会带来至少两个方面的问题。一是家庭教育能力不足，影响子女正常成长。留守儿童主要依靠祖辈抚养，但祖辈因权威匮乏、习惯差异、精力有限等原因，无法顾及留守儿童的成长细节，只能够确保他们吃饱穿暖，在行为规范、自我表达和人际交往等方面缺乏积极引导和教育，使得他们在习得基本规范的过程中缺了重要一环。笔者在中西部地区的学校调研时，经常会询问中小学教师学生的管理情况，他们总是会跟笔者抱怨留守儿童难管，主要是存在行为习惯差、性格内向封闭、不愿与人交流等方面的问题。二是家校之间沟通有限，形成教育真空地带。父母不在身边，老师想要联系家长，只能通过发信息或打电话的方式进行沟通，但是以手机作为媒介的信息交流作用有限，老师和家长都无法掌握学生在家庭或学校中的整体情况，家校之间的信息沟通受限。如果学生在学校违规犯错，老师想请家长来校沟通教育是一件非常困难的事情。更为重要的是，学生在校期间可以由老师进行管理，但是一旦出了校门，校外时间就成了自由时间，父辈在外管不到，祖辈在家管不着，学生们就充分释放自我，放假之后不写作业、不复习预习，一心只扑在手机上，留守儿童目前是沉迷手机最为严重的群体。

对于中西部地区的家长而言，外出打工是不得已的选择，他们希望通过在外挣钱为子女成长创造更为优质的教育条件，指望子女通过教育改变自身乃至家庭的命运。但是其外出务工的选择在一定程度上影响了子女的成长，家乡县城的发展环境不佳、经济条件不足，又无法给予他们回乡的机会，因此他们高度依赖学校教育，希望学校能够回应和解决他们因在外务工带来的家庭教育支持能力不足的问题。

（三）家校教育双弱结构与教育保障焦虑的生成

中西部地区的教育环境比东部地区更加复杂。相比东部地区，中西部地区的家庭教育支持能力不强，更加依赖学校教育。从学校的角度来讲，中西部地区公办学校的资源条件有限，在基础设施条件方面，公办学校的基础设施改善较慢，尤其是容纳了大量乡村学生的乡镇中小学，学习、生活条件相对较差。随着打工经济的兴起，中西部地区城市居民和农村居民的家庭条件都得到了极大的改善，但是学生在学校的食宿条件往往要低于在家庭中的食宿条件，学生无法适应学校的条件。此外，因隔代教育能力不强，留守学生的家长对于学校的生活服务能力常有所期待，比如期待学校能够培养学生的日常习惯、生活能力等，但是公办学校无法回应这一需求。在教育教学质量方面，公办学校受到资源和制度条件限制，教育质量得不到保障，尤其是乡村学校的教育质量得不到保障，学生的成才率低。中西部地区县域学校的学生中有大量考试不及格的，比如有的地区中考时有一半以上的学生学业成绩不到总分的一半，有的中职学校接收的分流学生中很多都达不到小学合格毕业生的水平。这就意味着，中西部地区形成的是家校教育双弱结构。

中西部地区的家庭对于“教育改变命运”的诉求更加迫切，希望子女通过教育获得稳定体面的工作，但是地方政府的教育供给能力有限，公办学校教育资源不足、教育能力不强，使得中西部地区的家庭不得不依靠自身的能力去进行“教育自救”。中西部地区的家长采取的“教育自救”措施主要有三种：

第一种是将子女送到民办学校就读。民办学校的食宿服务能力和生活照料能力远超公办学校，部分民办学校的教育能力也超过公办学校，因此很多家长愿意花费高额费用将子女送到民办学校就读。河南、湖北、湖南等地县城的民办学校，每年的就读费用（包括学杂费和生活费）大约是2万～3万元/人，民办学校能够给留守儿童提供良好的食宿环境和生活照料，同时能够帮助家长管教小孩。笔者曾多次探访各地的民办学校。民办学校多实行陪餐制度，师生同餐，确保学生的饮食健康美味，学生宿舍配备空调、热水器，还配有专门的生活老师，生活老师会定期为学生晾晒被子，甚至专门陪伴低学段学生睡觉。种种生活管理细节深受中西部地区外出务工家长的青睐。

第二种是将子女放在托管机构，托管机构主要负责学生生活照料和校外学习指导。广西B县流行将子女送到城镇公办学校附近的托管机构托管，托管的成本比进入民办学校便宜，能够弥补公办学校生活服务能力不足的缺陷。根据服务水平和食宿条件，不同托管机构的费用一年在6 000～15 000元。不过，由于托管机构多是一些普通百姓创办的，其生活照料能力尚可，教育能力则参差不齐，有责任感的老板会采取积极有效的管理方式引导、教育学生，缺乏责任感的老板则会为了保住生意刻意迎合学生，比如给学生手机玩、考试之前贿赂老师购买试卷让学生提前练习等，还有些老板会为了平息学生之间的矛盾而采取暴力方式甚至助长欺凌行为。

第三种是安排专人陪读，即通过在学校附近租房专门照顾孩子读书期间的日常饮食起居。甘肃H县的陪读风气特别浓厚，陪读的最初目的是解决孩子生活层面的问题，主要由祖辈陪读，以解决公办学校食宿服务能力不足的问题。但是随着公办学校的教育能力下降，一些学生出现手机沉迷问题，影响到学业时，一些父辈主要是母亲就开始放弃打工回家陪读，试图解决公办教育失灵的问题。陪读的成本包括租房和生活开销，每年在几千元到几万元不等，母亲陪读的成本还要算上因失去务工机会而造成的收入损失。

与东部地区相比，中西部地区的家长因学校教育能力和自身教育能力不足，无法解决子女教育的基本问题，包括生活照料问题和行为教育问题，因此不得不通过民办学校就读、托管机构托管或家人陪读等方式进行“教育自救”。但是这些方式给中西部家庭带来了极大的经济压力，并形成较为严重的教育焦虑。这种教育焦虑本质上是教育保障焦虑，即地方政府和公办学校无法与地方经济结构相适配，难以回应家庭因客观发展需要而产生的教育问题，从而滋生出家长的教育保障焦虑，不同于东部地区家长积极介入教育所形成的教育竞争焦虑。

我国高度关注教育问题，连续多年将超过 4% 的可支配财政投入到教育领域中，义务教育阶段的投入比例亦不低。国家已完成了城乡义务教育均衡项目的验收工作，开始推动城乡义务教育优质均衡工作，可见国家对于教育问题的重视。此外，国家还在 2021 年强力推行了“双减”政策，力图缓解家庭教育焦虑和学生教育负担。从东部地区和中西部地区的比较出发，研究发现，东部地区和中西部地区的经济基础存在差异，不同地区政府教育供给能力和家庭教育支持能力受到经济基础的影响亦存在差异，从而形塑出不同类型的家校关系结构和教育焦虑状态。

东部地区县域政府的教育供给能力强，在公办学校的硬件设施配置和师资力量更新等方面给予全力支持，不需要依赖民办学校的教育投入。而东部地区的家长因就业机会充足、经济收入稳定，且拥有一定的自主支配时间，对子女的校内时间和校外时间都进行了积极介入。不过，正是因为家庭教育支持能力过强、介入过多，家庭教育的外部性凸显，从而形成了家庭教育竞争过热的态势，引发东部地区家庭的教育竞争焦虑。

中西部地区县域政府的教育供给能力弱，缺乏改善公办学校硬件设施的能力，在师资更新上依赖国家的特岗教师制度，但是教师队伍缺乏稳定性，地方政府在一定程度上依赖民办学校的发展。中西部地区的家庭因本地就业机会匮乏，不得不选择到东部沿海发达地区务工，收入不稳定，且不能陪伴子女成长，高度依赖学校教育。而公办学校在生活服务和教育质量上都不能给予家长积极回应，家长的无奈和学校的无力使得家长不得不进行“教育自救”，借助民办学校、托管机构和家人陪读等途径解决教育问题，但是又因教育成本过高、影响家庭可持续发展而生发出教育保障焦虑。

要办人民满意的教育，就必须推进义务教育优质均衡。义务教育优质均衡不只是考虑资源投入和指标达标，还要关注和思考群众的教育焦虑是什么、教育焦虑的生成逻辑又是什么，否则就会出现资源错配和政策错位。对我国东部地区和中西部地区县域教育经济形态的差异进行理解，有助于优化政策资源配置，有针对性地回应和解决不同地区所面临的核心问题。相对而言，东部地区的关键问题是要平息家庭深度卷入教育所带来的教育竞争焦虑，而中西部地区的关键问题是要做好学校的教育服务和教育管理工作，以此回应不得不背井离乡外出就业的家长因无法照料和教育子女而产生的教育保障焦虑。

第三篇

家庭篇

第11章 农民收入与家庭结构的区域差异

家庭结构是家庭社会学研究的经典问题，家庭结构反映了家庭成员之间关联和聚合的形式。中国具有家庭本位的传统，扩大家庭曾经是中国家庭的主体形态。在中国乡村社会变迁过程中，有一种普遍的观点认为中国农村家庭经历了核心化的过程[①]，家庭核心化成为中国社会现代化的伴生物，并主导了人们对于当下中国农村家庭形态的认识。实际上，家庭是否核心化的基本标准是代际关系，家庭核心化的程度反映了代际凝聚力和关联度的强弱。因此，理解中国农村家庭结构，家庭代际关系是非常敏感和重要的经验窗口。

改革开放以来，市场力量逐渐在乡村社会扩展，市场化成为中国乡村社会变迁的主导动力，并推动了农民家庭的深刻变迁[②]。市场力量影响农民家庭的直接方式是改变了农民家庭的收

---

① 参见王跃生．当代中国城乡家庭结构变动比较．社会，2006（3）；曾毅，李伟，梁志武．中国家庭结构的现状、区域差异及变动趋势．中国人口科学，1992（2）.

② 王跃生．中国农村家庭的核心化分析．中国人口科学，2007（5）.

入来源，拓展了农民家庭获取收入的渠道。土地耕作不再是农民家庭主要的经济来源，农民家庭的经济循环逐渐脱离了对于农业收入的依赖，农民或深或浅地卷入了市场体系。这就推动了农民与市场的联结，并凸显了农民经济收入的重要性。农民经济收入不仅是实现多重家庭目标的重要支撑，而且是抵御家庭风险的重要条件。对于农民而言，经营家庭最关键、最紧迫、最重要的使命是增加经济收入，必须有一定的经济收入才能支撑家庭发展。问题是，不同农民家庭初始的资源禀赋存在着较大差异，这不仅直接导致了不同家庭收入水平的显著差异，而且进一步影响了农民的家庭结构和家庭关系状态。

家庭资源禀赋决定了农民家庭的能动回应和内部动员能力[①]，这进一步触发了代际关系的调整，并塑造了差异化的家庭结构形态。在农村市场化进程中，农民家庭所处的市场区位条件是影响家庭资源禀赋的结构性变量。中国社会地域广阔，发展阶段和发展程度存在着显著的地域差异。在工业化过程中，东部地区因处于沿海的地理优势较快地走上了工业化进程，工业化和城市化的水平较高，产生了强有力的资源集聚效应，成为市场中心地带；相对于东部地区所处的市场中心地带的区位条件，中西部地区则处于市场的相对边缘地带。基于此，本章将立足于东部地

① 李永萍．家庭发展能力：理解农民家庭转型的一个视角．社会科学，2022（1）.

区与中西部地区的区位条件，着重从农民家庭收入的角度探讨家庭结构的区域差异。

一、东部和中西部农民家庭面临的市场区位条件差异

由于农业剩余有限，传统农民家庭在经济上总体处于匮乏状态，这强化了农民对于土地的依赖，并进一步影响和塑造了中国农民的社会文化心理，形成了“勤俭持家”的传统习惯。中国工业化和城市化进程改变了农民以土地为生的传统状态，为农民家庭提供了多样、丰富的就业机会和收入来源。然而，东部地区和中西部地区在市场区位中处于不同位置，总体来看，东部地区处于市场中心地带，而中西部地区则处于市场的相对边缘地带。市场中心和市场边缘的区位条件差异，不仅形塑了差异化的农民家庭收入水平和收入模式，而且形塑了差异化的婚姻区位和价值观念，这些差异进一步影响了农民家庭结构和家庭关系状态。具体来看，东部和中西部农民家庭面临的市场区位条件差异主要体现在如下三个方面。

第一，就业机会的多少差异。就业机会多少直接影响农民家庭收入状况。东部地区是我国经济发展的前沿地带，其工业化进程开始较早，城市化水平较高，城市对于当地乡村具有较高的辐射能力。例如，苏南地区从20世纪70年代末开始发展乡镇企

业，珠三角地区从20世纪80年代初开始引入外资发展工业，浙江农民从20世纪80年代以来也逐步通过“跑供销”的积累大量开办家庭作坊。虽然东部地区内部工业化路径有所不同，却均为当地农民创造了丰富的就业机会，极大地增加了非农就业收入在农民家庭收入中的比重。经济先行的发展优势使得东部地区聚集了我国大部分的就业市场，而市场中心地带的区位条件使得东部地区农民具有在本地市场务工的优势，这种优势主要体现在以下三个方面。一是务工机会多，家庭劳动力均可进入市场务工。笔者在浙江、江苏等地调研发现，当地农民家庭几乎没有闲置的劳动力，无论是年轻人还是中老年人，只要愿意工作，均可在就业市场上寻找到合适的务工机会。其中，年轻人由于学历水平普遍较高、劳动力素质更强，因此大多进入相对正规的经济部门就业，成为公司职员、工厂的技术或管理人员、政府与其他事业单位工作人员等，这些岗位通常提供相对完善的保障，用工关系也比较稳定。中老年人由于学历较低、劳动力素质不高，大多进入相对不那么正规的经济部门就业，如建筑行业、相对低端的工厂以及环保、绿化等行业。丰富的就业机会使得东部地区农民家庭逐渐突破了“半工半耕”的分工模式，在家庭内部形成正规就业与非正规就业相结合的“梯度就业结构”。二是务工周期相对较长。本地市场丰富的务工机会延长了当地农民务工的周期。即使是非正规就业的中老年人，其一年的务工时间也基本在300天以上。同时，从劳动力个体生命周期来看，本地市场丰富的就业机会也使得当地农民退出务工市场相对较晚，劳动力在市场上积累资源的时间较长。三是家庭成员无须分离。由于是在本地市场务工，因此东部地区农民大部分采用“早出晚归”的出勤模式，家庭成员之间可以经常见面，甚至长期生活在一起。可见，处于市场中心的区位优势为东部地区农民提供了多层次且相对充足的就业机会，农民家庭成员依据其学历、年龄、技能水平等在就业市场上各得其所，家庭内部普遍形成正规就业与非正规就业的代际分工，家庭经济收入水平相对较高，家庭关系相对平和。

与东部地区相比，中西部地区的工业化进程相对滞后，县域经济普遍不发达，因此中西部地区的农民面临的是外地市场，他们需要通过跨区域流动的方式到东部发达地区务工。与东部农民家庭拥有的本地市场务工优势相比，中西部地区农民在就业市场上处于相对劣势，主要体现在三个方面。一是务工机会有限，农民家庭只有部分劳动力能进入市场务工。一般而言，中西部农民家庭通常是年轻的子代夫妻到东部发达地区城市务工，而中老年父代则留守农村务农并兼顾照料孙辈，农民家庭收入包括务工收入和务农收入两部分。年轻子代夫妻外出务工的收入可部分积攒起来，用于家庭的大项开支；中老年父代在村务农的收入大多只能维持祖孙两代人在村的基本生活，务农收入结余较少。二是务工时间不稳定，务工周期相对较短。中西部地区的农民距离务工市场较远，且很多农民未来还有返回家乡的预期，他们既要进入城市打工挣钱，也要尽可能维系家乡的社会关系网络，因此中西部地区外出务工的农民要经常往返于务工地与家乡之间，这在一定程度上压缩了其进入市场务工的时间。笔者调研发现，中西部地区的农民一年务工时间较少能达到300天以上，远远低于东部地区农民的务工时间。三是家庭成员的空间分离。处于市场边缘的位置使得中西部大部分农民家庭都要面临代际、亲子之间甚至是夫妻之间的空间分离，农民家庭结构包括祖孙两代人构成的“留守家庭”和年轻夫妻组成的“流动家庭”两部分，家庭成员通常只能在春节时相聚。中西部地区大部分农民家庭都要经历破碎的家庭形态这一阶段。

第二，婚姻市场上的位置差别。随着打工经济普遍兴起和人口流动加快，农民的婚姻选择已经突破地方性婚姻市场的束缚，全国性婚姻市场渐趋成形。然而，不同地区的农民在全国性婚姻市场上的婚配机会并不均衡，东部地区农民家庭总体处于全国婚姻市场的“婚姻高地”，而中西部地区农民家庭总体处于全国婚姻市场的“婚姻洼地”[①]。婚姻市场上的位置差别进一步导致农民家庭面临差异化的婚姻成本和婚姻风险。

先来看处于“婚姻高地”的东部农民家庭的两个婚姻优势。一是婚姻成本较低，结婚比较容易。东部地区拥有经济先行发展的优势，是女性资源的净流入地，因此当地男性在全国性婚姻市

① 杨华．农村婚姻挤压的类型及其生成机制．华中农业大学学报（社会科学版），2019（4）.

场上的可选择空间较大，婚姻成本普遍较低。这些地区的彩礼数额普遍不高，较少出现“天价彩礼”的现象。同时，由于这些地区城乡一体化程度较高，因此买房也并非结婚的刚性要求。东部地区农村的男性找对象相对比较容易，他们通常优先选择本地女性结婚，如果家庭条件稍微差一些，也可以比较容易找到外地女性结婚，因此东部地区农村较少有男性打光棍儿的现象。二是婚姻风险较低，婚姻较稳定。由于家庭经济收入普遍较高，且夫妻空间分离的情况较少，因此东部地区农民家庭的婚姻总体比较稳定，离婚或跑婚的现象不多。

与之相比，处于“婚姻洼地”的中西部农民家庭则面临以下两个婚姻劣势。一是婚姻成本越来越高，结婚越来越难。近年来，中西部地区的彩礼数额不断攀升，尤其是在黄淮海平原一带，彩礼普遍达到了一二十万元，同时还有婚前买房的要求。娶媳妇几乎掏空了农民家庭的所有积蓄，很多父母不惜借钱甚至贷款给儿子娶媳妇，即便如此，中西部地区仍然有很多男性面临打光棍儿的命运，一些偏远山区农村甚至出现“光棍儿成窝”的现象。二是婚姻风险较高，婚姻不稳定。中西部农民家庭有限的家庭经济收入，以及婚后夫妻之间为了外出务工挣钱可能面临阶段性分离的情况，使得夫妻之间较少情感沟通的机会，生活中许多小事都可能影响婚姻稳定，容易出现离婚或跑婚的现象。

第三，人的现代化程度差别与价值观差异。市场区位对人们的价值观念有重要影响，并进一步影响农民的家庭关系状态。东部地区由于工业化和城市化进程开始较早，当地农民很早就进入市场务工，较早接触了市场化和现代化观念。因此，东部地区农民的思想观念总体比较开放，人的现代化程度较高，传统的家庭制度和家庭伦理对当地农民的约束或影响越来越少，这就使得当地农民的家庭关系相对理性，虽然仍然在日常生活中相互支持，但是代际的独立性比较强。尤其是对于当地的中老年父代而言，他们已经从传宗接代的刚性人生任务中走出，对于子代的经济支持更多是出于两代人之间的情感或爱，因此东部地区的父代在支持子代的同时仍然可以有自己相对自主和独立的生活，代际关系整体比较平和。

与之不同，中西部地区农民进入市场务工相对较晚，人的现代化程度相对较低，思想观念更为保守和传统。中西部农村的家庭关系不完全理性，代际的自主性和独立性较差。尤其是中老年父代，他们对子代仍然有很强的责任感，为儿子娶媳妇、帮忙带孙子以及帮助子代在城市立足等都构成父代的刚性人生任务。在此情况下，中西部地区农民家庭的代际关系具有一定的不确定性，父代对子代付出多，其家庭代际关系就相对和谐，反之家庭代际关系就比较紧张。

以上从就业机会、婚姻以及现代化程度和价值观三个方面勾勒了东部和中西部农民家庭面临的市场区位条件差异（见表 11-1）。下文将结合上述市场区位条件差异，进一步探究市场化背景下农民家庭关系调适的路径，揭示农村代际关系与家庭结构的东西差异。

表 11–1　东部和中西部农民家庭面临的市场区位条件差异

<table>
<tr><th>市场区位</th><th colspan="2">就业机会</th><th colspan="2">婚姻</th><th>现代化程度和价值观</th></tr>
<tr><td rowspan="3">东部：市场中心</td><td rowspan="3">本地市场</td><td>务工机会多</td><td rowspan="3">“婚姻高地”</td><td>婚姻成本低，结婚较容易</td><td rowspan="3">人的现代化程度较高，家庭关系相对理性</td></tr>
<tr><td>务工周期长</td><td rowspan="2">婚姻风险低，婚姻较稳定</td></tr>
<tr><td>家庭成员无须分离</td></tr>
<tr><td rowspan="3">中西部：市场边缘</td><td rowspan="3">外地市场</td><td>务工机会有限</td><td rowspan="3">“婚姻洼地”</td><td rowspan="2">婚姻成本高，结婚较难</td><td rowspan="3">人的现代化程度较低，家庭关系不完全理性</td></tr>
<tr><td>务工周期短</td></tr>
<tr><td>家庭成员空间分离</td><td>婚姻风险高，婚姻不稳定</td></tr>
</table>

二、东部农村的代际关系与家庭结构

东部地区农民不仅参与市场的时间更早，而且参与市场的程度也更深。本地市场务工的优势使得当地农民家庭收入来源多样化且收入水平普遍较高，婚姻市场中的优势地位进一步降低了当地农民家庭再生产的压力。因此，东部地区农民家庭面临的压力相对较小，代际关系比较和谐，代际的情感互动较为密集。同时，丰富的市场机会凸显了当地中老年父代的价值，父代对子代的经济支持能力较强，因此维系了父代在家庭中较强的话语权，且形塑了子代依附父代的家庭结构。

（一）完全城市化导向与父代主导的代际关系

在正规就业与非正规就业的代际分工模式下，东部地区农民家庭可以从本地劳动力市场获取比较丰裕的经济收入，同时，在深度参与城市经济体系的过程中，农民逐渐被城市的理念、价值、目标同化。对于当地农民而言，城市化是一个不言自明、自然而然的过程。但是，在城市经济机会和公共服务体系的辐射下，东部地区农民的城市化并不必然表现为进城买房的过程。在东部地区农村，进城买房尚未成为农民家庭经营的刚性目标，由于城乡一体化程度较高，即使在村居住，也能就近享受城市的就业机会和公共服务。所以，东部地区农民城市化的核心是人的城市化，即在价值观念、生活模式、消费方式、时间节奏等方面的城市化。这是一个渐进的过程，甚至往往需要通过代际接力的方式才能实现，这就在一定程度上缓和了农民家庭的经济压力，或者说，将压力分散到了家庭生命周期的不同阶段，增加了农民家庭在面对市场压力时的回旋空间，为家庭结构和家庭关系的调整提供了相对宽松的外部条件。

东部农村的家庭发展是通过深度融入市场的机制实现的，依托市场发展。东部农村优越的区位条件为农民及时、充分地获取经济机会提供了便利条件，且在劳动力的市场参与过程中维系了家庭生活的完整性，避免了家庭成员在城乡之间的空间分割。相对充裕的经济收入进一步弱化了城市化的家庭发展目标给农民家庭带来的压力。家庭成员个体以不同的形式与城市劳动力市场对接，从而获得自主、可支配的经济收入。子代有自己的工作，可以专注于小家庭的经营；父代也可以比较从容地投入不同类型的工作，获取经济收入。因此，两代人虽然面向劳动力市场形成了正规就业与非正规就业的分工，却并没有产生强大的、刚性的代际合力，而相对独立，存在着比较清晰的责任边界。但是，这并不意味着东部地区农民家庭代际关系处于一种疏离状态。

在东部农村，子代的正规就业偏好并不必然带来高经济收入，或者说，子代参与劳动力市场的目的并不是实现经济收入的最大化。经济收入固然越高越好，却不能影响他们的生活体验，这意味着尽量少加班、有周末、在舒适的室内空间工作等。如果自己的主观条件无法匹配高收入的正规就业岗位，那么，收入低一些也是可以接受的。例如，在东部地区农村，基层村级组织通常招聘大量办事人员，且为职员缴纳社保，这些工作岗位虽然工资较低（一般接近当地的最低工资水平），却非常受当地年轻人欢迎。从笔者在东部农村田野调查时观察到的情况看，由于年轻人自己的生活消费支出比较多，子代家庭的经济收入总体上处于紧张状态，应付日常开支尚可，但通常难以应对一些大笔的家庭经济开支，如买车、购房。可见，东部农村的年轻人已经高度趋近于城市高消费的生活模式，而他们自身的能力禀赋还不太能与之匹配，这就导致了子代家庭的脆弱性。

与子代的正规就业不同，东部农村父代的经济收入主要依靠非正规就业，但这并不意味着父代的收入一定低于子代。在苏南地区，父代身兼数职是一种普遍现象，虽然单一的某份工作收入不高，但几项收入加起来却并不低。在珠三角地区，父代除了一些打工收入之外，通常还有或多或少的房租收入，经济收入通常也比较可观。父代收入较多，但消费有限，从而产生了较多的经济剩余。东部农村父代较高的经济收入维持了其在代际互动中自主独立的地位，他们不太需要子代的经济支持，更重要的是，东部地区地方政府往往能够为当地老年人提供比较可靠的保障，这进一步降低了父代对于子代养老的预期，父代因而在家庭关系中具有较大的自由度。而且，由于大部分年轻子代家庭可能面临“入不敷出”的状况，父代常常会给予子代力所能及的支持，例如，赞助子代买车、买房或购买其他大件家具。此外，在日常生活中，子代开车到父母家里吃饭也是比较普遍的现象，这实际上是子代把日常消费支出转移给了父代。

在以上关于代际双方经济地位的分析中，父代偏重于积累的经济取向与子代偏重于消费的生活取向产生了鲜明的反差，从而在客观上形成了父代支持子代、子代依附父代的代际关系。对于父代而言，是否支持子代以及在多大程度上支持子代，主要取决于自己的意愿和能力。因此，对子代的支持并非父代刚性的人生任务。在东部农村的区位条件下，农民参与市场化的程度较深，农民理性化程度较高，且相对充裕的经济机会弱化了家庭发展的压力。同时，东部农村的经济区位优势进一步转化为婚姻市场中的区位优势，年轻男性的婚配难度较小，父代无须为子代婚配问题过多操心。而且，在城市价值观念的影响下，即使子代未能顺利实现婚配目标，父代也不太会面临太大的社会舆论压力或产生自责。可见，东部农村的“啃老”现象，父代并不完全是被动的，在某种意义上是父代主动迎合的结果。对于父代而言，在力所能及的范围内支持子代，不仅是情感表达和情感互动的重要方式，而且再生产了父代在代际互动中的主导地位，重塑了他们在家庭中的权威。

例如，当前苏南农村普遍出现了“并家”的婚姻模式[①]。在当地的风俗习惯中，“并家”是指“两家并一家”。在这种模式下，男方家庭和女方家庭的父母共同支持子代家庭，其中一项重要内容即经济资源的支持。但是，这种支持是有条件的，其直接的体现是孙代的“冠名权”。由于子代大多是独生子女，男女双方父母都希望能够有孙代来承继血脉。年轻子代由于离不开父代在经济资源、小孩抚育等方面的支持，常常会顺从父代的意愿，

① 郭亮．保护财产还是保护家庭？：富裕农村地区的婚姻家庭新模式．文化纵横，2021（3）.

生育两个小孩以满足双方父代的要求。可见，当地的父代依然具有影响子代生育决策的能力。类似的情况也见于珠三角地区。与苏南地区略有不同的是，珠三角地区的父代除了自己的务工收入之外，通常还掌握着房租、集体分红等土地财产性收入，形成了具有地方特色的“半工半租”的家计模式[①]。总体来看，东部地区农村家庭的父代不仅收入较高，而且对于家庭财产性收入的支配权较高，这塑造了父代在代际关系中的主导性地位，年轻子代不得不较多地依赖父代家庭。

（二）子代依附父代的家庭结构

东部地区农民家庭非正规就业与正规就业的代际分工是在面向市场的过程中展开的，市场化虽然凸显了父代与子代自身禀赋的经济价值，却并没有将代际关系的变迁导向单一的离散化的方向，而是形成了子代依附父代的家庭结构。

从形式看，子代依附父代的家庭结构延续了传统家庭的权力结构。在此意义上，市场化的现代性力量既蕴含了两代人的分割，又蕴含了两代人重新联结的可能：前者体现在市场机会为中老年父代提供了丰富多样的就业方式，从而突破了有限的农业剩余的约束，为父代积攒养老钱提供了可能，这就降低了父代对于

① 陈文琼 . 地租经济、家产个体化与财产性家庭：基于东莞芳村代际关系变迁的经验分析 . 北京社会科学，2020（10）.

子代赡养的预期；后者体现在城市的现代生活观念影响了子代参与劳动力市场的偏好，不仅限制了他们的职业选择，而且使其在消费主义观念影响下难以积累资源，进而加剧了子代家庭的脆弱性。不过也需要看到，东部农村家庭子代对于父代的依附并不会带来代际的结构性紧张，代际的这种关联建立在双方明确责任边界的基础之上，因此代际互动具有比较大的回旋余地。

事实上，从东部农村家庭变迁的过程来看，在市场机会的浸润下，农民家庭代际关系的转型是一个比较平稳的过程。子代家庭挣脱了父代家庭的束缚，有了经营自己小家庭的空间，而父代则依靠多种来源的经济收入维持了在家庭中的地位。因此，东部地区家庭变迁过程中较少伴随着代际冲突。子代对父代的经济依赖和父代对子代的情感表达在上述代际互动格局中实现了统一，进而维系了依附性家庭结构的相对稳定性。在这种代际关系下，东部地区农民家庭逐渐融入城市化进程。

三、中西部农村的代际关系与家庭结构

与东部地区农民相比，中西部地区农民进入市场的时间晚，且参与市场的程度有限。中西部地区大部分农民家庭仍然采取“半工半耕”的家庭分工模式，家庭经济收入有限，同时，近年来中西部地区普遍面临婚姻成本上升和婚姻难度增加的困境，这进一步加大了农民家庭再生产的压力。通过代际合力的方式来应

对家庭发展压力是中西部地区大部分农民家庭的唯一选择，刚性的代际合作需求使得家庭代际关系比较紧张，尤其是加重了中老年父代的负担。为了支持年轻子代顺利成家和在城市立足，中老年父代不得不将自己的人生任务链条无限延长，从而形成了父代依附子代的家庭结构。

（一）不完全城市化导向与子代主导的代际关系

中西部地区农村的区位条件限制了当地农民的市场参与程度。在"半工半耕"的家计模式下，子代家庭进城务工的经济收入是维系家庭发展的重要条件，但是，"半工"的工具性导向限制了农民的城市融入。对于中西部地区农民而言，城市化当然是追求的目标，并激发了农民家庭代际关系的调适，但是，中西部地区相对偏远、边缘的区位条件限制了城市经济机会的辐射效应。农民面对的主要是市场化和城市化带来的压力，而市场化和城市化带来的经济机会需要通过跨区域流动的方式才能获得。因此，中西部地区农民面对的是市场压力凸显而本地市场机会稀缺的局面，为了应对这些压力，农民不得不采取家庭内部动员的方式。以代际分工为基础的"半工半耕"正是其家庭内部动员的重要方式。在这种模式下，中西部地区农民不得不处于频繁的城乡流动之中，从而形塑了不完全城市化导向下的家庭发展逻辑。

对于中西部地区农民而言，家庭发展主要依托家庭内部动员。随着村庄社会边界逐渐开放，城乡之间的要素流动频繁，中西部地区农村的弱势地位越来越显著，这比较明显地体现在婚姻资源、教育资源等方面。人口的城乡流动和跨区域流动促成了全国婚姻市场的形成，随着中西部农村大量年轻女性外流，一些地区年轻男性“打光棍儿”的风险显著增加，婚配压力凸显，由此助长了婚姻竞争和婚姻成本，在中西部地区产生了“婚房进城”的普遍现象。进城买房不仅是婚配的前提，而且是后续孙代教育条件的重要保证。中西部农村资源的流失也推动了教育的城镇化，优质的教育资源不断向城市集中，城乡教育资源差异增加，这进一步强化了农民进城购房的动力。可见，作为家庭经营最重要的两项任务（结婚和教育），都与城市化产生了关联，而且催生了以“进城买房”为焦点的城市化路径。所以，中西部地区的城市化包含了两个相互关联的维度：一是年轻人外出进城打工，这个“城”主要是指东部发达地区的城市；二是进城买房，这个“城”主要是指家乡的县城。这样一来，中西部地区的城市化存在着生产和生活的空间错位：在城市务工，却无法享受完整、有保障的城市服务体系；回到县城买房，却又缺乏能够在县城扎根下来的就业机会。这种不完全城市化的状态对农民家庭发展产生了较大的压力。

这种压力直接影响了子代家庭的务工逻辑。相对父代而言，年轻子代的劳动力优势更合乎城市劳动力市场的需要。为了获取更高的经济收入，子代不得不远离家乡，奔赴远方的城市。在大城市务工，子代难免被城市生活影响，希望能体验城市生活的繁华。不过，中西部地区农村的年轻人却不可能像东部地区农村年轻人一样潇洒，他们承载着家庭发展的使命，希望实现经济收入最大化，但囿于其自身禀赋（学历、技能、社会关系）的限制，他们在劳动力市场中始终处于不稳定的流动状态。换言之，追求高经济收入的目标与个人现实条件之间存在着较大的落差，因此在城市的消费体验对于他们而言主要是一种点缀，是一种短暂的释放。他们始终在个人消费欲望和家庭责任之间摇摆，而无论是其中哪一个，都是年轻子代自身不足以应付的。

在以代际分工为基础的“半工半耕”的家计模式下，年老的父代并没有脱离村庄，相对而言较少受到城市价值观念的影响和冲击，其家庭经营逻辑依然具有一定的乡土底色，一个鲜明表现是对于传统家庭中的人生任务的坚守。帮助子代成家立业，是中西部农村大多数父母最重要的人生任务。如果子代不能顺利成婚，父母难免脸上无光，认为是做父母的没有尽到责任。如果子代家庭过得不好，父母在村庄中也觉得没有面子。这样一来，子代在直接卷入市场化和城市化过程中产生的压力很容易向父代传导，父代倾向于将子代的压力内化为自己家庭经营的使命和责任。随着子代家庭面临的压力增加，父代人生任务的链条也无限延长，“死奔一辈子”成为中西部地区很多中老年父代的真实生活写照。问题是，父代不断为子代操心的行为逻辑必然影响其自身的资源积累，以至于他们无法为自身储备充裕的养老资源，这进一步加剧了父代对于子代的依附性。

（二）父代依附子代的家庭结构

中西部地区农民的城市化并不是一个自然而然的过程，家庭对外在压力的能动性回应程度决定了其家庭发展能力，从而决定了农民家庭城市化的水平。就代际双方的角色而言，中西部地区的年轻子代通常是比较积极的劳动力市场的主体，而中老年父代则是站在子代身后的支持者。可见，在中西部农村，由于经济机会缺乏，家庭发展压力凸显，农民在家庭经营的过程中形成了代际的功能性结合[①]。代际合力因而在微观上决定了农民家庭城市化的程度和水平。代际合力越强，农民家庭越能整合有限的家庭资源应对以"进城买房"为焦点的家庭发展压力。功能性结合的说法强调了代际合力作为农民应对压力的方式的策略性色彩。事实上，从改革开放以来中西部农村社会变迁的过程来看，家庭代际关系大体上经历了一个权力地位转换的过程，子代地位不断上升，而父代地位不断下降，从而形成了以子代家庭为中心、父代依附子代的家庭结构。

在父代依附子代的家庭结构中，父代对于子代的支持不再取决于父代自己的意愿，而是蕴含着比较刚性的责任伦理，并且子代大多将父代对自己的支持视为理所当然。在这种状态下，代际

① 李永萍．功能性家庭：农民家庭现代性适应的实践形态．华南农业大学学报（社会科学版），2018（2）．

双方的权责边界比较模糊。虽然代际在空间上分离，却面对城市化目标达成了比较实质的代际合作。这比较典型地体现在当前中西部地区农民对于分家的模糊认识上：一方面，认为父代与子代没有分家，因为子代家庭长期在外务工，整个家庭不再是一个日常的共同生产生活的单位，没有经历传统的那套分家流程；另一方面，也意识到，子代外出务工获得经济收入，事实上获得了自主支配其家产的权力，看似没有分家，实际上却又已经分家。代际模糊的权责边界加剧了父代对子代的依附性。因此，在中西部地区的城市化进程中，代际关系逐渐走向一种实质上高度一体化的状态。在这种合作关系中，代际双方的地位是不平等的，而且不断地再生产了代际的不平等关系，并呈现出程度不等的“代际剥削”状态[①]。

总之，在父代依附子代的家庭结构下，父代的人生任务超越了传统家庭结构对于父代角色的定位。笔者在河南农村调研时发现，当地农民有一个“死奔”的说法，意思是只要身体条件允许，就要一直劳动，燃尽自己的生命。虽然中西部地区内部存在着村庄社会结构的原初差异，在一定程度上影响了代际合力的强度，但在市场化和城市化压力之下，父代依附子代的代际合作是一个总体趋势。

① 陈锋 . 农村“代际剥削”的路径与机制 . 华南农业大学学报（社会科学版），2014（2）.

四、家庭结构的区域差异与政策启示

（一）农民家庭结构的东西差异

上文分别论述了东部地区与中西部地区的农民家庭结构和代际关系形态。面对市场化进程，无论是东部农村还是中西部农村，代际关系都呈现出了不同程度的“合”的趋势。从经验表现来看，父代对子代的支持是一种比较普遍的现象，这显然偏离了家庭现代化理论设定的离散化、核心化、小型化的家庭结构变迁逻辑，展现了中国家庭结构在现代化进程中的韧性。不过，由于市场区位条件不同，东部农村与中西部农村在代际结合的动力机制方面存在着显著的差异，并直观地体现为代际合力的强弱。东部农村父代对于子代的支持有着比较明确的边界，且始于父代的主体性。父代有经济条件，且基于自己的意愿支持子代，这为代际的情感互动提供了平台，并且父代向子代的资源让渡也进一步强化了父代在家庭中的地位和权威。所以，东部地区农民家庭代际的结合是一种情感关联，由此形塑的是张弛有度的家庭结构和比较平和的代际关系。与之不同，中西部农村父代对于子代的支持则源于家庭发展的现实压力，且这种压力附着在了父代的人生任务上，导致父代人生任务的高度刚性化，父代对于子代的支持近乎源源不断。在这种模式下，中西部地区农民家庭代际的结合更多是一种伦理关联，只是这种伦理的内核已经在家庭的现实压力下重构，父代难以退出，由此形塑了富有张力的家庭结构和比较紧张的代际关系。农村代际关系与家庭结构的东西差异见表 11-2 所示。

表 11-2　农村代际关系与家庭结构的东西差异

市场区位	代际关系		家庭结构
东部农村	父代主导的代际关系	代际的自主性较强	子代依附父代的家庭结构
		代际关系比较平和	
中西部农村	子代主导的代际关系	代际的自主性较弱	父代依附子代的家庭结构
		代际关系比较紧张	

农民家庭结构的东西差异展现了中国家庭变迁路径的复杂性。市场力量对于家庭的影响并不是自动发生的，家庭市场化转型还依赖于家庭自身的回应能力与回应方式。这既与家庭的传统伦理底蕴有关，也与家庭所处的区位条件有关。农民所处的区位条件反映了市场力量分布的非均质特征，它不仅设定了农民进入劳动力市场的初始条件，而且决定了农民家庭经营的目标。在乡土传统趋于弱化的背景下，农民家庭所处的区位条件对于家庭结构的影响日益显著，从而构成了理解家庭结构区域特征的重要维度。

（二）家庭政策的区域定位

农民家庭的市场化转型是一个自发的过程，无论是市场力量带来的机会，还是其中伴随的风险和压力，都激发了农民家庭的能动回应。然而，在回应市场力量的过程中，农民家庭的自发适应难免会产生一些特定的家庭问题。家庭结构的区域差异的视角提供了在具体时空条件下理解农民家庭问题并定位农民家庭政策的重要框架，为转型期农民家庭问题的具体分析和具体解决奠定了基础。

从上文分析中可以发现，东部农村的家庭发展过程较多利用了市场中心地带溢出的经济机会，家庭结构变迁的过程中较少震荡，比较稳健。东部农村的父代家庭在代际互动中维持了相对自主的生活模式，不容易陷入困境，反倒是子代家庭在这种优势条件下容易陷入活力不足的状态，这对于家庭长远发展而言是不利的。对此，东部农村家庭政策比较紧迫的方向是推进发展型家庭政策，通过人力资本的培育，为子代家庭更积极、更充分地接应市场力量创造条件。

相对于东部农村而言，中西部农村家庭转型伴随着较大的阵痛。父代过多地支持子代，不仅容易模糊子代对于家庭发展压力的感知，而且容易消解父代家庭自身的经济基础，为养老危机的生成埋下伏笔。从中西部农村的情况看，父代支持子代的力度越大，父代在家庭中的地位往往越低，越没有话语权，甚至连他们的闲暇生活的正当性都成为问题。总之，中西部地区农民家庭发展压力过多地转移到父代，父代背负的压力导致他们可能陷入家庭转型的伦理陷阱。对此，中西部地区的农民家庭政策须注重平衡代际关系，尤其应当以老年人为切口，纾解他们面对的压力。此外，还应该正视中西部农村的现实，侧重于从社会、文化等层面丰富农民生活，避免农民过度地卷入不完全城市化的浪潮之中。

第12章 东西差异与农村婚配问题

一、问题意识与理论逻辑

关于农村光棍儿的形成，学界通常根据性别结构失衡的婚姻挤压框架来加以解释。在这一框架下，人们认为，之所以出现光棍儿，是因为女性人口少了，而男性人口多了，这既包括总体意义上的人口性别结构失衡，也包括适婚年龄区间中性别结构的失衡，更为常见的强调重点是出生人口性别结构的失衡。无论是哪一种性别结构的失衡，都会导致适婚男子难以寻觅到适婚女子结婚。

然而，在长期的田野调查中，我们发现，并不是所有地区都遵循广义上的性别结构失衡的逻辑。现实情况是，一些性别结构失衡相对更为突出的地区如东部沿海地区农村，其男性成婚反而没有那么困难，相反，这些地区女性大龄未婚的情况较其他地区更为突出。而在中西部地区农村，尽管性别结构失衡没有东部地区那么严重，其男性成婚却比较困难，以致大龄男性未婚甚至终身未婚的情况比较突出。因此，本章的问题是，为什么在中西部地区性别比相对均衡（男女人数相当甚至女略多于男）而东部地区性别比大致失衡（男多于女）的结构性条件下，出现了中西部地区农村多光棍儿而东部地区农村多大龄未婚女性的现象？

本章试图从东西差异出发，从区域挤压的角度，结合人口普查的数据以及实地调查所获得的一手资料对这一问题进行解释。从劳动力迁移、婚姻迁移、经济分化、社会分层的角度考察可知，尽管婚姻迁移和劳动力迁移从理论上来说是“双向自由流动”的，但是，东西经济社会发展水平的差异导致中西部偏远欠发达地区成为净流出地，而东部沿海发达地区则成为净流入地。在女性资源上，东部地区对中西部地区构成严重的区域挤压，从而使得中西部地区大量男性婚配困难，东部地区则因中西部地区女性资源的注入而出现了大量大龄未婚女性婚配困难的现象。

东西差异下区域挤压的理论逻辑大致如下：首先，宏观上的东西差异主要体现在经济社会发展水平上，即东部地区发展较快而中西部地区发展较慢，进而在两者之间形成落差。其次，在这一宏观差异之下，过去四十余年来东西劳动力市场之间流动也形成落差，具体而言，中西部地区向东部沿海地区流入多，而东部地区向中西部地区流入少。再次，在劳动力迁移中，中西部地区男性和女性都可以大致相匹配地流向东部地区，并且，从理论上来说，这些流入东部地区的劳动力资源，都可以在东部地区进行婚姻匹配，因而，婚姻市场也呈现出资源从中西部地区向东部地区流入更多的现象，如此一来，劳动力流动实质上是为婚姻流动提供了资源池。最后，东西部农村的社会经济是呈梯度分化的，不同梯度之间的婚姻匹配形成了竞争。

二、劳动力市场与劳动力迁移的东西差异

改革开放以来，尤其是20世纪90年代初以来，随着人口流动尤其是劳动力流动的逐步放开，全国性的劳动力市场逐步形成[①]。随之而来的是大量农村劳动力流动，其中主要是从中西部地区农村流入东部地区城市和农村。

以中部地区的湖南和西部地区的贵州两省为例。

第六次全国人口普查数据显示：在2010年，湖南人口迁出部分，占比最高的是迁往广东省，为65.18%；其次是浙江省，为10.80%；占比第三及之后序位的省份与广东和浙江形成了巨大落差，依次是上海（3.12%）、福建（2.98%）、江苏（2.68%）。总体迁入湖南的外省人口中，占比前六位依次为湖北（19.5%）、广东（8.92%）、江西（8.27%）、贵州（6.53%）、河南（6.18%）、四川（6.05%）。从总体人口迁移的角度看，湖南人口主要迁往东部沿海省份，而人口迁入湖南的前六位的省份中，有3个是中部地区省份，有2个是西部地区省份。结合总体省际迁移人口数

---

① 贺雪峰．三大全国性市场与乡村秩序．贵州社会科学，2019（11）.

据测算，更可以发现东西之间的差异和不对称。如省际迁入湖南的约69.91万人，而省际迁出湖南的约700万人。这意味着，迁往广东省的湖南人口约456万人，而从广东迁入湖南的仅6.23万人；迁往浙江省的湖南人口约75.6万人，而从浙江迁往湖南的仅3.7万人[①]。按迁移原因划分，“务工经商”属于典型的劳动力迁移，其中，男性因这一原因迁移的占比为38.27%，女性占比为29.87%[②]。尽管我们无法区分这些数据是跨省流入还是流出，但是从前述总量数据推算看，湖南当然是劳动力向东部地区省份大量迁移的流出省，特别是，迁移人口的年龄主要是20～29岁，这毫无疑问为“婚姻迁移”提供了相当于“蓄水池”的功能。

如果说湖南省的情况大体能反映出中部地区向东部沿海地区劳动力迁移的情况，那么，贵州省的情况则可以充分说明西部地区向东部沿海地区的迁移。第六次全国人口普查数据表明：在2010年，贵州流向省外的人口是717.81万人，而流入贵州的仅有76.33万人。跨省流出的情况中，流向浙江、广东、福建、江苏、上海等五个东部沿海省市的人口占比高达83.73%，其中，往浙江的占比为34.96%，往广东的占比为33.54%，往福建的占比为8.83%。与湖南的情况相似，占比第三位及之后的情况同样存在断崖式的落差。推算人口数据，流往浙江的贵州人约251万

① 湖南省第六次全国人口普查办公室．迈向小康社会的中国人口：湖南卷．北京：中国统计出版社，2014：269-273.

② 同① 278.

人，而流往广东的贵州人约 241 万人。反之，同一时期，从浙江流入贵州的仅 3.1 万人，从广东流入的仅 1.8 万人[①]。两相比较，东西之间的差距仅从总量而言是“断崖式”的。从迁移原因看，“务工经商”这一劳动力资源流动的占比达到了 35.01%。同样，即使没有区分流入还是流出，从前述数据也不难看出，实际情况当然是人口净流出。这同样为东部沿海省份等流入地提供了婚姻资源的“蓄水池”。

更能进一步说明问题的是另外一个特点，即湖南的外来人口主要流入长株潭地区，而贵州的主要流入贵阳和遵义。如果去除这几个省域内的重要城市，其他不管是城市还是农村，几乎都是净流出状态。

实际上，从田野调查的角度来看，我们发现，不仅仅是第二、三产业中广大中西部地区的劳动力资源大量向东部地区流动，第一产业中也不乏中西部地区的劳动力向东部地区流动。早在 2009 年，笔者所在团队在浙江省奉化地区农村调查时就发现，当地农村发展苗木等农业特色产业，但是本地农民从事苗木种植一线工作的反而不多，他们大多在农业生产中雇用雇工，以每天约 120 元的工钱季节性地吸纳中西部地区农村的中青年农民到那里务工。这种现象在全国有一定的普遍性，例如上海郊区的农业

① 贵州省第六次全国人口普查办公室 . 迈向小康社会的中国人口：贵州卷 . 北京：中国统计出版社，2015：245-256.

生产，也主要依赖中西部地区农村的农业劳动力的流入，上海的学者将这种务工形式区别于二、三产业的“农民工”，专门将这种形式的劳动力流动称为“农民农”[①]。

所有这些都能充分说明，劳动力流动在东西之间存在着很大程度的不对称。即中西部地区向东部地区流入多，反过来东部地区往中西部地区流入少，两者之间的差距形成劳动力资源流动的东西鸿沟。

劳动力资源自西向东的流动，不仅为东部地区的二、三产业带来了充沛的劳动力资源，也变相地为东部地区储备了大量婚姻资源。大量在东部地区务工的中西部地区女性，因为东部地区就业机会多等多方面原因，愿意通过婚姻迁移的形式到东部地区定居生活。正是劳动力迁移这一前提的存在，支撑了婚姻市场和婚姻迁移的存在。

三、婚姻市场与婚姻迁移的东西差异

在劳动力市场形成全国性的市场的同时，全国性的婚姻市场也随之而产生。当劳动力无法自由迁徙的时候，婚姻流动具有很强的地域性，在 20 世纪 90 年代以前，不管是东部地区还是中西部地区，本地婚姻都是主要形式。在那以前，无所谓婚姻的地域

① 马流辉．“农民农”：流动农民的异地职业化．决策，2014（12）.

偏好，因为选择空间本就有限。当全国性的劳动力市场形成后，劳动力在自由流动的过程中，就自然而然地形成了婚姻的自由流动，大量跨省婚姻开始兴起。

与劳动力资源主要从西往东流动一样，婚姻市场中，也大致呈现出自西向东流动的倾向，且以中西部地区女性嫁入东部地区为主。这种迁移不仅使得东部地区承接了大量劳动力资源从而带动东部地区更加快速地发展，也为东部地区输送了大量由中西部地区嫁入的女性。虽然东西双向都有流动，但总体而言，仍是以自西向东流入为主，从而在劳动力流动的落差之外，再形成婚姻流动的落差，主要以女性流动的落差为主。因此，如果说性别结构失衡对婚姻产生了挤压，那么它并不是在某一区域内部形成的，或者说不主要是在某一区域内部形成的，而是在区域之间形成的。换言之，如果说性别结构失衡原来存在三种情况，那么，对婚姻真正产生挤压的是第四种性别结构失衡，即跨区域之间的流动失衡。

同样以中部地区的湖南省和西部地区的贵州省为例。

在湖南，2010 年第六次全国人口普查数据揭示出，乡村女性迁移人口 20～29 岁年龄段占比高达 38.17%，这无疑与婚姻迁移有很大关联[①]。根据迁移原因具体划分，湖南省2010年因为婚

---

① 湖南省第六次全国人口普查办公室 . 迈向小康社会的中国人口：湖南卷 . 北京：中国统计出版社，2014：271-272.

姻嫁娶迁移流动的女性占比为8.89%，男性占比为1.83%[①]。与前述劳动力迁移数据相似的是，这个占比没有区分跨省流出还是流入，因此，我们无法获得精确的流出数据。但是，我们可以据此推算。第一步，根据总体数据来推算，国家统计局网站公布的第六次人口普查数据中，户口登记地在湖南而现居住地在全国其他省份的共约723万人，其中，男性约401万人，女性约322万人[②]。第二步，假定流入与流出时都是8.89%的占比，那么因为婚迁而流出的湖南女性近30万人，这个数据几乎可以覆盖从外省流入湖南的全部女性的数量。第三步，我们以湖南流入广东和浙江这两个大省的情况与外省因婚姻嫁娶流入广东和浙江的情况做进一步对比说明。其中，外省因婚姻嫁娶而迁入广东的男性为1.25万人，女性为14.56万人；外省因婚姻嫁娶而迁入浙江的男性为1.34万人，女性为11.8万人。同一时期，因婚姻嫁娶迁入湖南的女性为5.08万人，男性为0.72万人；因婚姻嫁娶迁入贵州的女性为4.36万人，男性为1.48万人。通过这些数据对比，可以清楚地看出，东部地区和中西部地区之间存在显著的差异。并且，流入广东和浙江的比较均匀地分散在两省各地级市，流入湖南和贵州的则主要聚集在这些省域的中心城市，如长株潭地区

① 湖南省第六次全国人口普查办公室.迈向小康社会的中国人口：湖南卷.北京：中国统计出版社，2014：278.

② 根据《中国2010年人口普查资料》第七卷“户口登记状况”7-3、7-10部分推算，参见 http://www.stats.gov.cn/sj/pcsj/rkpc/6rp/indexch.htm。

和贵阳、遵义等。

我们在田野调查中也发现了这一差异的存在。在浙江省诸暨市某村调查时发现，自 20 世纪 90 年代至今，该村共有来自浙江省外的以中西部地区女性为主的外地媳妇 108 人，而该村 30 岁及以上仍未结婚的女性则有 64 人。在贵州省黔西南州某村调查时发现，该村有 69 例 30 岁以上的未婚男性，有 40 多例已婚男性，妻子离家后不再归来，或离婚后未能再娶，同时有大量无法统计准确数据的女性外嫁到东部地区农村或邻近的成都、重庆一带的西部区域性中心城市边缘的农村。在湖南省东北部地区某村调查时发现，户籍人口 1 000 人左右的村庄，30 岁以上的未婚男性有约 50 人，而该村历年外嫁到东部外省的女性不少于 100 人。由此可见，婚姻资源的流动在中西部地区与东部地区之间形成了非常大的落差。

四、社会分层的东西差异与婚配困难

目前的婚配困难主要表现在“大龄未婚”这个指标上。以第七次全国人口普查数据推算，2020 年 30 岁及以上的未婚男性约 3 000 万人，30 岁及以上的未婚女性约 1 000 万人[①]。约 4 000 万

① 国务院第七次全国人口普查领导小组办公室．中国人口普查年鉴：2020. 北京：中国统计出版社，2022：1318.

30 岁及以上“大龄未婚”人口婚配困难，需要给予一定的理论解释。从劳动力与婚姻资源两种形式的自西向东的迁移从而形成婚姻匹配的东西落差来看，这种局面的形成需要获得在地化的理解。从我们的调查经验来看，主要是东西部各自的经济分化与社会分层将婚姻匹配的落差长期合理化了。

为了便于从理论逻辑的角度叙述，本章并不打算运用特别具体的分层指标以及精确的分层数据来做精准论证。无论是东部地区农村，还是中西部地区农村，均可以从经济分化的角度把农民粗略地分成三个层级来进行讨论。每一个层级都有与之大致对应的婚姻消费水平，并在不同层级之间形成婚姻消费的竞争。

以当前的农户收入水平来衡量，在东部地区农村，上层农户占比约 10%，这一层级的农户家庭收入水平普遍位于当地村域或镇域内的前 10%。中间农户占比约 60%，属于庞大的中等收入农户群体。剩下约 30% 位于当地收入水平的下层。总体而言，即使是下层农户，除了极少数因为天灾人祸等不可避免的因素而接近贫困外，大多数属于温饱有余而小康不足的范围。以浙江地区部分农村为例，上层农户的年收入水平在 50 万元以上，其中不乏年收入上百万元甚至家产过亿的富裕群体。中间农户年收入普遍在 20 万～30 万元。下层农户年收入普遍在 10 万元以下。显然，在这里，我们所说的分层不具有“连续”的特征，相反，农户收入水平具有“断裂”的特征，或者说农户收入水平呈现出“堆积”的特征。

同样，在中西部地区农村，我们也可以基于经济分化而将农户粗略地划分成上中下三个层级。其上层占比仍然是比较少的，约10%，中层占比没有东部地区那么多，约50%，余者约40%都属于下层。中西部地区农村的上层农户年收入在20万元以上，中间农户年收入普遍在6万～10万元，下层农户年收入普遍在5万元以下。农户年收入在2万元以下的，基本上都属于此前精准扶贫中的建档立卡户。

需要进一步说明的是，此处所说的“农户”一般而言都是指父子两代的“代际团结户”，即我们在计算农户收入时，实际上计算的是父代的收入加子代的收入。通常而言，他们均具有“半工半耕”的特征，即子代务工或经商，父代要么全部务农，要么夫妻双方有一方务工而另一方务农。总之，能将家庭收入最大化的家庭分工模式，就是这种“代际团结户”最重要的特征。而这与通常统计学意义上的“户”是有差异的。当下乃至未来很长一段时期内，“代际团结户”都会合力应对婚姻消费竞争。

在2012年以前，婚姻消费主要体现在彩礼、“三金”、汽车等消费和建房或翻新旧房上，而在近十年尤其是2017年以来，彩礼、“三金”和汽车等消费除了标准提高外，形式基本保持不变，变化最大的则是必须在县城或至少在镇域中心购买一套商品房。

在婚姻消费竞争中，起引领作用的是上层农户，而一般标准则是由中间农户的平均水平约定俗成的，下层农户既不可能引领，也无法形成平均水平。这一点无论是对东部农村还是对中西部农村来说，都是适用的。于是，不管是在东部农村还是在中西部农村，村庄或镇域范围内，上层农民倾向于通过各种炫耀性婚姻消费来显示他们婚姻的幸福，而中间农民除了尽可能达到自己所在层级的平均水平，以尽可能顺利成婚外，还特别向往向上层流动。

就目前而言，东部地区农村彩礼普遍在20万～30万元，如浙江诸暨、上虞一带普遍在28.8万元，汽车在15万～30万元，“三金”约三四万元，住房一般是一套90到120平方米的房子，价格在150万～200万元。中西部地区农村，彩礼也在10万元以上，部分地区如江西鹰潭一带甚至在20万元以上，“三金”、汽车消费略低于东部地区，而商品房面积差不多，中西部地区县城的房价约为东部地区县城房价的50%～60%，也就是说，即使是中西部农村农户，结婚、买房的花费也得在80万～100万元。

一方面，总体而言，中国农村的婚姻匹配仍然大致遵循男高女低的梯度原则，中间农户中的女性除了在层级内部婚配外，也尝试通过婚姻进入上层，而很少愿意嫁到下层。另一方面，因为上层农户的数量本来就少，其婚姻也是相对封闭的，对中下层向上流动的需求，最多也就是打开一条“缝隙”，而非破开一个“口子”，对于他们而言，婚姻缔结除了出于爱情，还要考虑财产分割乃至转移的风险。这对于东部地区和中西部地区的农村都是适用的，差别只在于所涉金钱的数额上。

在实践中，我们看到的是东部地区“剩”下的以大龄未婚女性居多，而中西部地区则是男性比较多，其原因就在于东西之间的区域挤压。从层级来看，中西部地区的上层约接近东部地区的中层，而中西部地区的中层则接近东部地区的下层。所以，无论是劳动力资源流动还是婚姻资源流动，东部地区的下层在全国范围内就大致属于中层，而中西部地区的下层在全国范围内就属于底层了。也因此，中西部地区的中上层家庭的女性愿意嫁入东部地区的中下层家庭，这一方面缓解了东部地区下层在本地婚姻中的婚配困境，另一方面补充了东部地区中下层的女性资源，使得当地中下层中女性“过剩”，这也是为什么东部地区大龄未婚女性比较多。当然，如此一来，中西部地区位于全国底层的家庭，其男性婚配就会非常困难了，这也是为什么当前中西部地区农村多光棍儿[①]。

从理论意义来看，本章所讨论的这一东西差异视角下的区域挤压机制，对于更为深刻地理解当前我国农村婚配困难问题的形成具有一定的学术价值。同时，东西差异视角下从区域挤压的角度理解东部和中西部婚配困难问题的形成也具有政策意义。

在当前国家试图促进人口生育的背景下，约 4 000 万大龄未婚男女的存在，毫无疑问会对生育构成潜在的挤压。然而，要解

---

① 刘燕舞．区域挤压：理解中国男性婚配困难的一个分析框架．北京工业大学学报（社会科学版），2022（4）.

决这一问题，单纯从原有的诸如出生人口性别比失调的角度入手，其效果显然是有限的。理由在于，只要东部地区与中西部地区的区域挤压问题不能得到解决，那么，即使出生人口性别比不失衡，甚至假定女性人口会超过男性人口，其结果也不会是婚配难题的自动解决，反而会出现大龄未婚女性和大龄未婚男性同时增多的局面。只有中西部地区经济社会发展起来了，尤其是中西部地区县域内能吸纳大量本地劳动力时，东西之间的差异才会逐步缩小，女性劳动力资源才会回迁，并间接带动婚姻资源的回迁。也就是说，让当前自西向东流动的局面逐步转变为自东向西反向流动，经由一段时间后，逐步达成东西之间的相对平衡，如此一来，无论是东部地区的大龄未婚女性婚配困难问题，还是中西部地区的大龄未婚男性婚配困难问题，都会随之大幅缓解。

第13章
农民工流动与中国的区域差异

一、问题的提出与分析视角

中国式现代化是人口规模巨大的现代化，这是中国式现代化的重要特征。规模巨大的人口分布在广阔的地理区域，经过四十多年的改革开放，这些区域的经济发展发生了明显的分化，即东部沿海发达地区和中西部欠发达地区之间的分化①。这种分化深刻地影响了农村劳动力转移的方式，塑造了农村社会结构的特征。

从社会学的角度，关于农村劳动力转移的研究常聚焦于农民工群体。农民工为我国现代化作出了重大贡献。作为廉价劳动力，农民工与中国改革开放以来的基础设施大规模建设、城镇化快速发展和“世界工厂”形成紧密相关②。社会学学者观察到，

---

① 贺雪峰．东西中国：中国区域差异的经济视角．开放时代，2023（2）.

② 李培林，等．大变革：农民工与中产阶层．北京：中国社会科学出版社，2019：6.

作出如此大贡献的农民工，其职业地位和收入水平却相对较低，迟迟没有融入城镇社会。对此，一个主要的解释是，农民工是一个“身份阶层”，农民工具有特定的社会身份与制度身份。不过这种解释很容易滑入西方“身份政治”理论的陷阱。有学者甚至激烈地批评“农民工”这个概念，试图摆脱“农民工”概念的“束缚”，转而引入西方社会科学的概念，最为典型的做法是用“移民”“新市民”概念来替换“农民工”[①]。

“身份政治”是西方学术界的一个命题。这一命题指出在社会结构中出现了有强烈“身份”标识的群体，他们的社会意识反映到了政治生活中。比如，在美国影响政治的权重最大的因素是种族。在现代化进程中，常会出现新的社会阶层，影响政治稳定的实现[②]。福山认为当代政治的核心议题从阶层转向了身份，注重讨论身份认同意义上的“族群”的政治。他是要以此来解释全球崛起的民族主义、宗教极端主义以及各种身份群体参与政治的现象[③]。国内有学者认为农民工问题反映了我国独特的“身份政治”，其形成机制就是农民工和城市市民阶层的身份差异，改革开放初期体现在二元劳动力市场上，而今体现在大城市带有身份

---

① 俞可平．新移民运动、公民身份与制度变迁：对改革开放以来大规模农民工进城的一种政治学解释．经济社会体制比较，2010（1）．

② 房宁．亚洲政治发展比较研究的理论性发现．中国社会科学，2014（2）．

③ 福山．身份政治：对尊严与认同的渴求．刘芳，译．北京：中译出版社，2021：3．

性的“公共服务配置”的制度安排上。还有一些学者认为农民工享有并不完整的“财产权”，形成了一种制度性排斥。这些认识是不符合实际经验的，已有学者从理论上进行了批评。“身份政治”具有特定的经验语境，将农民工纳入西方的“身份政治”范畴来研究非常不妥[①]。“身份政治”基于一些社会边缘群体强烈且明确的自我身份认同，没有自我认同感的身份议题不应归为“身份政治”。甘阳从中国本土的政治传统出发，反对动辄引用西方理论把社会分为各个对立的阶层的做法。他提出，对西方流行的种种所谓理论，无论是左翼的还是右翼的，我们都必须批判地加以检讨，而不应随便拿来就套[②]。

一些经验研究学者意识到农民工并不是一个固定不变的群体，农民工和农民一样，正在发生巨大的分化，主要表现在两个方面。其一是代际分化。代际分化是历史性地发生的，因经济持续发展赋予新生代农民工（农二代）更多机会而被推动。新生代农民工更具有“市民化”的能力与意愿[③]。新世纪以来，农民外出务工的逻辑发生了改变，农民工从剩余劳动力、流动人口日益成为倾向于

① 吴理财 . 身份政治：意涵及批评 . 云南大学学报（社会科学版），2022（4）.

② 甘阳 . 中国道路：三十年与六十年 . 读书，2007（6）.

③ 王春光 . 新生代农民工城市融入进程及问题的社会学分析 . 青年探索，2010（3）.

定居城市的“新市民”“新移民”[①]。其二是其他分化，包括收入分化、职业分化、市民化程度分化等[②]。这些分化都是相互关联的，其中职业分化是基础。农民工流入市场经济的各阶层，有的成为企业主、个体户，还有的成为种田大户。因此农民工的身份并不具有“本质性”，户籍身份并不是农民工职业地位相对低的原因。

已有的关于农民工分化的研究有一定的基础，不足之处是缺乏把农民工分化和区域分化联系起来的视角。在代际分化中，农二代有更强的“市民化”能力和意愿，农二代的职业地位也比老一代农民工高，户籍身份发挥的作用越来越小。但是，需回答的是：哪一部分农民工依然具有传统农民工的核心特征，哪一部分农民工已经不再属于农民工了？已有的代际分化、职业分化框架有一定的解释力，然而这种解释需要进一步细化，吸纳宏观视角，便于认识中国乡村社会整体的结构性特征。

从我们的调研来看，在20世纪八九十年代，东部地区和中西部地区的农民工还属于一个阶层，而经历了四十余年的不均衡的经济社会发展，不同区域农村转移劳动力与农民工的关系已然

---

① 孙中伟，刘林平．中国农民工问题与研究四十年：从“剩余劳动力”到“城市新移民”．学术月刊，2018（11）.

② 参见唐灿，冯小双．论流动农民的二次分化：以“河南村”为例．中国党政干部论坛，2002（7）；宋国恺．农民工分化视角下的城市社会融合阶段划分研究．福建论坛（人文社会科学版），2016（1）；何伟．经济发展、劳动力市场转型与农民工分化．经济学动态，2021（3）.

不同，区域视角更具解释力。调查发现，沿海发达地区农村或大城市郊区的农村转移劳动力已经不能再用“农民工”概念去概括，而是成为“新市民”。而在广大的中西部地区农村，这些农村转移劳动力仍然保持农民工的特征，大多数农二代也不例外。因此，在农民工集中流入的东部发达地区，其社会内部就形成了两类完全不同的转移劳动力：一类是发达地区本地农村转移的劳动力，他们在客观上与主观上都成为“新市民”；另一类是流入的外来农村劳动力，他们仍然符合农民工的统计定义和社会学定义，而且他们自己也认同这一身份。这种对农民工的自我认同并不是制度性的身份所致，而是其客观的经济社会地位所致。

本章借用各类统计资料与实地调研资料，分析区域差异背景下作为一个典型的社会阶层的农民工的基本内涵、发展状况以及在快速城镇化背景下的境遇，并在章末总结区域差异研究视角的优势。

二、农民工的概念和分化

农民工是非常重要的一个社会阶层，是具有特定经验含义的[①]，

① 2006 年，《国务院关于解决农民工问题的若干意见》这一重要政策文件指出：“农民工是我国改革开放和工业化、城镇化进程中涌现的一支新型劳动大军。他们户籍仍在农村，主要从事非农产业，有的在农闲季节外出务工、亦工亦农，流动性强，有的长期在城市就业，已成为产业工人的重要组成部分。”应该说，这在当时是比较精准的定义。

也是作为理想类型概念出现的。从历史来看，农民工最早在沿海农村工业化地区出现，他们是当地乡镇企业的工人，离土不离乡，相对于城镇体制内非农劳动者，他们是体制外的农民工。关于农民工，陆学艺早期给出了一个基本界定：户籍在农村，身份还是农民，从事非农产业，全部或大部分收入来自二、三产业；和城市正式职工相比，他们不享受平价商品粮，不享受各类社会保障待遇，工作也没有体制性保障[①]。

随着工业化日益发展，农村劳动力转移规模越来越大，中西部地区农村劳动力也流动起来，形成了“民工潮”的主要部分，成了学界关注的重点。到了2000年之后，全国统一的劳动力市场基本形成，农村青壮年大多被卷入劳动力市场，成了农民工。同时，伴随区域差异的加大，不同区域农村转移劳动力的流动模式具有明显的差异。总体来看，东部沿海发达地区农村成为城市化的一部分，农村劳动力转移充分，社会保障比较健全，当地农民工较早地成了“新市民”，不再是农民工阶层的一部分，或者说，经过了几十年经济发展和劳动力转移，东部已经不存在农民工的经验基础了，虽然按照国家统计局的界定，这些农民身份的非农就业者依然被称为“农民工”[②]。实地调研也显示，在东部沿

① 陆学艺.重新认识农民问题：十年来中国农民的变化.社会学研究，1989（6）.

② 按照国家统计局《农民工监测调查报告》的说明，农民工指户籍仍在农村，年内在本地从事非农产业或外出从业6个月及以上的劳动者。

海发达地区，当地农民视角中的农民工有特定的含义，主要和从事职业与社会地位有关，而和户籍身份无关，显示了中国农村发展的区域差异。

农民工具有很强的社会阶层内涵。社会学研究一般把农民工视为蓝领劳动力的一部分，是蓝领工人中的大多数[①]。如李培林等人的著作《大变革》，其副标题就是“农民工和中产阶层”，其认为农民工和中产阶层有本质区别，是“跨入工业文明的庄稼人，是一群普普通通的打工者”[②]。按照房宁的分析，当前我国社会有“三老”“三新”六大阶层，“三老”是干部、国企职工、在乡农民（主要从事农业工作），“三新”是私营企业主、白领和农民工[③]。前者是体制内的，后者则是体制外的；各个阶层内部也存在分化分层的状况，然而大体上可以视为一个阶层。从其社会分层框架来看，农民工阶层依赖体制外的二、三产业的劳动力市场获得收入，在经济收入和社会地位上，他们低于私营企业主和白领中产阶层。房宁以体制内外以及收入和社会地位高低客观而准

---

① 作为我国就业市场的主要组成部分，蓝领劳动者群体是指第二、三产业的产业工人。从规模和结构看，2021 年我国蓝领劳动者群体规模达 4 亿人以上，占二、三产业就业人口的 69.4%，在我国 7.47 亿就业人口中占比超过 53%。参见刘建超.《中国蓝领群体就业研究报告》发布：直播招聘成蓝领群体求职新途径.（2022-12-27）. http://www.jjckb.cn/2022-12/27/c_1310686626.htm.

② 李培林，等.大变革：农民工和中产阶层.北京：中国社会科学出版社，2019：2.

③ 房宁.当代中国社会结构的政治“病理学”研究.文化纵横，2022（4）.

确地界定了当前农民工的阶层地位。

也就是说，当前统计意义上的农民工已经分化到社会各个阶层。一部分农村转移劳动力曾经是农民工，当前却摆脱了农民工的束缚，成了私营企业主或白领中产阶层的一员。但农民工的这种流动具有很强的区域特征。

比较集中的转变发生在沿海发达地区，如江浙沿海一带的农村。经历了四十余年改革开放，这些地区的农村基本融入发达的工业化、城镇化体系中。该地区吸纳了大规模的外来流动人口，本地农村转移劳动力充分，融入城镇程度高，已经不再是农民工。当然，他们也并非都成了大都市里高收入的白领，而是多数进入城镇低端白领行列。在当地，农村劳动力大多在本地就业，从事的工作的性质和外地流入农民工相比已经有很大的差异，因此他们的身份认同和外地农民工不同。他们是市民化的职工群体，其职业是缴纳城镇社会保险的，周末休息，一般不涉及体力或半体力劳动。在浙江象山，虽然当地农村劳动力仍然有很大比例从事建筑业，但他们并不直接从事建筑施工劳动，而多占据建筑业的中高端就业岗位，比如包工头、技术人员。调研发现，当地 60 岁以上的建筑业技术人员占有一定比例，年收入通常为十几万元。

和“农民工”类似的概念是“剩余劳动力”“流动人口”“新市民”等，这些概念都难以体现农民工的复杂特征。直到今天，“农民工”这个概念仍比较精准地概括了当前中西部地区农村转移劳动力的独特特征，他们具有农民身份，又是地位不高的蓝领劳动力，具有双重身份属性。因此“农民工”这个概念仍然具有重要的经验意义。在乡镇企业时代，农民工是“亦工亦农”的，他们既是工人，有工作的时候到乡镇企业打工，又是农民，等到农忙的时候回到农村务农。后来社会分工日益发达，家庭依靠代际分工就可以完成农业生产，务工专业化、长期化了。快速城镇化背景下，农民工多了“亦城亦乡”的属性，他们既可以在城市务工定居，也可以在年老时回到农村。因此，国家既要保护农民工在城市的就业、社保、工资等权益，又要保护农民工作为集体经济组织成员在农村耕地承包等方面具有的权益。如果没有“农民工”的概念及相关的理论，国家将难以制定出精准的政策。

“剩余劳动力”又被称为“富余劳动力”，这是发展经济学论证发展中国家经济增长规律时使用的重要概念。改革开放之后，农村实行家庭承包制，家庭成了劳动力安排的基本单位，人民公社时期产生的农村剩余劳动力开始显现出来。目前中国农村依然存在剩余劳动力，农业现代化越是进步，农村剩余劳动力就越多，这是约束农民工职业转变的一个基本结构。

“流动人口”是官方最常使用的一个概念，“流动人口”和“定居人口”是一对概念。在现代化过程中，人口高度流动是一个重要的特征。第七次全国人口普查数据显示，跨县级单位流动人口规模达到 3.76 亿人，其中跨省流动有 1.2 亿人。流动人口的主体部分是农民工，但流动人口本身并不是农民工，难以表达农民工的双重身份特征。

“新市民”这个概念蕴含了比较高的价值预设，表明学者及地方政府对农民工角色转变的期待。后来，新市民又被称为“新移民”“农业转移人口”等，强调农民工经济社会地位及其迁移意愿的根本改变。但是从总体来看，当前大多数农民工即使有成为“新市民”的意愿，他们的职业地位也并没有突破农民工的束缚，他们的身份认同也仍然是农民工。

三、当代农民工群体的状况

基于农民工的重要经济社会意义，国家统计部门提供了丰富的、公开的、连续的统计资料，特别是国家统计局从 2009 年开始连续发布《农民工监测调查报告》，为政策制定者准确判断国情农情提供了基础性的资料。这些总体数据表明，农民工规模在增加，收入在提升，城镇融入能力不断提升，但仍是中低收入阶层，仍然符合中国本土理想类型意义上的农民工的内涵。即使中西部地区农二代——主要是新生代农民工——和老一代农民工有所差别，但从阶层的角度看，他们之间的相似性更大，和东部沿海发达地区完全市民化的农二代则完全不同。在论证过程中，本章将结合实地调研的案例来解释这种区域差异何以形成。

（一）农民工的跨区域流动

跨区域流动是中西部农民工流动的重要特征。早期农民工流动规模小，按照陆学艺的估计，1987 年，全国有乡镇企业职工约 8 776 万人，除少数经理、厂长等管理人员外，绝大部分都是农民工，其中大部分是离土不离乡的，离土离乡的外出农民工大约有 2 000 万人①。2004 年，国家统计局抽样调查推算当年外出就业农民工为 1.18 亿人（计算口径为出乡镇务工 3 个月以上），占农村劳动力的 23.8%②。目前，外出农民工还在不断增长，这里引入国家统计局发布的《2020 年农民工监测调查报告》（下文简称“《调查报告》”）③。《调查报告》显示，农民工总规模达到 28 560 万人，东部地区输出农民工 10 124 万人，占农民工总量的 35.4%，中西部地区（东北地区计入中西部）输出农民工总量的 64.6%。农民工总量中，本地农民工 11 601 万人，外出农民工 16 959 万人。外出农民工中，省内就业的 9 907 万人，跨省流动的 7 052 万人。不同区域农民工跨省流动的人数占其外出农民工总数的比重差异较大，其中东部地区占比较低，为 15.5%，东北地区也不高，占比为 28.8%，中部地区的占比最高，达到 57.9%，西部地区则为 46.6%。

---

① 陆学艺 . 重新认识农民问题：十年来中国农民的变化 . 社会学研究，1989（6）.

② 韩俊 . 中国农民工战略问题研究 . 上海：上海远东出版社，2009：2-3.

③ 2020 年农民工监测调查报告 . 中国信息报，2021-05-07（2）.

焦长权根据已有的农民工监测调查数据推算出中西部地区农民工在县外务工的比例很大[①]。依据2019年数据推算，全国县域以内农民工总量约为15 492万人，占全国农民工总数的53.28%。东部地区农民工虽然规模巨大，但以本地就业为主，县域范围内就业农民工合计约7 118万人，约占东部地区农民工总量的68.34%；中西部地区县域内就业农民工总量约8 374万人，约占中西部地区农民工总量的44.87%。如果排除较高县域内就业率的东北三省数据，那么中西部地区农民工县域内就业比例会更低。

在中部地区调研时，我们发现典型县市农村青壮年劳动力出县务工的比例很大，这一点可以从人口流出率来估计。据第七次全国人口普查数据，河南省107个县，仅有三个县为人口流入状态——这三个县全部位于郑州周边，其他的县人口净流出，其中，16个县人口流出率超过30%，50个县人口流出率超过20%。"十四五"期间，随着城镇化的进一步推进，人口流出率还会进一步提高，县域范围的平均人口规模还要进一步下降。笔者所在团队在2021年进行了县域"一老一小"调查，也发现了类似现象。湖北省阳新县是一个农业人口大县，2020年，有劳动力资源65.12万人，其中外出（县外）劳动力31.42万人，省外就业的农

① 焦长权．从乡土中国到城乡中国：上半程与下半程．中国农业大学学报（社会科学版），2022（2）．

村劳动力 17.59 万人。虽然国家及地方政府鼓励农民工返乡就业创业，但真正返回家乡就业创业的青壮年劳动力比例不大。

农民工跨区域流动的发生和中西部地区县域经济不发达有关，本地农村劳动力难以在本地被吸纳，即使在本地就业，工资也较低，外出务工是理性选择，尤其是对家庭中的男性劳动力而言。中西部县域经济不发达是历史性的、结构性的，经济增长是趋于中心化的。东部沿海发达地区普遍工业化了，而中西部地区的工业化主要集中于地市一级[①]，县域大规模的工业化缺乏优势。有学者研究认为，中西部县域经济主要是消费型的，普遍没有发达的工业经济，是“去工业化”的[②]，尽管多年来县域积极招商引资，县域经济也在壮大，但仍然缩小不了和东部地区县域经济间的巨大差距。从经济地理的角度，县域经济必然是分化的，这是一个大国建设统一大市场必然会出现的局面。也因此，从经济角度划分，有两类完全不同的县域。第一，沿海县域是沿海以大城市为中心的城市经济带内在的组成部分，县域城乡范围整体工业化，经济意义上的传统乡村已经不存在了，典型如浙江义乌、江苏昆山、广东中山等地。第二，中西部大多数县域

---

① 贺雪峰．区域差异与中国城市化的未来．北京工业大学学报（社会科学版），2022（5）．

② 参见安永军．中西部县域的“去工业化”及其社会影响．文化纵横，2019（5）；朱战辉．产业转移背景下中西部县域经济发展路径．山西农业大学学报（社会科学版），2023（2）．

更多地属于乡村的一部分，是分散的，主要功能是服务乡村振兴和以大中城市为中心的经济增长，在财政上也大量依赖自上而下的转移支付。从概念上看，县域是以县城为中心、以乡村为腹地的地域空间。县城尽管居于中心区域，但实际面积相对有限，县域绝大多数空间是乡镇和村庄。县域总人口达到我国总人口的一半以上，是乡村人口主要生活区域，这是中国基层社会的底色[①]。和东部沿海发达地区不同，中西部县域常住人口城镇化率普遍不高，常住人口即使居住在城镇，其城镇化质量也不高。

（二）农民工的非正规就业

农民工在劳动力市场上一开始从事的一般是城市居民不愿意做、又累又苦又脏的职业，比如建筑工、清洁工。随着经济发展，当前农民工就业层次有一定提升，收入也在不断提高，但是整体而言农民工就业仍然是非正规的，收入水平较低，和城市典型的白领市民仍然有较大的差距。

各类数据显示，农民工主要从事建筑业、制造业、服务业，是一线劳动力，老一代农民工更多地在建筑业、制造业等行业就业，新一代农民工则优先选择服务业，其中在外卖、快递行业就

---

① 刘炳辉，熊万胜．县城：新时代中国城镇化转型升级的关键空间布局．中州学刊，2021（1）.

业的比例很大。《调查报告》显示，2020 年从事第三产业的农民工比重约为 51.5%，比上年提高 0.5 个百分点，从事第二产业的农民工比例约为48.1%。农民工以受雇就业为主[①]，也就是说，他们属于“打工人”。农民工自雇就业的典型方式是个体工商户，比如夫妻共同劳动的餐饮店、五金店、茶叶店等。有的地方有经商的传统，自雇就业比例就大些，比如在江西省安义县，夫妻外出共同开铝合金店的比例就很大。

从收入来看，2020 年，农民工月均收入 4 072 元（外出农民工的月均收入略高，为 4 549 元）。考虑到农民工年劳动时间不足 12 个月，因此农民工一年务工的总收入并不能达到 5 万元。这和城镇正式职工年均近 10 万元的收入差距仍然很大。这是由就业层次决定的，其背后是中国经济结构的特征。中国是一个人口大国，有如此多的劳动力需要就业，农民工的就业层次不高是必然的。处于较低的就业层次，农民工普遍缺乏参加社会保障的动力，这进一步扩大了农民工和城市居民的收入差距。人社部相关数据显示，2015 年年末参加城镇职工基本养老保险的农民工人数为 5 585 万人，占当年农民工总规模（27 747 万人）的 20.1%。截至 2020 年 6 月底，全国有 6 375 万农民工参加城

① 国家统计局在 2013 年发布的《农民工监测调查报告》显示，83.5% 的农民工为受雇就业；2015 年发布的《农民工监测调查报告》显示，受雇就业农民工所占比重为 83.4%。此后的《农民工监测调查报告》未显示受雇或自雇就业比例的数据，但这不影响经验的判断。

镇职工基本养老保险[①]，占当年农民工总规模（28 560 万人）的 22.3%，其中东部沿海发达地区当地农民（大多被统计为“农民工”）的参保比例很高，中西部地区农村流出的农民工参保比例不高，差异明显[②]。就目前农民工的收入水平来看，平均每个月 4 000 元工资，缴纳社保后到手大概不到 3 000 元，农民工上有老下有小，支出压力较大，有的还需要在城里买车、买房，这些收入往往难以维持他们的日常生计。

从个体角度来看，影响农民工职业选择和收入的主要因素并不是劳动力市场，也不是户籍身份，而是个体人力资本、社会资本。在实地调查中，常听农民工解释说：“学历低只能做这个（工作）。”历年农民工监测调查报告显示，农民工的平均学历水平并不高，初中学历为主。李培林组织的一个调查也佐证了这一点，农民工从事体力（工地和工厂）和半体力劳动的比例高达 64.1%，城镇职工则有 58.3% 的人从事需要专业技能的工作[③]。从东部地区的调研来看，东部地区农村转移劳动力的学历水平要高

① 人力资源社会保障部对十三届全国人大三次会议第 2467 号建议的答复 .（2020-11-02）. http://www.mohrss.gov.cn/xxgk2020/fdzdgknr/zhgl/jytabl/jydf/202012/t20201231_407005.html.

② 夏柱智 . 亦城亦乡：城市化进程中的乡村突围 . 桂林：广西师范大学出版社，2022：115.

③ 李培林，田丰 . 中国新生代农民工：社会态度和行为选择 . 社会，2011（3）.

一个层次，农二代普遍拥有专科及以上学历。在浙江象山，从事建筑业的当地农民原始学历不高，但很早就有获得专业技术技能及证书的意识，在市场中不断提升技能，这有助于其在建筑工地上获得技术型、管理型的工作岗位。

个体社会资本也很重要。在技能相同的条件下，掌握社会资本的人更容易获得高层次的就业机会。农民工的求职过程受制于人力资本，也受制于社会资本，当人力资本条件相同时，社会资本的重要性便凸显出来。早期农民工外出找工作，一般是通过亲戚朋友介绍，现在这种求职方式依然是非常主流的方式。在外出经商的过程中，社会资本也同样重要。一个农民工到外地开店获得了成功，就可以把家乡的亲戚朋友带出去继续开店。浙江象山的技术型、管理型建筑工人遍布全国，就源于象山籍的建筑业企业老板、包工头遍布全国，他们会优先聘请本地有技能的建筑工人。

（三）农民工地位的代际复制

在东部沿海发达地区，农民工群体经历了一代人的发展后就迅速转变，传统的农民工已经不复存在，代之以“新市民”或“职工”群体，农二代身上很少再发现农民工的特征了。而在中西部地区，老一代农民工逐渐退场，新生代农民工已成为主体，这些农二代仍具有很强的农民工特征，他们是跨区域流动的主体，也大多从事中低端工作，收入和城市市民的差距仍然比较大。

在全国劳动力市场上，“60后”“70后”的农民工，很多还在工作，他们不断延长劳动年限。农民工的老龄化程度越来越高，这和整个社会人口老龄化程度不断提高是一致的。《调查报告》显示，全国农民工总数中，50岁以上农民工占26.4%。也就是说，每四个农民工中就有一个超过了50岁。农民工不断延长务工年限，一方面表明了农民工强烈的务工诉求，另一方面也表明了劳动力市场对中老年农民工的需求。从调查来看，建筑业中的农民工老龄化程度最高，吸纳的新生代农民工比例最小。对于老一代农民工而言，退出城镇劳动力市场，他们就在农村养老。农村养老生活成本低廉，也因和土地结合、和熟人社会结合，是有安全感的。

新一代农民工的未来是学界比较关注的。《2013年农民工监测调查报告》显示，1980年及以后出生的新生代农民工为12 528万人，占农民工总量的46.6%，占1980年及以后出生的农村从业劳动力的比重为65.5%。2020年数据显示，40岁及以下农民工占全体农民工的比例为49.4%。随着时间的推移，20世纪80年代出生的农民工也会成为中老年农民工，“90后”“00后”农民工将会占据农民工的主体。但目前的研究并没有证明更年轻的农民工摆脱了农民工的束缚。前文已经讲过，在东部沿海发达地区，本地没有形成新一代农民工，农二代就地融入城镇，实现了市民化。实地调查中，这些年轻的劳动力并不认为自己是农民工，他们和中西部地区农村的年轻劳动力不同。经济快速发展条件下，本地农二代有更充分的务工机会，也有相对高的收入，他们没有父辈那样的作为农民与农民工的经历。但由于本地就业市场不发达，流入东部发达地区的中西部新一代农民工主流的就业选择仍然是外出务工，务工机会比父辈更多，但尚未完全摆脱农民工的身份。

这里可以引入在上海调研的案例。我们在上海市奉贤区某村的调查显示，上海远郊区农民在发达的工业化和城镇化带动下，只用一代人就基本完成了“市民化”。在该村，1950 年之前出生的农民的就业经历主要是务农，可称之为“农民一代”，他们参加集体劳动，在 20 世纪 80 年代乡镇企业时代，他们失去了优势。“50 后”“60 后”“70 后”可称为“职工一代”，他们赶上了上海 20 世纪 70 年代中期开始的快速工业化。在 90 年代，当地农民家庭实现了“双职工”的充分就业，进入小城镇，到 2000 年左右，家庭目标则是进入城市中心购房。“职工一代”就是本地务工的农民工群体，其下一代“80 后”“90 后”就完全是“市民”了，他们几乎没有从事过农业生产，从小在城镇接受教育，毕业后也直接在城镇就业，和农村基本没有关系。即使在上海当地农村，农民的市民化也显然与户籍市民化关系不大。现在“80 后”“90 后”的城市市民认同看起来是自然而然的，实际上这是快速工业化背景下当地农民家庭充分进入劳动力市场奋斗的结果，上海市改革户籍制度，实行城乡一体的户口登记和公共服务配置制度，则是起到了辅助性政策工具的作用。

四、农民工的城镇融入：两种类型

社会学关于农民工的城镇融入研究，比较常见的是站在大城市的角度考察农民工社会融入的意愿与能力，发现农民工是“不融入”的，是“半城镇化”的，并把这种“不融入”视为一种制度性的“社会问题”。这种研究有强烈的价值立场，其预设是“市民化”，即农民工有强烈的意愿融入务工地，成为当地的“市民”[①]。事实上，与西方流动人口不同，中西部地区农民工在流动方式上具有独特性。农民工的城镇融入可分为两类：一是在家乡的城镇融入，农民工把务工收入带回家乡消费，形成了快速的县域城镇化，城乡关系快速变动；二是在流入地的城镇融入，此时农民工是作为劳动力角色存在的，各类“新市民”取向的政策并不能转变他们的角色。

（一）农民工在家乡：县域“半城镇化”

城镇化是国家现代化的重要标志。改革开放之后，工业化推动城镇化快速发展，到 2000 年时，城镇化率为 36.1%，第七次全国人口普查数据显示我国常住人口城镇化率接近 64%，城镇常住人口从 2000 年的 4.56 亿人增长到 2020 年的 9.02 亿人。在

---

① 王道勇．农民工研究范式：主体地位与发展趋向．社会学评论，2014（4）.

我国城镇化率迅速增长的过程中，流动的农民工做出了主要贡献。户籍制度改革和新型城镇化背景下，户籍身份早已不是影响劳动力就业和城镇融入水平的主要因素。这表现为偏低的户籍城镇化率，关于这一点已经有不少学者提及。

湖北省的数据很有说服力。湖北省农民工在县城落户的积极性并不高。进城购房、享受相对便利的公共服务，和是否落户没有关联。而农业农村资源的配置，却和农村户籍身份有着密切的关系，比如宅基地分配。湖北省 2021 年统计年鉴数据显示：2020 年，湖北省 12 个主要城市的户籍城镇化率大大低于常住人口城镇化率，低 10 到 40 个百分点，且有一半城市超过 25 个百分点。

农民进城的目的地一般是家乡的县城。农民工更愿意以常住人口在县城务工或居住，保持“半城镇化”状态。原因主要有三个方面：首先，县城房价便宜，一套商品房的总价在 50 万元以内，首付只需 20 万元左右，对于农民工而言，尚在承受范围内；其次，县域社会是一个相对封闭的社会，工具性的市场关系不发达，农民工在这里有比较丰富的社会资本，居住在县城能够维持和调动这些社会资本；最后，县城离农村老家近，方便农民工兼顾城乡两头，既可以获得县城内较好的教育资源与生活的便利，又可以紧密联系乡村，保持以代际分工为基础的“半工半耕”生计模式，照料在农村生活的老年父母。

实地调查普遍发现，县域城镇化质量不高。即使进入县城购房，年轻的农民工依然难以定居县城，其家庭也因此形成“一家三制”的居住方式。“一家三制”是一种新型的家庭关系，主要的分工方式是男性劳动力在外务工，是家庭主要劳动力；女性劳动力在家乡附近县城或乡镇“陪读”，照料孩子，就近务工，是“半劳动力”；老年人留守村庄，主要从事农业生产，就近协助留守县城或乡镇的女性劳动力照料家庭，多余的收入供给在县城或乡镇居住的小家庭。它是快速城镇化背景下农民家庭结构变迁的典型特征。

在早些时候，“半城镇化”一般是作为“社会问题”被描述的。“半城镇化”表明农民工和城镇社会“不融合”，城镇社会对农民工群体经济上接纳而社会上排斥，农民工生存问题解决了，但是社会承认、身份问题没有解决。近年来越来越多的学者认识到农民工的多元选择特征，农民工并不一定要融入城镇或彻底回归乡村[①]。在城镇化进程中，农民工选择了进入县城，选择了和县城之间的“半城镇化”关系。大城市农民工是进不去的，这是由他们的就业层次和经济社会地位决定的，其背后是宏观的经济和社会分层结构。县域城镇化也是重要的城镇化。国家新型城镇化战略中，县域小城镇具有重要的地位，县城则是县域小城镇体系的中心区域。我国是一个人口庞大的国家，人口过度集中到少数大城市对经济发展、对社会稳定都不利。2022年，中共中央

① 朱战辉．城乡中国：乡村社会转型中的结构与秩序．华南农业大学学报（社会科学版），2019（1）.

办公厅、国务院办公厅印发《关于推进以县城为重要载体的城镇化建设的意见》，提出以县城为基本单元推进城乡融合发展。这是我国新型城镇化战略的重要特征，我国一直重视大中小城市和小城镇的协调发展。

（二）农民工在流入地：劳动力的城镇化

从20世纪80年代末的民工潮以来，跨区域流动的农民工融入务工地社会的水平一直较低。当然，农民工也没有感受到社会排斥。原因是，农民工尽管在一个城市务工数十年，也还是预期会回到家乡或家乡附近的县城生活。他们只是在务工地劳动赚钱，他们的收入要寄回家乡去维持家庭的生活。相对来说，进入大城市的低端白领，虽然收入较高，却由于难以获得大城市的户籍身份而进入不了主流社会，他们能强烈地感受到城市主流社会的排斥。

流入地政府主动把管控性政策转为服务性政策，也没有改变农民工融入状况。2000年之后，当城市对外来农民工有了刚性需求，城市经济社会发展需要大量农民工（尤其是沿海制造业城镇），城市地方政府对待外来农民工的政策从管控转为以服务为主。城市治理体制也日趋成熟，形成了一套针对流动人口的治理体系[①]，

① 刘炳辉．超级郡县国家：人口大流动与治理现代化．文化纵横，2018（2）．

农民工治理不仅属于治安管理部门的事务，而且涉及劳动、教育、医疗等部门。近年在浙江沿海制造业城镇调查，企业主普遍反映存在“民工荒”，制造业中小企业招工难，招来之后也不稳定。为了留住农民工，地方政府有动力为外来农民工提供公共服务。

比如，为农民工随迁子女提供教育服务。在发达地区的工业化城镇，当地政府将当地乡镇和村庄的闲置小学用于招收外来农民工子女。2021年，浙江金华蒋堂镇中心小学招收的新生中，有四分之一是农民工子弟。在浙江台州龙溪镇，政府将闲置小学校舍改造为专门的农民工子弟学校，这些学校的条件比农民工家乡的还好。2021年春节，当地政府为留在当地过年的农民工发红包。在劳动管理方面，地方政府督促企业和外来农民工签订规范的劳动合同，部分收入较高的农民工已在当地缴存社保。在浙江诸暨店口镇调查发现，地方政府很早就从社会舆论环境上营造“新店口人”的氛围，希望外地农民工认同这个新身份，长期在店口镇稳定就业，参与工业强镇的建设。类似的还有“新北京人”“新上海人”“新杭州人”，这些都体现了社会舆论环境的改变，希望农民工摆脱外来人口的标签身份，从心理上融入流入地。

不过，这并不能从根本上改变大多数农民工的身份认同。对于农民工而言，他们就是来打工、来赚钱的，在打工地既买不起房，又没有社会关系，心理上仍然归属家乡。如上文所述，他们要进城购房，其购房位置也一般在家乡附近县城。

关于农民工的“不融入”，有学者换了一个角度，研究农民工建立的依托家乡血缘地缘基础的社会关系网络。即农民工在城镇务工，也并不是处于社会交往孤岛，他们倾向于复制原来的社会关系网络。这种研究的优势是客观地描述农民工的社会关系网络，并从农民工的角度理解这种关系网络的意涵，解释农民工在城市的生存发展机制。比较典型的研究是社会学学者项飚发现农民工在城市聚集形成的“浙江村”现象，他们聚集在城市的某一个区域，形成了熟人社会的关系，再生产了农村社会关系。吴重庆则发现了“同乡同业”现象[①]。在外出务工过程中，这些社会关系网络非常重要，也是地方政府做好农民工工作的重要资源。

笔者于 2016 年在浙江台州龙溪镇调查，这个乡镇 2016 年时聚集着 5 000 名以上的来自湖北蕲春县农村的农民工，他们居住在当地工厂宿舍和农村出租房中，形成了自己的社会关系网络。这个社会关系网络有一定的行动能力，需要引导利用。当地政府为此建立了农民工党建工作站，把流动人口中的党员组织起来。党建工作站由积极分子詹某负责，他原来是民办教师，来到该镇打工。党建工作站发挥了很大的作用，主要是利用闲暇时间组织农民工党员开展政治学习，协助处理农民工之间的矛盾，也维护农民工权利，协调提供随迁子女服务、就业服务、社保服务等。党建工作站还组织农民工举办一些公共文娱活动，丰富农民工的

① 吴重庆．“同乡同业”：“社会经济”或“低端全国化”?. 南京农业大学学报（社会科学版），2020（5）.

业余生活。

在区域差异视角下，本章的基本结论是：东部地区经济发达，农民工问题或者说农民工市民化的问题较早地得到了解决，而从全国范围来看，经济还不够发达，农民工问题的解决还需要很长的一段时间，而且中西部地区短期内不太可能复制东部发达地区的经济发展经验，农民工问题仍然要延续较长的一段时间。解决农民工问题不能着急，要分阶段、分步骤，在发展中解决发展过程的问题。

农民工是改革开放的产物，也是中国式现代化的重要成果。改革开放初期，农民工的状况曾经受到身份因素的影响，在户籍制度改革和新型城镇化条件下，身份因素的影响已经很弱了。农民工是相对弱势的劳动力群体，国家和社会各界都很关心农民工的前途命运。从历史来看，最近十多年是农民工收入增长最快的时期。未来中国经济还会增长，产业正在快速升级，可以预见的是，农民工收入还要不断增长。未来中国产业升级成功，完成了现代化，多数农民工才能完成蜕变，获得完全融入城镇的机会。

也就是说，过去农民工大规模流入二、三产业，打破传统农业社会的困境，依靠的是现代化不断发展，未来农民工提高收入、提高职业地位，从贫困到小康再到实现“共同富裕”、获得更高水平的收入，也是依靠现代化不断发展。在这个过程中，农民工规模将会持续保持高位，中国特色的农民工的制度安排要保持稳定。要坚持全国统一的劳动力市场，这是我国社会主义市场经济体制建设的重要成果。要不断完善城镇公共服务供给的均衡化，协调推动大中城市和小城镇共同发展，使得农民工在县域小城镇也能享受到现代公共服务，而不是一味地把农民工推向大中城市。同时在农村土地制度改革实践中保持审慎稳妥，发挥中国特色城镇化的制度优势。正如习近平总书记所强调的，“全面建设社会主义现代化国家是一个长期过程，农民在城里没有彻底扎根之前，不要急着断了他们在农村的后路，让农民在城乡间可进可退。这就是中国城镇化道路的特色，也是我们应对风险挑战的回旋余地和特殊优势”[①]。

---

① 习近平．论“三农”工作．北京：中央文献出版社，2022：4-5.

第四篇

治理篇

第14章

农村集体经济实践类型的区域差异

一、城乡关系与农村定位的区域差异

在中国，城市与农村的实践性互动呈现双向性：首先是由农村流向城市的“劳动力”，即代表农村人力资本的农民向城市经济带流入，农村劳动力要素在城市非农就业的稳定程度直接影响集体成员与集体土地的关系；其次是由城市流向农村的工商资本，即代表城市发展力量的工商资本在不同阶段依据不同政策持续下乡，工商资本与农村集体土地要素结合的方式和程度直接影响集体成员与集体收益的关系。这些结构性力量成为形塑不同地区农村集体经济发展路径的关键变量。以城市经济带为中心，根据市场半径的大小，可将全国大致划分为三类地区：市场中心区域、半市场中心区域和非市场中心区域[①]。本章借用市场半径

① 贺雪峰．半市场中心与农民收入区域差异．北京工业大学学报（社会科学版），2020（4）.

这一分析工具，提出以下结论：以东部地区城市经济带为中心、在市场半径不断向外扩展中形成了中国农村“差序格局”（见图14-1）。具体来说，一是被城市经济带直接覆盖的“中心农村”（A），二是受城市经济带直接辐射的“腹地农村”（B），三是远离城市经济带但受到其间接辐射的“边远农村”（C）。

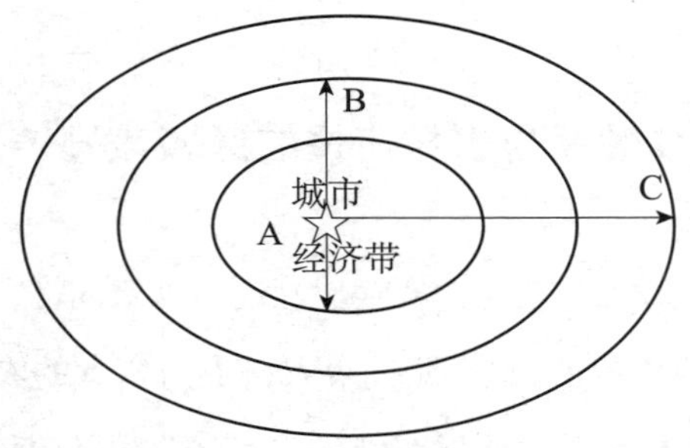

图 14-1 以城市经济带为中心的中国农村“差序格局”

A、B、C 三类农村最为突出的差异体现在地理位置与区位优势方面，但其深层次的差异体现在城乡关系方面。其中，A 属于市场中心区域，代表被城市经济带包围的“中心农村”，属于土地要素资本化程度高和劳动力要素市场化程度高的“双高型”农村，由城乡融合程度最高的紧密型城乡关系支配；B 处于半市场中心区域内，代表在城市经济带之外但受到其直接辐射的“腹地农村”，属于土地要素资本化程度低但劳动力要素市场化程度高的“高低型”农村，由城乡融合程度次之的过渡型城乡关系主导；C 处于非市场中心区域内，代表远离城市经济带但受到其间接辐射的“边远农村”，属于土地要素资本化程度低和劳动力要素市场化程度低的“双低型”农村，由城乡融合程度最低的松散型城乡关系制约。

事实上，不同类型城乡关系所蕴含的资本、土地和劳动力三大要素的互动逻辑中隐含着农村集体经济在不同“场域”中所具备的支持（或约束）条件、发展机会（或风险）与效益的不同侧重点。鉴于此，本章以农村集体经济的“场域核心变量”——集体土地资本化程度为横轴（x 轴），以“场域增长变量”——劳动力市场化程度为纵轴（y 轴）。在由 x 轴和 y 轴组成的直角坐标系中，可建构三种不同类型的农村集体经济：“中心农村”由紧密型城乡关系支配的分配型集体经济、“腹地农村”由过渡型城乡关系主导的中介型集体经济和“边远农村”由松散型城乡关系制约的社会型集体经济（见图 14-2）。

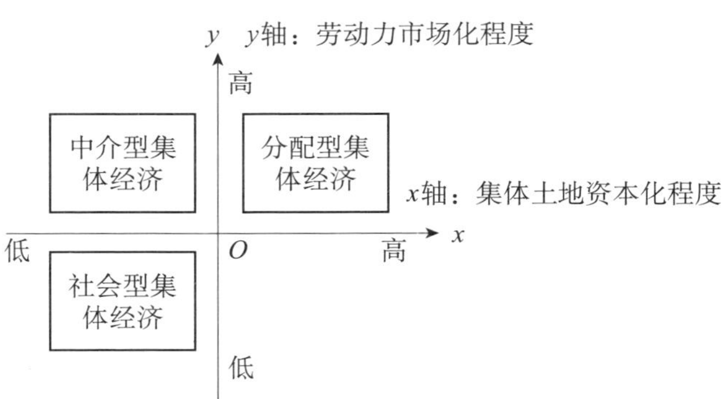

图 14-2　不同类型农村集体经济的变量关系

二、不同类型农村集体经济的运行机制分析

（一）市场中心区域的“中心农村”：分配型集体经济

1. 发展机会：顺应工商资本下乡

紧密型城乡关系是指城市凭借强大的经济实力对其周边农村的要素形成支配性配置作用，具体表现在三个方面：

一是对本地农村劳动力流动的影响。本地农民离土不离乡，其家庭成员在短期内快速实现全员且稳定的就近非农就业。改革开放以来，随着东部城市二、三产业的发展，其提供的非农就业岗位首先由其周边或腹地的农村劳动力承接。当这些农村劳动力基本能够以家庭为单位在二、三产业中获得稳定收入后，集体成员对承包地的经营方式和收益预期便发生了变化。“中心农村”农民的承包地经营方式一般经历“同村人代种—外村人租种—集体反租倒包”三个阶段，而承包户的预期同步经历了“代我交税费—收点流转费—集体反租租金”三个阶段。因此，“中心农村”地区承包户与集体农用地的关系发生了变化：一方面，承包户与农地的生产关系弱化，本地农民逐渐脱离农业生产进入二、三产业从而实现职业角色的转变；另一方面，承包户与农地的财产关系强化，承包户凭借长久稳定的承包权获得农地租金收入。

二是对农村集体土地利用方式的影响。集体土地非农利用替代农业利用成为主要的开发利用方式，集体经济组织统一经营、适应市场的能力得到提升。东部城市产业发展必然带来城市扩容。城市扩容导致的直接结果是城市附近的农村集体所有土地“被迫”改变土地所有权性质和用途，即集体土地国有化。集体经济组织因此在短期内获得的征地补偿款成为“中心农村”集体经济收入来源的重要组成部分。国有化的集体土地在土地一级市场中通过“招拍挂”出让给企业开发利用，从这个角度讲，集体土地通过政府征地这一中介形式实现了与工商资本的间接结合，集体土地的所有权人依法获得相应的土地增值收益。

同时，存在大量集体土地与工商资本直接结合的情形，经营性集体建设用地在其中扮演了关键角色。东部沿海地区大量农村集体经济组织将农用地合法或非法地转为集体建设用地来满足中小企业对厂房的需求，集体经济组织因此获得土地租金收入和厂房租金收入。而且，当行政村辖区范围内逐步形成一定规模的产业集聚后，集体经济组织进一步开拓其他集体物业收入，包括：建设专业性市场交易平台出租给商户；为满足外来务工人员居住需求，集体经济组织自建或引入房地产商开发公寓进行出租。这些由集体直接投资或合作投资的物业给集体经济带来较为稳定持续的物业租金收入，成为东部农村地区集体经济收入的重要来源之一。

三是农村资源景观化。文旅产业公司主动下乡打造“乡村旅游”以满足大城市中产阶层的发展性消费需求。东部地区城市扩张到一定规模后进入相对稳定阶段，以乡村旅游为目标的产业资本与集体经济组织合作开发，以城市中产的审美取向来改造现有农村人文自然景观，将乡村空间符号化和商品化，供追求文化符号产品的城市中产消费①。在这个过程中，部分农村形成自下而上的村企结合型共生运营“1+1+N”（1个集体经济组织、1个公司、N个合作经营项目）模式，即以村集体为主导、以村民参与为主体的乡村旅游规划、开发、经营、管理和监督的新型乡村经济组织形态②。农村集体经济组织通过集体所有的自然资源的景观化开发运营获得部分经营性收入。

2. 关键职能：集体收益的分配与均衡

在东部城市经济带，“中心农村”集体经济组织在与各类市场主体的互动中不断积累参与社会主义市场经济的经验，且在平衡市场经济风险和集体经济收益中率先调整、细化、丰富和完善农村集体经济制度，包括集体农用地从“两权分离”到“三权分置”、集体建设用地入市的试点与改革、集体经济组织从“政社合一”到“政经分离”、经济合作社自治制度的完善等。这些改

---

① 杨人豪，杨庆媛 . 资本下乡、经营土地与农政变迁：以成都市郫都区为例 . 南京农业大学学报（社会科学版），2022（3）.

② 雷明，王钰晴 . 交融与共生：乡村农文旅产业融合的运营机制与模式：基于三个典型村庄的田野调查 . 中国农业大学学报（社会科学版），2022（6）.

革的底层逻辑是，在经营层面通过高度统筹集体“三资”参与市场经济以提升集体经济效益，在分配层面则通过高度清晰化的产权配置来增加集体成员的财产性收入。

其中，农村集体产权制度的改革影响最为深远，其改革包括清资核产、确定股权、组织转型等内容。集体产权改革后集体经济收益一般进行两次分配，初次分配包括弥补上年亏损、提取公积金和公益金、提取其他年终福利等，完成初次分配后剩余集体收益进行再分配，即按照股权进行股份分红。在集体收益中构成集体公共积累的主要是初次分配中的公积金和公益金，以及再分配中的集体股分红。在集体经济发达的农村，随着集体经营的市场风险越来越大，股东在进行重大集体经济项目提升或投资的决策中日趋保守，集体公共积累的用途在进行生产性投入以扩大再生产与进行消费性支出以提升社会福利的天平两端，不断向后者倾斜，即集体公共积累主要用于集体成员的社保、医保和养老支出，为本地农民家庭在地城市化提供保障。

在这个改革过程中，农民最关心的是股权配置及分红收益的问题。股权配置给谁决定了集体收益共享的范围，个人股的分红收入直接影响农民家庭从集体经济中获得的财产性收入的多少。从积极的角度来看，将集体经营性资产确股到人，并实行不随人口增减变动而调整股权的静态管理方式，完成了集体成员分享集体收益的权益制度化，确实增加了集体成员的财产性收入。然而，股权量化且固化到个人，造成了集体收益共享圈的封闭性，随着时间推移引发了新的博弈：一是关于成员权条件设置的博弈，体现为外嫁女、新出生人口、新进媳妇等群体对股权调整的需求；二是个人分红与集体公共积累之间的博弈，表现为对集体股比例的不断缩减乃至直接取消，以此实现个人股分红最大化，甚至集体举债分红。这些问题成为“中心农村”集体经济的内在风险点。

3. 实现路径：在产权博弈中放开集体边界

历史地看，坚持股权量化、固化和“政经分离”的农村集体产权改革使集体经济加速进入“耗散性集体再生产”阶段并引发新的问题。如随着时间推移，村庄户籍人口生增死减带来的新一轮股权分配问题；城市经济带向更高质量经济发展带来的新一轮土地利用开发权的竞争问题；社区内部封闭的高福利在本地股东与本地非股东和常住外来人口之间制造的相对不公平问题；等等。

这些问题的出现，反映了“中心农村”集体经济的改革在一定程度上解构了集体成员传统的“集体观”。传统的“集体观”存在两个层面的含义：一是基于集体所有制是社会主义公有制的一种形式的性质，集体经济组织应当起到连接国家（全民）利益与集体成员个体利益的桥梁的作用；二是基于集体所有制在中国农村基层的综合属性，集体经济组织在平衡辖区内公共利益与个人利益方面应扮演重要角色。在集体经济发达的“中心农村”，基于权利调整和利益分配规范化、制度化的改革有其必要性，但改革过程中却不断削弱“农民集体”的统筹权益，否定集体经济组织基于集体土地所有权所具有的调整内部利益的权利。当个人仅仅依靠某种身份不断获取超额收益，且受益者通过某种组织化方式形成利益共同体时，这个由个体组成的集体实际上沦为了“特权者”的牟利工具，这是需要注意的。

综上，在紧密型城乡关系支配下，东部地区农村集体经济的改革均直面当地社会经济巨变带来的“具体问题”而展开，因而是在特定时空背景、历史条件下形成的分配型集体经济。这里，分配型集体经济是指一种建立在以集体经营性资产资本化为主要增收途径的基础上，且集体经济收益分配权由具备私有化倾向的集体成员主导的经济形态。从个人利益与集体利益的关系来看，分配型集体经济实际上坚持个体利益高于集体利益分配取向，倾向于否定集体成员权益与集体利益的一致性，个别地区甚至在与地方政府关于土地二次开发权利用的过程中形成强有力的对抗，在一定程度上解构了传统的“集体观”。因此，这种日益封闭的分配型集体经济需要在一定外力的撬动下适当开放边界，其最终不应该滑向农民个体私有而应在恰当的时机走向国家所有。

（二）半市场中心区域的“腹地农村”：中介型集体经济

过渡型城乡关系是指大中型城市对农村劳动力要素和土地要

素的吸纳并非同步，一般情形是劳动力要素市场化速度远快于集体土地资本化速度，二者相互作用的结果是本地小农农业逐渐退出历史舞台，本地适度规模农业逐渐发展起来，以大户为中心的“农业治理共同体”应运而生。那么，农业变革开启后将如何影响当地农村集体经济的发展方向？这些地区的农村集体经济在新时代农业现代化转型的历史机遇中能否找到相适应的实现形式？

1. 发展机会：助推农业现代化转型

绝大多数本地农民离土且离乡，集体土地上的人地关系逐渐宽松化。由于靠近城市经济带，“腹地农村”绝大多数承包户前往经济发达的大城市务工获取工资收入，他们脱离农业生产的时间节点其实与东部地区农村基本一致，但在脱离的速度与周期上存在差异。如果说“中心农村”农民一般在 5～10 年能够实现本村 90% 以上的承包户稳定地转移到非农产业就业，则“腹地农村”农民往往需要 10～15 年的时间实现该目标。本地农村劳动力随着城市发展水平的梯度化发展呈现两种形态，即以青壮年“农二代”为主的“进城务工”群体和以超龄老人“农一代”为主的“返县就业”群体。“农一代”随着年龄增长和家庭经营核心的转变逐渐从大城市退出后，在本地县域经济的支持下能够返回本地县城找到一些就业机会，比如与县域低水平工业相匹配的订单加工、在县域范围内跑短途网约车、在县域范围内的建筑行业做小工，乃至在一些经济作物农业产业中做临时的农业雇工等。总之，本地承包户对集体农地的保障性需求逐步减弱，集体土地上的人地关系逐渐宽松化。

少数本地农民转化为职业农民，适度规模农业经营体系得以建立。在大城市经济带和中等规模县域经济的接力式支持下，“腹地农村”90%以上的农民可实现渐进式非农就业，最终孕育出一批本地的适度规模经营主体，俗称“大户”，他们往往是从散户开始逐步扩大规模成为小规模经营者，在积累了一定农业发展资金后转为适度规模经营的大户。与承包户主导的家庭经营相比，本地大户主要通过有限资本投入与家庭经营相结合的方式有效提高集体农地的产出效率。面向经营和市场的种植大户，特别重视提高农业技术和进行必要的资金投入以降低劳动力成本、提高农产品质量。这可看作农业资本与集体农地的结合，只是这种结合的程度和体量目前均处于较低水平。同时，他们也会积极与政府、市场以及集体组织互动，以寻求各种机会来降低生产成本和经营风险。总之，“腹地农村”地区以适度规模经营为主的“双层经营、统分结合”农业基本经营制度正逐步取代以分散小农经营为主的“双层经营、统分结合”农业基本经营制度，这是新时代农业生产关系与生产力相适应的结果。

2. 关键职能：多元主体的协调与服务

当前“腹地农村”农业领域的变革集中在以下几点：一是农业经营者对农地规模产生新的需求；二是农地经营者对农业基础

设施产生新的需求；三是农地经营者对农业社会化服务产生新的需求；四是农地经营者对农产品商品化产生新的需求。那么，这些农村地区的集体经济能否抓住农业现代化转型的窗口期，重新激活集体经济“统”的功能，并在“统”的过程中找到农业型农村地区集体经济的实现形式？笔者认为可以从以下两个方面实现突破：

一是新型经营主体对农地规模的需求为集体经济组织重启农地调整权提供了空间。新型经营主体流转承包地的面积越大，意味着需要“东奔西跑”的范围越大，如何处理农地过于细碎的问题成为他们最关心的问题，在具体实践中出现了不同的解决方案。在以小规模经营者为主体的阶段，先后出现了湖北沙洋的“按户连片耕种模式”、江苏射阳的“联耕联种模式”等；发展到以适度规模经营为主的阶段后，出现了安徽繁昌的“虚拟确权集体流转模式”。这些实践证明，农地细碎化治理需要弱化农民对特定地块的权利，发挥集体组织调整土地的功能。在现阶段家庭承包经营的现实条件下，集体土地所有权的实现不是取消农民的土地承包经营权利，也不是分享地租收益，而是整合分散的土地以实现连片化。在这个过程中，集体经济组织因发挥中介作用可以视情况收取土地流转管理费并转为公共品[①]，如湖北阳新县某

① 梁伟．农业转型的社区实践与驱动逻辑：基于湘中鹊山村的经验研究．中国农村经济，2022（11）.

村按照每亩20元、40元、50元不等的标准收取土地流转管理费，村集体则承担每年维护本村农田水利设施的责任，这在一定程度上也能满足大户对农业基础设施的需求。

二是农业社会化服务市场的兴起为集体经济组织开展有偿服务提供了空间。在以适度规模经营为主的阶段，散落的小农户和种植大户对农业社会化服务的需求是高度一致的。这些地区的小农户往往是低龄或者高龄老人，分散经营者的老龄化意味着其田间管理的精力有限，因而他们期待能够找到与之相匹配的低廉的农业社会化服务，其中最重要的是机耕机收。对种植大户而言，田间管理全过程机械化以降低劳动力成本是其面向农产品市场化的重要基础，包括机耕机收、飞防服务、烘储服务等。在部分集体组织具备一定农机服务能力的农村，集体经济组织可以组织农机服务队，为本地小农户和种植大户提供力所能及的有偿农机服务以形成集体经济服务性收入。若没有这方面的能力和市场机会，则集体经济组织重在建立信息平台，引导小农户和种植大户与农业社会化服务市场主体有效对接，发挥公益性的中介作用。同时，村级集体经济组织可充分利用电商进村、网络直播等互联网建构的数字平台大力宣传本地特色农产品，以村集体组织的信誉担保品质，在农产品的流通领域发挥集体组织的中介作用。

3. 实现路径：在市场化服务中强化集体统筹

进入21世纪，由过渡型城乡关系主导的“腹地农村”地区，农村集体土地以小组为单位乃至以行政村为单位逐步集中到少数农业经营者手中成为现实，农业的集约化和社会化发展为农村集体经济发展提供了新的历史契机。在农业要素由市场配置的基础上，集体经济组织依托集体土地所有权的制度安排以及集体组织“政经合一”的“政治信誉”，在涉农主体多元化、农业剩余多方博弈的过程中恰当地发挥中介作用从而实现新型集体统筹，即中介型集体经济。“腹地农村”地区的集体土地仍以农用地为主，不具备土地因非农使用而产生土地增值收益的条件，因而，中介型集体经济的实现路径在于抓住农业现代化转型的历史机遇，重新激活土地集体所有的制度优势，其中最核心的内容在于创新集体统筹的形式以最大限度地提升农地生产效率。农业现代化转型时期集体统筹的创新至少体现在以下三个方面：

一是，在以主粮作物为主的农村地区，以解决农地细碎化为目标的集体土地调整。农地规模经营至少包含两层意思：首先是经营者的农地能够连片；其次是连片内的农地能够去边界（去田埂）。这便涉及农地确权和农地调整，其实质是农地发包者集体经济组织与农地承包者集体成员之间围绕农地权益的再次博弈。二是，在以经济作物为主的农村地区，提高农业基础设施标准、助力农产品“集体品牌”建设是集体经济组织需重点解决的问题。在这个过程中如何有效对接支农基础项目、如何对接流通领域的市场主体、如何利用数字平台经济等新问题，将对集体经济组织提出新的要求，其本质是集体经济组织在商品化小户和高度分化的消费市场之间发挥中介作用。三是，不论是主粮生产的大户还是经济作物生产的小户，他们在寻求低成本社会化服务方面的需求高度一致，因而，集体经济组织可因地制宜地提供公益性服务或经营性服务，包括为农户提供统防统治、烘干储藏、农技推广、基础建设等服务项目，以此帮助经营户降低生产成本和风险。

（三）非市场中心区域的“边远农村”：社会型集体经济

1. 发展机会：嵌入相对贫困治理

远离市场中心的“边远农村”往往与中国贫困地区是重叠的。此处贫困地区指人均消费水平未达到全国人均消费水平的地区，主要集中在中部部分地区、西部山区及西南、东北部分地区。这些地区往往具备自然环境恶劣、基础设施薄弱、生产生活资源缺乏、地方财政收入水平低等特征。同时，这些地区农村农业生产受地形地貌限制尚不具备规模经营的基础条件，林业、畜牧业等其他农副业的发展同时受到国家相关政策的影响，即国家出于保护环境生态或稀缺资源的考虑限制当地居民开发。因而，“边远农村”实际上既受到农村自身主客观环境的约束，又受到地理区位的影响。松散型城乡关系制约下“边远农村”集体土地的开发及其价值和集体成员的流动具有以下特征：

一是集体土地同时受到自然条件和地理区位的影响，集体资源的变现能力极弱，集体经济长期处于贫困状态。在空间距离上远离市场中心意味着集体土地不具备与工商业资本和农业资本相结合的基础条件。因而，当地农村在不具备集体资源市场化、资本化条件的情况下进行集体产权制度改革，难以产生强制性制度变迁带来的预期效果。尽管各级政府通过精准扶贫等项目扶持“空壳村”“薄弱村”集体经济发展，但正如有的学者所指出的，这类“项目式集体经济”分为自负盈亏型、财政兜底型和入股分红型三类，分别面临着产业竞争力不强、政策不可持续和合作经营难度大的结构性困境[①]。一旦政策性扶持资源减少，集体经济自身仍将面临自主增收的困境，集体经济发展水平低于全国平均水平，并在未来一定时期内处于相对贫困的状态。

二是集体成员受限于人口素质和务工机会的影响，在全国劳动力市场中处于相对弱势地位。“边远农村”地区因距离东部劳动力市场较远，长期生活在农村的农民外出务工较晚，加上地区保守文化的限制与工业劳动规训不足，共同导致该地区农民处于不稳定的非农就业状态。在“祖辈—子辈—孙辈”三代家庭结构中，本地中青年群体流出进入跨省务工行列以获取务工收入，但受到地域文化和村庄社会的拉扯而徘徊于城乡之间，其工资性收

---

① 袁梦．乡村振兴中的项目式集体经济：实践探索与发展定位．南京农业大学学报（社会科学版），2022（4）．

入有限。农村留守老人大多以集体土地为基本生产资料维持在村家庭成员的基本生存。家庭其他方面的开支包括子女教育、人情往来、改善居住条件、生病就医等，其所需的货币性支出往往都压在外出务工的家庭成员身上。

三是受当地留守儿童的教育短板与虚拟网络的负面影响，“边远农村”相对贫困的代际传递发生率偏高。调研发现，“边远农村”的留守儿童在本地农村教育资源有限、父母在场养育缺失、同辈集体生活消失等多重因素的制约下，更多地通过虚拟社区和线上互动来建构自己的人生意义和童年。但虚拟网络给未成年人带来的风险远远超出其带来的正面影响。如玩手游、刷视频等各类网络行为上瘾，不良网络社交如网恋带来身心伤害，虚拟世界诱导消费产生不良债务等，这些较为典型的网络问题在“边远农村”的留守儿童群体中发生概率更高。因而，面临社会保障不足、因病因学致贫、公共文化空虚、抗风险能力偏低等问题的相对贫困家庭，一旦与“边远农村”地区基础教育持续衰败叠加，相对贫困代际传递的发生率将远高于其他地区。

2. 关键职能：公共活动的组织与动员

在“边远农村”，一方面，集体经济组织因集体土地要素资本化不足的现实条件约束，在未来长时间内处于相对贫困的状态，这既是全国经济发展不平衡的必然结果，也是必须承认的“社会事实”；另一方面，“边远农村”农民家庭因人力资本不足而导致家庭劳动力在全国劳动力市场中处于相对弱势的地位，当家庭积累能力有限和家庭发展意识薄弱重叠时，这类农民家庭处在总体性的相对贫困阶段。因而，“边远农村”村级集体经济的发展方向必然嵌入在“农民集体”和“农民个体”渐进式走出相对贫困的历史进程中，脱离这个基本事实而凭空想象这些地区的集体经济可以通过制度创新和财政支持获得可持续发展能力，是不符合现实的。笔者认为，“边远农村”地区集体经济未来的发展大方向一定是充分依靠乡村振兴的宏观政策，嵌入本地相对贫困治理的历史进程，围绕农村留守群体的生活、生产需求开展相关活动，重新凝聚贫弱化的集体成员参与公共基础设施建设、社区公共文化建设和社区内部自主互助。

首先，围绕在村老人的生产与生活，集体经济组织引领老年人建构互动互助体系。其一，从老年人生产的角度来看，“边远农村”地区集体经济组织如何利用有限的支农项目改善生产条件从而减轻分散经营格局下田间管理带来的压力，尤其是为中小型农机进入山区农业生产创造基本条件，这对当地以体力一般的低龄老人为经营主体的老人农业来说非常重要。其二，从老年人休闲的角度来看，集体经济组织为留守老人提供老年人活动的公共场所，在有能力的基础上给予少量的活动经费支持，为老年人中的积极分子利用这些公共空间组织文化、文艺活动提供了可能性，由此形成集体经济组织搭台、老年人自我组织的公共文化氛围。其三，从老年人受照料的角度来看，集体经济组织为失能、半失能留守老人提供力所能及的社会支持，包括由集体组织主导的“老年人幸福食堂”、集体组织的低龄老人照料队等，这些围绕基本生存需求的集体式照料能够让最弱势的老人在农村集体社区中获得帮助。

其次，围绕留守儿童的安全与教育问题，集体经济组织主动承担社区教育的责任，在校外为留守儿童提供生活、学习和社交的公益性平台。其一，从留守儿童的社交需求出发，集体经济组织可改造现有的闲置公共场所，也可利用乡村振兴资源建设新场所，为开展文体活动提供基本场地。同时，通过专项资源输入激活社区责任，重点依托村社集体组织为留守儿童提供“线下+线上”混合式的文体活动，以增强同辈陪伴的吸引力来弥合家庭陪伴的不足。其二，从留守儿童的教育期待出发，从集体经济收益中专门划拨奖学金、助学金来激励留守儿童主动学习、坚持学习。这些奖学、助学资金不在多少，关键是通过这种公开资助的方式大力营造良好的读书氛围。相对贫困人口的人力建设重点应该放在最具发展潜力和可塑造性的未成年人身上，因而要通过集体经济从外围助力留守儿童的教育与成长，立足长远尽早阻断贫困代际传递。

3. 实现路径：在社会治理中重构集体主体性

总体而言，“边远农村”地区集体经济组织的定位应该从社会实际情况出发，积极回应上述两类群体的生产生活需求，充分利用可支配的集体资产来提供与留守群体相匹配的公共品。目前“边远农村”地区的公共品供给多以自上而下的财政资源为主，其投入方式有两种：一是扶贫资源精准到人到户，二是扶贫项目实施“第三方化”。它们的共同点在于直接越过集体经济组织，由此产生了不少新问题，如扶贫到户带来的贫困户和非贫困户之间巨大的落差而产生的“新的不公”现象，以及扶贫项目与在村农户需求错位的问题。

因而，在这些集体土地和其他集体资源确实不具备经济效益、集体经济的收入必然以财政转移为主的农村地区，集体经济的发展关键在于利用财政转移来激活集体组织的主体性，通过资源增能、制度赋权于集体经济组织重构国家与农民的关系以及集体与农民的关系。国家可以将部分惠农资源按人头转移到村庄，作为村庄可以自由使用的公共服务资金，再经由村庄民主程序进行资源分配。在资源分配过程中，通过党建领航，发掘积极分子，动员村民参与，激发村庄活力，形成分配型动员体制，以有效使用国家资源，真正实现基层治理有效，建设一个与强国家相匹配的强社会[①]。关键的原则就是由集体经济组织深度参与社会治理，通过治理绩效重构集体主体性。

集体主体性主要体现在两个方面：一是，虽然集体收入以外输为主，但集体农民在一定范围内具有自由使用权，即“外输活

① 贺雪峰，桂华．农村公共品性质与分配型动员．开放时代，2022（4）．

钱、自主使用”；二是，即使集体经济有一定的自我造血功能，但集体经济收益的关键功能不是通过分红以增加财产性收益，而是发挥“集小钱办公事”的社会治理作用。基于以上两点，笔者将“边远农村”地区这种嵌入相对贫困治理、以公共品供给和服务为关键功能的，在社会治理中凸显集体自主性的集体经济发展模式概括为社会型集体经济。社会型集体经济实际上将集体经济的发展定位与特定区域的社会治理深度融合，二者相互配合、相互支撑，形成强大的合力，推动边远地区的相对贫困治理，缩小区域发展不平衡带来的差距，促进共同富裕。

三、结语：集体经济的区域差异与共同富裕的进阶

综上，中国不同地区城乡关系形态不一，不同的城乡关系意味着农村中土地要素、劳动力要素和资本要素在城乡经济圈内的流动与流速不一样，由此形成经济意义上农村功能的区域差异：“中心农村”成为“城市中产的后花园”，“腹地农村”成为“职业农民的生产区”，“边远农村”成为“农村弱者的退守区”。不同城乡关系支配下农村的关键功能不同，意味着其集体经济的发展机会、核心角色、根本目标以及实现路径存在巨大差异。农村集体经济三种实践类型的具体比较见表 14-1 所示：

表 14-1 农村集体经济三种实践类型的比较

城乡关系	农村区位	发展条件/约束	增收方式	效益偏重	类型
紧密型城乡关系	中心农村	规模化的经营性集体资产	集体物业租金和集体土地国有化增值收入	增加集体成员的社会福利和个体分红	分配型集体经济：面向成员的财产分配
过渡型城乡关系	腹地农村	规模化的经营性职业农民	在服务农业现代化转型中创造中介收入	提升集体土地的生产效率和降低交易成本	中介型集体经济：面向生产的中介服务
松散型城乡关系	边远农村	持续相对贫困的弱势农民	在扶贫政策支持下获得有限财政补贴	提升农村公共品供给效率以保障弱势群体	社会型集体经济：面向治理的社会动员

属于“城市中产的后花园”的东部农村集体经济的发展机会在于配套城市经济发展、服务市民需求，其主要目标是集体经济保值增值，对内扮演的核心角色是收益分配者，其实现路径是在复杂制度支撑下通过经济民主化不断强化其合法性。通过集体土地增值收益向集体成员分红倾斜和集体社会福利普惠化，提升当地农民实现城市化的能力，最大限度地缩小城乡在各方面的差距。这是建立在乡村完全工业化基础上的，是区域性生产力和生产关系彻底变革的结果，体现了中国共同富裕高阶目标的实现。

属于“职业农民的生产区”的中部农村集体经济的发展机会在于促进农业规模发展、协调不同农业经营主体，其主要目标是涉农资源与信息的有效整合，在积极参与农业现代化的进程中发挥中介作用，其实现路径是通过创新集体统筹的形式来提升服务农业生产的能力进而获得合法性。通过创新集体农地内部调整机制和农业社会化服务机制，最大限度地降低涉农要素市场化的交易成本，同时促进农业剩余在涉农群体中合理分配。这是建立在乡村农业现代化转型基础上的，探索新型“统分结合”方式适应新时代农业领域生产力和生产关系的转变，体现了中国共同富裕的中阶目标。

属于“农村弱者的退守区”的西部农村集体经济的重建在于从组织能力方面突破，通过提高对接外部有限政策资源的能力，将外部资源转化为村内公共治理资源以组织、动员和保护退守在农村中的弱势群体。集体组织成为农村公共生活文化的建设者，如组织集体养老、组织休闲生活、组织留守教育等，其主要目标是保障农村中的留守群体的基本生活和安全，其实现路径是通过深度参与社会治理来激发集体组织的引领作用以获得主体性。这是“边远农村”较低生产力限制的客观结果，通过社会型集体经济建构一个有温度、可兜底的社会，体现了中国共同富裕的低阶目标。

第 15 章

村庄治理现代化的东西差异

中国是一个大国，不同地区差异很大。我们在全国多地农村的长期实地调研中发现，中国农村不仅存在从村庄社会结构层面划分的南北差异[①]，而且还存在从经济发展水平层面划分的东西差异。中国农村的东西差异是与区域经济发展水平、发展方式以及发展路径有关的区域差异[②]。此种区域差异为我们观察与分析东部地区和中西部地区经济、社会、家庭、政治、治理等诸多现象提供了重要窗口。就村庄治理而言，村庄治理的实践形态深受村庄经济社会结构的影响。因此，村庄治理的逻辑以及村庄治理现代化的路径选择也呈现出明显的东西差异。

一、理解村庄治理的村庄公共事务结构视角

村庄治理是针对村庄公共事务的治理，有效的村庄治理是村

---

① 关于中国农村南北差异的系统性研究和论述，参见贺雪峰，等 . 南北中国：中国农村区域差异研究 . 北京：社会科学文献出版社，2017.

② 贺雪峰 . 东西中国：中国区域差异的经济视角 . 开放时代，2023（2）.

庄治理体制与村庄公共事务相匹配的治理，不适合村庄公共事务的村庄治理体制，不仅效率低下，而且会破坏村庄秩序、影响村庄发展。因此，对以村庄治理体制改革为核心的村庄治理现代化路径的探索离不开对村庄公共事务结构的研究。

中国学界的主流观点多是从公众共同需求角度界定公共事务概念，认为“公共事务是涉及公众的共同需求的活动或事务”[①]。这一界定在很大程度上延续了萨缪尔森对公共物品的认识，强调的是公共物品（公共事务）的非竞争性和非排他性[②]。然而，该界定并不能囊括所有村庄公共事务，也无法指导村庄公共事务的处理实践，所以需要对公共事务概念的外延进行拓展。鉴于此，本章纳入两个理解公共事务的维度：第一，公共事务指超出私人处理能力范围之外的那部分事务；第二，公共事务也是外部性溢出私人领域范围的那部分事务。综合起来，村庄公共事务指村域范围内超出私人处理能力范围以及外部性溢出私人领域范围的那部分事务。这些事务构成了村庄治理的对象。

村庄公共事务结构可分为两个维度，即数量维度和质性维度。也就是说，村庄公共事务结构可分为数量结构和质性结构。村庄公共事务的数量结构表达的是村庄公共事务的量化特征，即

---

① 刘太刚．对公共事务概念主流观点的商榷：兼论需求溢出理论的双层公共事务观．政治学研究，2016（1）．

② 参见萨缪尔森，诺德豪斯．经济学．萧琛，译．北京：人民邮电出版社，2008.

村庄公共事务的多少、分布的均质化程度以及分化情况等；村庄公共事务的质性结构表达的是村庄公共事务的性质问题。

关于村庄公共事务的质性结构，从既有研究来看，比较常见的做法是根据村庄公共事务的生产主体对之进行分类，典型的是政务与村务的划分[①]。但此种分类方式只是确定了特定村庄公共事务类型的生产主体，村庄公共事务更深层次的属性和特征无法在这一分类中得到体现。进一步说，它无法回答相应村庄公共事务的处理需要有怎样的村庄治理体制与之相适配的问题，也无法揭示村庄治理的内在逻辑和基本原理。为了克服此种村庄公共事务分类方式的局限，本章从人、事关系角度将村庄公共事务区分为关系脱嵌型事务和关系嵌入型事务两种类型。关系脱嵌型事务和关系嵌入型事务的本质区别是它们究竟是纯粹的“事”，还是“事”背后的“人”。关系脱嵌型事务主要表现为“事”的属性，呈现出人、事分离的特征；关系嵌入型事务则主要表现为“人”的属性，呈现出人、事融合的特征。这两类村庄公共事务的其他特征都是这一属性的延伸和拓展。

具体来说，关系脱嵌型事务主要有一般性、个体性和去乡土性三个基本特征。关系脱嵌型事务的一般性指这类事务具有相对于一定时空场域的独立性，这是因为它们只涉及纯粹的“事”，而“事”本身是具有客观性的。我们可通过对“事”本身的研究

① 徐勇．政务与村务的合理划分和有效处理．中国民政，1997（5）.

和分析总结出处理该类事务的一般准则和规律。即是说，这类事务通常存在具有统一性的处理办法。处理方式和处理规则一旦形成，就可向同类事务推广使用。我们通常说的“按规定办事”或“照章办事”，只有当其中的“事”仅仅是“事”或者说属于关系脱嵌型事务时，才能形成对同类事务都有效且明确的“规定”或“章”。关系脱嵌型事务的个体性指这类事务的处理只需针对事情本身，是事本主义取向的，在实践中它们通常呈现为高度独立的个体化事件。正是因为这类事务没有其他诸多复杂利益关系、社会关系、情感关系的牵扯，对这类事务的处理才可回归到“事”本身，且可采取个体主义的处理路径。关系脱嵌型事务的一般性和个体性决定了这类事务的去乡土性，即这类村庄公共事务并不会因为其处于村庄社会而带上乡土底色。或者说，它们是超越和悬浮于村庄社会的，由此保证了其“事”的本质属性。

与关系脱嵌型事务的上述特征相对应，关系嵌入型事务主要有个殊性、整体性、乡土性三个基本特征。关系嵌入型事务的个殊性指这类事务会因为其身处的村庄社会场域以及涉事主体的差异而有所不同，或者说它们是因时、因地、因人而异的。特定情境下形成的该类事务的处理方式往往不具备一般化的可推广性，所以很难形成统一的、标准化的处理方法。对这类事务的处理只能根据其所处情境进行具体问题具体分析。关系嵌入型事务的这一特征恰恰是由这类事务对具体场景中各类关系的深度嵌入决定的，这也是这类事务最终关涉的是“事”背后的“人”而非

“事”本身这一本质属性的体现。关系嵌入型事务的整体性指对这类事务的处理需要对“事”背后所涉及的人的各种利益关系、社会关系和情感关系等进行总体梳理，对相应的社会场景进行还原，以整体主义的思路去应对，而非单纯地“就事论事”。关系嵌入型事务的乡土性指这类事务以村庄为地域载体，它们为村庄的乡土逻辑所形塑，附着有明显的村民生活习性、行为特征，因而带有突出的乡土性。这意味着对这类村庄公共事务的处理需要依托乡土社会的逻辑。当然，关系嵌入型事务的乡土性同样是以这类事务对村庄各类关系的深度嵌入为基本前提的。两类村庄公共事务的差异见表 15-1 所示。

表 15-1 村庄公共事务结构划分与特征

村庄公共事务结构划分	衡量指标或类型	人、事关系	特征
数量结构	事务数量的多少	——	——
	事务数量分布是否均质或事务分化程度的高低		
质性结构	关系脱嵌型事务	人、事分离	一般性、个体性、去乡土性
	关系嵌入型事务	人、事融合	个殊性、整体性、乡土性

不同村庄中，村庄公共事务的数量结构和质性结构的差异决定了相应村庄所需的村庄治理体制形式的差异。而村庄公共事务

结构的表现形式在很大程度上受村庄经济社会基础的影响，在地域上则呈现出明显的东部地区与中西部地区的差异。

二、东部地区村庄公共事务结构特征

据估算，目前东部沿海发达地区用不到 5% 的国土面积，承载了接近全国 30% 的人口，创造了全国 40% 左右的 GDP。东部沿海发达地区实际上已经成为不分城乡的城市经济带，城市经济带内的农村已经成为城市经济的内在组成部分。东部沿海发达地区人口与经济高度密集，既与工业化本身要求规模经济和经济聚集有关，也与改革开放以后中国加入世界经济体系、承接世界制造业产能、成为“世界工厂”有关[①]。其中，珠三角地区和长三角地区是东部沿海发达地区的典型代表，几乎所有土地上都建设了二、三产业，包括农村在内的几乎所有地域范围都实现了全面工商化，农民也都实现了以村庄地域为基础的“在地城市化”。村庄场域内形成了完整的类城市生产体系、生活体系以及空间格局，城乡界限模糊化。东部沿海发达地区农村的全面工商化在深层次上重塑了当地村庄的公共事务结构，表现出其独有的特征。

① 贺雪峰 . 东西中国：中国区域差异的经济视角 . 开放时代，2023（2）.

（一）村庄公共事务的数量结构特征

东部沿海发达地区村庄公共事务的产生是以工商业为基础的。在高度工商化的村庄中，村庄公共事务的数量结构主要表现为以下特征：一是村庄事务数量的繁多性；二是在庞大事务数量的基础上，村庄事务呈现出高度的分化性。

就前者而言，以工商业为基础的产业经济形态具有极强的集聚性，当中就包括各种上下游工商企业以及人口的集聚。工商生产体系内部分工较为复杂，每个分工环节都需要一定数量的人口作为支撑。因此，围绕工业生产和商业发展，村庄地域内会生发出大量需要以村“两委”干部为主要构成的村庄治理队伍去应对和处理的治理事务。从村“两委”组织需要管理的对象来看，包括外来人口、出租屋、企业和商铺等；从村“两委”组织需要管理的内容来看，包括村域内的治安和消防、外来人口的管理与服务、国土、城建、环境卫生、交通以及司法等事务。据我们近10年在以珠三角、苏南地区为代表的东部沿海发达地区农村的调研情况来看，几乎每个村庄的土地都集聚有一定数量与规模的工商企业，以及几乎每个村庄至少都有上万的外来人口。根据我们在珠三角地区Y村的调查数据，该村村域面积为4.47平方公里，户籍人口为5 500多人，而外来人口超过1.5万人。经过40余年的发展，该村形成了以布匹生产和制衣业为核心的产业形态，村域范围内的大小企业和商铺有近700间。随之而来的就是村庄事务数量的急剧增加，同时伴随着村庄治理队伍的扩充。在20世纪八九十年代，Y村仅有5名村干部，其中3名支委、5名村委，支委、村委交叉任职。到2000年左右，该村村干部增加至8名，其中7名支委、8名村委，支委、村委交叉任职。与此同时，村干部之外的其他村庄管理队伍也不断壮大，仅村庄治安人员就有二三十人，从原来的1支队伍增加到2支。此外，珠三角、苏南等地区的村“两委”组织还承担着重要的村集体增收功能。因此，与工商经济发展相伴随的是一个治理事务数量急剧增加的体系。

就后者而言，以庞大的村庄事务数量为基础，东部沿海发达地区的村庄事务还表现出较高的分化程度，能够对之进行较为清晰的分门别类。每类事务不仅有一定的数量支撑，还具有较强的专门性，不同类型事务的处理方法往往具有不可通约性。比如珠三角地区Y村村级组织的职能分化过程较为典型地呈现了该村村庄事务在类型上的分化和扩张过程。Y村村“两委”组织的职能分化过程是在地方政府的主导下完成的。该村的工业化进程开始于1989年。该年，该村引进第一笔外资进驻村庄办厂，村集体从中获得土地租金收入。此时村干部的职责主要有两个方面：一是筹措资金，建设村庄基础设施、厂房等，改善村庄投资环境；二是招商引资。随着村庄工商经济的发展，该村村庄治理队伍开始分化出很多新型职能。比如2004年，该村建成布匹批发市场和国家服装批发市场，并对外招租，由此新设了市场管理办公室。2010 年，为了充分发挥村庄剩余农地的经济价值，该村专门建立了一个花卉苗木基地，并配备了一定数量的工作人员。2016 年，随着该村的综合商业大楼落成运营，又设立了招商办。为了提高村级组织服务本村人口、外来人口的水平，在乡镇的要求下，该村改建了村委大楼，设置村级公共服务大厅，分设治安岗、文书岗、水电费岗、民政岗等服务性岗位，每个岗位都有专人负责。而且，以工商业为基础的村庄事务基本上较为均匀地分布于全年，并具有较强的常规性。表 15-2 呈现了 2018 年珠三角地区 Y 村村级组织的职能分化情况。

表 15-2　2018 年珠三角地区 Y 村村“两委”干部的条线工作分工情况

职位	分管工作
书记、主任	主持全面工作
副书记、副主任	国土、财经、协管治安、协管环卫、协管工程招投标
“两委”委员	宣传文化、民兵、教育、体育、农贸市场、信访、医疗、卫生、办公室、统侨
	爱卫、环保、绿化、工会、城建、水电站、村公共事务
	组织、纪检、计生、妇联、社会事务
	治安、调解、安全生产、劳动与社会保障、综治、外来人口管理、司法、城管、交通
	农业、统计、档案、物价、工程招投标
村委委员	经营管理、团支部、社工委、关工委、志愿服务

（二）村庄公共事务的质性结构特征

一项村庄公共事务到底属于关系脱嵌型事务还是关系嵌入型事务，在很大程度上是由事务本身的特性与其所处村庄的社会基础共同形塑的。其中，村庄社会基础是影响村庄公共事务质性结构的基础性变量，它决定了村庄公共事务与村民关系的镶嵌程度。具有不同社会基础的农村，其村庄公共事务在关系脱嵌型事务和关系嵌入型事务的分布比例上会存在差异。

以工商经济形态为主的东部沿海发达地区农村的村庄公共事务较为密集和复杂。这是因为工商业是一个内部分工复杂的生产体系。当然，这只是对工商业型村庄公共事务的量化判断。就村庄公共事务类型这一质性结构而言，工商业型村庄的公共事务以关系脱嵌型事务为主。原因在于，工商经济形态形塑出来的村庄社会是一个横向交往关系密度降低、村民关系镶嵌程度弱化，且不断陌生化的社会，传统的村庄关系被高度市场化和现代化的关系替代。具体而言，工商经济形态主要从以下两个方面瓦解传统村庄社会关系结构和重构现代化村庄社会关系结构。

首先，村民就业方式的非农化。这意味着村民被深度卷入工商业的生产生活体系之中，村民主要与市场、国家打交道，并从这种与市场、国家的关系中实现需求的满足。市场的理性交换原则以及现代国家公共规则成为村民互动和交往所遵循的基本规则。村民对村庄内关系，特别是传统村庄关系的依赖度降低。以传统村庄规则为基础的村民之间的横向互动关系逐渐趋于解体。这造成的一个直接后果是村庄社会的情感密度和关系密度都大幅下降，村庄关系稀薄化。

其次，村庄工商业的发展吸引了大量外来人口。大量涌入的外来人口多依托当地村庄生产、生活和消费。相对于本地社会关系，外来人口的涌入带来的是外部社会关系。这一外部社会关系向村庄社会关系的嵌入会在很大程度上稀释本地社会关系，从而改变当地村庄社会的构成形态以及村庄行为规则。一般来说，当地长期形成的地方性行为规则和规范缺乏对外来人口的约束力，因其不具有与本地人口共同的历史记忆。要形成有序的治理秩序，必须引入超越地方性规则和规范的更为一般化的市场规则和国家公共规则。这二者是现代化力量的集中代表。在此种情形下，本地村民也必须按照这两重现代规则行动。村庄基于传统规则所形成的深度交往和嵌入关系随着现代力量的进入，逐步被以遵照现代规则为基础的浅层交往关系替代。

工商经济形态对村庄社会基础的上述影响机制说明，东部沿海发达地区的村庄已经褪去了传统乡土底色而极大现代化，村民间的交往和互动模式也已经类城市社区化。村民的深度交往和互动关系缺少具体的实践载体，很难形成高强度的情感和情绪的累积，以及高度重合的利益。在这样的村庄社会基础之上，相当一部分进入到村庄中的行政事务以及村庄内生的公共事务无法为村庄稀薄的关系所吸附，进而呈现出人、事分离的状态。这类村庄公共事务就是纯粹的事务，当地村庄公共事务的质性结构主要表现为关系脱嵌型事务类型。以法律、制度、规章等为准则的规则治理方式在东部沿海发达地区的村庄具有极高的适用性。

三、中西部地区村庄公共事务结构特征

与东部地区以村庄工商业为基础的在地城市化路径不同，我国广大中西部地区遵循的是人口迁移型城市化路径。人口迁移型城市化没有打破农村与城市之间的基础产业格局和空间界限，农业仍然是中西部地区农村的主导经济形态。此外，中西部地区农村的城市化具有渐进性。该地区绝大多数农民家庭很难一次性完成城市化，多是在城乡之间多次往返。为了更大限度地积累城市化发展资源，绝大多数农民家庭都形成了以代际分工为基础的“半工半耕”模式，即年轻子女进城务工经商、年老父母在家务农获得农业收入，以实现家庭劳动力配置效率的最大化。这意味着中西部地区农村以小农为基础的农业生产形态将在相当长一段时期内继续存在。这决定了当地村庄公共事务结构的基本特征。

（一）村庄公共事务的数量结构特征

中西部地区村庄公共事务的数量结构特征主要有两点：一是村庄事务数量的稀少性，二是村庄事务数量分布的不均质性。

中西部地区在村村民仍然以农业生产为主，村庄公共事务主要围绕村民的农业生产和村庄生活展开。农业生产体系具有简约、分工程度低的特点，以农业生产为基础所生发出的村庄公共事务也相对简单和有限。在家庭联产承包责任制的制度前提下，农业生产和管理责任都已基本实现家庭化，村“两委”组织仅需承担超出村民个体家庭能力范围的与之相关的公共品供给责任，比如组织村民疏通沟渠、维护公共水利等。

同时，在务工经济和城市化背景下，人口常年大规模向外流出使村庄公共事务更加稀少。一般来说，除村民生产、生活公共基础设施的建设、管理和维护外，村庄公共事务的来源还包括村民与村民之间的互动。在稳定的生产、生活场域中，村民之间互动的密度越高、频次越多，由此生成的村庄公共事务也就越多，最为典型的就是村民间矛盾纠纷数量的增加。但是，随着人口的外流，村民之间的社会关联和以土地为基础的利益关联都在渐渐弱化，村民生产和生活的独立性明显增强。这使很多村庄公共事务缺乏产生的土壤，村庄公共事务产生的空间被极大压缩。根据我们在中西部地区多地农村的调研情况，从 2000 年前后开始，村庄内的各种矛盾和纠纷数量便呈现出急剧减少的趋势。

笔者曾对鄂西 D 村的相关情况作了调研与统计。D 村是典型的中西部地区农村。据 2017 年的调查数据，该村共 12 个村民小组，全村 2 286 人，常年在村留守村民仅 600 人左右，到东部发达地区务工和在本县务工（或陪读）的各有 800 多人。人口大规模流出带来的一个直接后果就是村庄公共事务的大幅减少。在位于同一区域的B县，当地实行的“农民办事不出村”服务的实践情况颇具说服力。2012年，B县开始在全县农村推广“农民办事不出村”，各村都成立了服务大厅，建立了智能化政务服务统一平台，并聘请专人负责“农民办事不出村”工作。具体办事流程大致如下：需要办理证件或其他业务的农民直接到村委会服务大厅窗口，由专门的业务员网上填写相关信息并扫描，将农民信息传递至镇政府；镇政府办理好证件后，再由村干部去镇政府取回交给村民。村民可办理的业务范围不断扩大，从2015年的50多项增加至2017年的100多项，主要包括流动人口婚育证明、婚生证明和死亡证明、合作医疗卡补办、林权砍伐证办理等。各乡镇会对村庄业务量进行考核，B县T镇就要求每个村每年的业务量达到60件。但是，据2016年全年的统计数据，该年全年业务量超过60件的在T镇仅有一个村。这间接说明了中西部地区村庄事务的稀少程度。

中西部地区村庄事务数量在全年的分布还呈现出不均质性。以农业生产为基础所生发的治理事务不仅相对简单、有限，而且还具有季节性。农业生产活动受自然因素的影响较大，自然因素又随季节变化，因此，农业生产活动与季节紧密相关。与之相应，沟渠等水利设施的维护和建设也需要根据农业生产活动的状况来安排。村民之间的矛盾纠纷等村庄事务的发生更是具有极大的偶然性和不稳定性。以至于，对村“两委”组织来说，与之相应的村庄公共事务在全年呈现出突出的不均质性。此外，村庄公共事务的稀少性也使得中西部地区村庄公共事务缺乏分化的数量基础。因此，中西部地区村庄公共事务的分化程度较低。

（二）村庄公共事务的质性结构特征

如上文所述，一项公共事务到底属于关系脱嵌型事务还是关系嵌入型事务，在很大程度上由事务本身的特性与其所处村庄的社会基础共同形塑。对村庄公共事务而言，村庄社会基础是影响村庄公共事务类型构成的主要因素。

一方面，我国广大中西部地区的村庄仍然以小农农业为主要经济形态；另一方面，城市化进程的渐进性使得村庄仍旧是相当数量不能在短期内完成城市化的村民的安身立命之所。村庄中相当数量的村民依然需要依托土地、依托村庄生活，村庄仍旧是村民生产、生活以及价值实现的重要载体。这使村庄在长期历史进程中形成的稳固且深厚的血缘地缘关系能够得到较好的保存和延续，情感、利益等要素在村民关系中相互交织，进而塑造出浓厚的村庄关系密度。在这一社会基础之上，不论是村庄内生的公共事务还是政府下达至村的公共事务，只要与村民接触，都能极大撬动村庄各类关系，或者说有些村庄公共事务就是村民深度交往和频繁互动的结果。因此，这类村庄的公共事务便表现出突出的关系嵌入型特征，也反映出村庄社会的不规则性。关系嵌入型事务构成了中西部地区村庄公共事务的主要类型。

四、村庄治理现代化路径的东西差异

改革开放以来，随着我国基层治理机制逐渐从总体性支配迈向社会化整合，我国各地经济、社会活力都得到了充分释放。与此同时，我国农村的经济社会基础也发生了明显的东西分化。经济社会基础的差异又进一步决定了东部地区和中西部地区村庄公共事务结构的差异，由此使东部地区和中西部地区村庄呈现出不同的治理特征与属性。这意味着村庄治理现代化路径在东部地区和中西部地区存在不同的选择（见表 15-3）。

表 15-3　村庄治理现代化路径选择的东西差异

地区	村庄公共事务结构		村庄治理属性	村庄治理现代化的路径选择		
	数量结构	质性结构		治理导向	治理原则	治理体制形式
东部地区	事务数量繁多、分化程度高、分布均质	以关系脱嵌型事务为主导	现代性	复杂治理	规则治理	高度正式化
中西部地区	事务数量稀少、分化程度低、分布不均质	以关系嵌入型事务为主导	乡土性	简约治理	实质治理	半正式化

（一）东部地区村庄治理的现代性与村庄治理现代化路径的选择

依托于特殊的地理区位、国家政策倾斜等多方面的优势，东部沿海发达地区成为我国工商经济最为发达的地区，当地农村也深度卷入其中，基本全面开启了村庄工商化进程，融合到了地方城市经济发展体系之中。在土地、人口、空间全方位实现“在地城市化”过程中，村庄也实现了“去农化”而成为“名义”上的村庄，村庄社会已经现代化。当地的村庄治理亦主要表现为以工商经济为基础的现代社会治理，具有较强的复杂性。

东部沿海发达地区村庄公共事务主要衍生自工商经济体系。从数量结构来看，东部沿海发达地区村庄公共事务具有数量繁多、分化程度高以及分布均质的特征。要适应村庄公共事务的此种数量结构特征，以村“两委”为基础的村庄治理体制必须要遵从常规化的运作模式。具体表现在，将以村“两委”干部为核心的村庄治理队伍职业化，实行坐班制，并纳入规范化管理。此外，以村“两委”干部为核心的村庄治理队伍还要具有明确的职责分工，从工商经济体系中分化出来的治安巡逻、安全生产以及国土管理等事务都需要有专门的人员负责。从质性结构来看，东部沿海发达地区村庄公共事务以关系脱嵌型事务为主导。如前文所述，关系脱嵌型事务具有一般性、个体性以及去乡土性等特征，这其实也意味着关系脱嵌型事务呈现出明显的规则性。对这类事务的处理，需要遵循以制度、规章、法律等现代公共规则为基础的治理原则，实行规则之治。

因此，以村“两委”干部为核心的村庄治理队伍职业化、明确职责分工以及遵从规则治理原则，以此作为主要内容的村庄治理体制建设将构成东部沿海发达地区村庄治理现代化路径的可行方向，此种村庄治理体制是一种高度正式化的治理体制形式。

（二）中西部地区村庄治理的乡土性与村庄治理现代化路径的选择

经过市场经济的洗礼，虽然我国乡村社会普遍发生了巨大变化，但“村落共同体的地方性以及共同体的整体性特征依然留存”[①]。这说明中西部地区的村庄治理仍然是以血缘和地缘为基础的传统农业型村庄治理，表现为乡土性特征，乡土社会的治理具有简约性。村庄公共事务主要衍生自农业生产体系。从数量结构来看，中西部地区村庄公共事务呈现数量稀少、分化程度低以及分布不均质等特征。这意味着遵从事件化运作的村庄治理体制就足以应对这些村庄公共事务，整个村庄治理体制只需要在治理事务出现时启动运转。以村“两委”干部为核心的村庄治理队伍可保持兼业化的工作模式，即在从事村庄工作的同时可兼顾家庭生

① 陆益龙．后乡土性：理解乡村社会变迁的一个理论框架．人文杂志，2016（11）.

产经营活动。他们无须坐班，只需在治理事务出现时参与到村务工作中。村“两委”干部之间也无须进行特定的职务分工，遇到重大事情，由大家共同协商处理。因此，从这个角度来说，中西部地区的村庄治理体制必然是低成本运行的治理体制。

从质性结构来看，中西部地区村庄公共事务主要表现出突出的关系嵌入型特征。关系嵌入型事务构成了中西部地区村庄公共事务的主导类型。关系嵌入型事务深度嵌入乡土社会中，附着有村庄中的各种利益关系、情感关系以及社会关系，与村庄村民存在整体性关联。这类事务的处理过程以及最终的处理结果会在极大程度上影响整个村庄村民的情绪，若处理不当，就可能招致他们的不满。因此，关系嵌入型事务具有突出的社会性，其不能限制在以制度、法律、法规为基础的规则治理逻辑中，而需进入到乡土社会的逻辑之中，即将关系嵌入型事务放置于村庄社会的语境和场景中理解，在以国家法律、政策为底线原则的前提下，按照乡土社会的行为习惯来处理，以村庄历史形成的伦理、规范为准绳。村庄治理中村干部运用的情、理、力等策略和手段通常为村庄既有的规范、规则所认可，同时在村民中具有共识，也往往是有效的。而且，这些策略和手段都是工具性的，其最终目标是要达到事务的实质解决以及村庄公共秩序、公共伦理的修复与维系。关系嵌入型事务的处理以实质治理为最终原则。

因此，以村“两委”干部为核心的村庄治理队伍兼业化、弱分工以及遵从实质治理原则，以此作为主要内容的村庄治理体制建设是中西部地区村庄治理现代化路径的可行方向，此种村庄治理体制属于半正式化的治理体制形式。我国改革开放以来在农村普遍实行的以村民自治为基础、以村干部兼业化管理为主要特征的村庄治理体制形式高度契合了中西部地区村庄治理的实际需求。

（三）进一步讨论

村庄治理体制改革与建设构成了当前中国村庄治理现代化的重要内容。通过引入区域差异视角和村庄公共事务结构这一分析工具可发现，各地区由经济社会基础的差异导致的村庄公共事务结构的差异，进一步决定了与之相应的村庄治理逻辑的差异。这说明中国不存在一条普适性的以村庄治理体制建设为核心内容的村庄治理现代化路径。就当前的形势来看，特别是对我国广大中西部地区农村而言，以村庄治理体制建设为核心内容的村庄治理现代化并不是要完全摒弃既已形成的以村民自治为基础、以村干部兼业化管理为主要特征的半正式化村庄治理体制形式，而是要在这一体制形式的基础上进行修正和完善。只有如此，才能整体提高中国村庄的治理效率和现代化水平。

东部沿海发达地区处于中国改革开放的前沿地带，经济、社会、政治发展等各方面对全国其他地区都具有引领性。东部沿海发达地区同时是各种制度包括村庄治理体制创新的中心阵地，该地区在村庄治理体制建设方面的各种创新在实践层面对我国广大中西部地区形成了很强的示范效应。近年来，中西部地区农村普遍开展的系列村庄治理体制改革在很大程度上都以东部沿海发达地区村庄为蓝本。基于村庄工商经济的发展以及随之而来的村庄公共事务结构的变迁，东部沿海发达地区相当部分村庄的治理体制早已突破了以村民自治为基础、以村干部兼业化管理为主要特征的村庄治理体制形式，村庄治理呈现出明显的行政化倾向，与之相伴随的就是村干部的职业化、村“两委”组织的正规化、村庄治理体制架构的科层化以及村庄治理方式和村庄治理原则的规范化等，村庄治理体制形式高度正式化。

在创新农村基层治理体制、推动基层治理体系和治理能力现代化被作为农村发展指导战略的背景下，东部发达地区的村庄治理体制成为广大中西部地区农村学习的对象，比如将村干部职业化、村“两委”组织正规化，使村“两委”组织成为职责分工清晰、权责明晰的行政科层组织体系。此外，很多发端于东部沿海发达地区的各种现代技术治理手段也被引入中西部地区村庄治理当中，并成为村庄治理体制的重要组成部分。但是，结合我们近几年在多地农村的调查经验来看，这一系列的改革举措在中西部地区遭遇了一些不适应，未取得预期的改革成效。村庄治理成本增加的同时，村级治理能力未升反降。这些举措不仅降低了国家政策向村庄社会的贯彻能力，造成村民需求难以在村庄范围内得到有效回应，而且还导致村“两委”组织缺乏有效约束和协调钉子户的能力。整个村庄治理体制悬浮于村庄社会之上，与村庄社会和村民脱节。

因此，有必要树立村庄治理的区域差异，尤其是东西差异的观念，通过对东部沿海发达地区和中西部地区的经验作对比，精确掌握这两类地区村庄治理的定位，避免出现因不同地区农村的经验相互牵引和移植所带来的认知混乱。引入东西差异这一区域视角，有助于我们对东部沿海发达地区和中西部地区以村庄治理体制改革与建设为重要内容的村庄治理现代化路径的选择进行精准预判。

结论与讨论

第16章
发现“东西中国”

一、市场化与改革开放以来的乡村变迁

费孝通基于对传统时期乡村形态的观察，作出了中国属于“乡土社会”的理论概括[①]。这一概括至少包括了两层内涵：一是对中国社会整体性质的描述，以区别于“西方社会”，在这方面包括了“公德”与“私德”的区别、“差序格局”与“团体格局”的区别、礼治与法治的区别等；二是对乡村社会形态的概括，包括对村庄形态、农民行为逻辑、基层社会秩序维系方式等方面的描述。费孝通书写乡土中国，源于对中国文化特性的体悟、对现实社会形态的观察以及对西方社会和西方理论的理解，他所提炼的“乡土性”，较好地刻画了中国社会的某些特征，因而成为中国社会学史上的经典论述。

“乡土社会”和“乡土性”对照的是“西方社会”，在这种

① 费孝通．乡土中国．上海：上海人民出版社，2007：6-35.

“中西之别”的背后，还包含了“古今”的维度。“乡土社会”和“乡土性”多被视为中国社会的传统性质，这背后暗含的逻辑是“乡土性”会随着中国现代化的推进而发生变化。我国的现代化自近代以来已经历了百余年，中国社会从表层到底层都发生了深刻的变化。以“乡土性”为理论起点，以村庄和基层为对象，自下而上地考察中国社会变迁，能够理解具有悠久小农生产传统的中国社会是如何经历现代化的。

社会学研究者通常将考察当代乡村变迁的起点放在改革开放，一方面是因为研究资料更容易获得，另一方面是因为改革开放后的乡村变迁更加剧烈。改革开放以来，中国发生了翻天覆地的变化，农村政策、基层治理、乡村经济社会都经历了大量变化。改变乡村的力量有很多，市场是重要力量之一。改革开放之后，商品经济逐步活跃，20 世纪 90 年代确定了社会主义市场经济体制，进入 21 世纪之后，我国加入世界贸易组织和深度融入全球市场，最近十余年间的新型城镇化则进一步拉动农民融入市场体系。市场在资源配置中发挥决定性作用，市场化进程深刻地改变了城乡关系、村庄结构和农民的行为选择。

费孝通将建立在小农生产方式上的社会形态比喻为“半身插入了土里”，小农土地占有形态及建立在其上的生产方式，孕育出了乡村秩序和农民的文化心理。改革人地关系是重建中国社会秩序的关键问题。中国共产党通过发动土地革命成功地动员和组织了农民，取得了中国革命的胜利。新中国成立之后，在完成土地革命的基础上，又进一步实施农业合作化，在农村建立起了集体土地所有制。改革开放之后，为了适应农业经营方式变革，农村采取了土地承包责任制，在坚持集体所有制的前提下引入了产权制度，允许土地承包经营权流转。

人地关系作为乡村社会的基础，在改革开放后发生了三个方面的变化：一是土地的经济功能发生变化，改革开放之前农村的主要经济来源是农业和土地，经过改革开放以来四十多年的发展，农业产值在国民经济中占比下降，农业不再是农民收入的唯一来源，越来越多的农民不再依赖土地生活；二是随着城镇化的推进，青壮年劳动力流出村庄，农民的流动性增加，农村人地分离趋势扩大，国家通过制度改革回应土地流转的需求，土地的流动性增加；三是城市建设带动一些地区进行土地征收，土地产生增值收益，非农化使用让整个社会对于特定区位的土地产生了财富想象。

乡土本色源于特定的土地占用形态和利用方式。人地关系之所以构成理解社会形态的一个切口，原因是人地制度是一种总体性的制度。土地及其利用方式作为经济基础，不仅影响社会秩序，而且塑造人的行为逻辑。土地既是生产资料，也是社会关系的联结，还具有象征意义。在《乡土中国》中，费孝通从物质性的土地这一要素出发，揭示出中国乡村的社会与文化特征，完成了从“土地”到“乡土性”的理论抽象。

乡土性的维系以小农生产方式的稳定为基础，改革开放后维系乡土性的经济基础不再存在，乡村社会整体形态发生变化。家庭联产承包责任制打破之前的农业组织化经营形态，恢复农民的生产自由，在统分结合的双层经营体制下，农民与集体通过承包合同建立起了有限的权利义务关系；在治理领域，农民成立村民自治组织进行基层秩序维护；在社会领域，改革开放之后农村尽管还保留集体经济组织并建立村民自治组织，但是农民与这些组织的联结是有限的，在这些组织之外，国家越来越直接地为个体提供公共服务和权利保障，日渐扩大的市场也为农民提供了越来越多的机会选择。

改革开放之后，个体权利受到保护的农民不再依赖村庄、家族、地方社会等与外界联系，而是直接与国家、政府、市场等打交道，乡村和村庄从过去作为农民生活的唯一场景变成了当下众多场景之一。乡村和村庄不再构成农民生活的唯一场景，这反过来也影响了乡村形态，具体包括以下三个方面。

一是农民去身份化。改革开放后农民不再特指从事农业生产的人，随着城乡均等化公共服务供给政策的实施，农村户籍人口也逐步被纳入社会保障体系，进城务工农民就地享受公共服务。农民的身份特征在政策上被淡化。在实际生活中，农民已经高度分化，形成了在村农民与进城农民、低收入农民与高收入农民、职业农民与兼业农民等不同群体，不能一概而论。

二是基层社会秩序重新构造。传统小农生产以家庭为基本单元，自收自支、自给自足，土地分散占有，生产资料与劳动力直接结合，小农生产形态促使我国农业较早达到了较高的生产水平。然而，小规模的农业生产也存在着公共品供给不足的问题，如小规模农户无法进行农田水利建设。小农生产会遇到一家一户办不好和不好办的事情，农民便走向了自发的合作，在一家一户之上形成了诸如村庄、家族、基层市场等社会组织。这些社会组织是对一家一户的超越。费孝通形容传统时期乡村社会关系"愈推愈远、愈推愈薄"，便是对这种社会形态的描述。改革开放之后，在家庭经营之外，农村建立集体经济组织进行统筹生产，农民参与村民自治组织进行基层公共事务治理，同样是对一家一户分散形态的超越。与传统时期的不同在于，农民在集体和村民自治组织之外，不仅可以直接从政府获得基本公共服务，还能够从市场购买服务。这样一来，村庄虽然重要，却在农民的生活中不再扮演垄断性的角色，农民退出村庄成为可能。

三是乡村文化系统的变化。费孝通指出，传统乡村缺乏对现代文字这一符号形式的需求，原因是乡村包含一套内在于熟人社会的口耳相传形式的文化符号系统。传统乡村所包含的地方性知识，为有限人群共享，这套特殊知识为生活其中的人提供行为指引。当下的乡村生活越来越被普遍化的知识替代，农民的行为逻辑、消费心理和伦理价值都发生了根本性的变化。

概括为乡土性的传统乡村，包含了乡村具有的封闭、稳定、简单再生产等特征。乡村经历改革开放以来的变化后，具有开放、流动、融入整个社会大循环的特点。技术的进步、国家力量推动了乡村变迁，除此之外，还包括市场的力量。改革开放以来的乡村变迁与“三大市场”的形成有关[①]，这三大市场分别是全国统一的劳动力市场、全国性的农产品市场和全国性的“婚姻市场”。

二、市场区位与乡村区域形态

所谓全国统一的劳动力市场，是指改革开放以来随着工业化和城镇化的推进，二、三产业吸纳大量的农村劳动力，农民从土地和农业中脱离，参与全国就业市场就业。改革开放之后我国经济持续增长，带动市场规模不断扩大，在市场扩大的同时，国家也增强对农民外出就业的保障。20 世纪八九十年代，一些地区农民开始到乡镇企业就业，离土不离乡；2003 年废止了收容遣送制度，农民工流动的自由度增大；近年来，国家推进农民工就地享受医疗、教育等公共服务，进一步为农民工流动提供保障。全国统一的劳动力市场，让劳动力的价格显性化，不同地区和不同行业之间通过竞争达到了平均用工成本，农民根据个人的情况选择不同就业岗位，获得相对平均的劳动报酬。二、三产业用工增加，改变了劳动力的城乡分布，农民投入农业生产因而有了参照价格，这使得越来越多的农村青壮年劳动力自发流向城市，农民

① 贺雪峰．三大全国性市场与乡村秩序．贵州社会科学，2019（11）．

的家庭收入第一来源也从农业经营收入转变为务工收入。2022年，全国农民工总量29 562万人，农民工月均收入4 615元[①]。一个家庭只要有一个外出劳动力就基本可以脱离贫困。改革开放以来，我国贫困人口逐步缩小并最终实现全面脱贫，与农民参与全国劳动力市场有关。

农业的首要功能是保障粮食安全，2022年全国粮食播种面积为17.75亿亩[②]。所谓全国性的农产品市场，是指粮食价格稳定透明，大田作物种植的亩均收益稳定，地区之间和品种之间不存在显著的差异。另外，我国地域广大，存在气候、地形地貌、土质等方面的多样性，绝大部分农产品都可以找到适宜种植的不同地区，因而，当各类特色农产品在市场上供不应求时，一般都能够很快扩大种植规模。我国南北纬度、东西经度、平原到山地之间的海拔等，都跨越了很大范围，这不仅使得农产品的品种丰富，而且使得绝大部分农产品都供给充足。其结果是，无论是大田作物还是特色农产品，都基本遵守平均利润规律：当市场供给过多造成跌价时，农民就自发缩小种植规模；当农产品供不应求时，超额收益会诱发农民扩大种植规模和增加市场供给。全国性的农产品市场促进了农业技术进步，让更加适宜种植某类作物或某个品种的地区在市场中占据优势地位，也让更加适宜从事农业

---

① 数据来源：《2022年全国农民工监测调查报告》。

② 全国粮食产量稳中有增：国家统计局农村司司长王贵荣解读2022年粮食生产情况．中国信息报，2022-12-13（2）.

生产的群体留在乡村。

传统时期，婚姻是家庭事件，先有婚姻仪式，再有当事人双方关系，成立家庭是其目的。新时期的婚姻以爱情为基础，倡导个人选择。然而在实践中，婚姻自由虽然成为个体的权利，不再必须遵循“父母之命”，但自主婚姻在改革开放后却出现了重新物质化的苗头。尤其是广大农村地区，一度消失的彩礼现象又重新仪式化和制度化，索取和支付彩礼成为农民建立婚姻关系的必要环节。过去十多年中，不少地区的彩礼标准越升越高。婚姻家庭必须依赖于双方当事人的感情和谐，但是如今这并不是充分条件，很多时候，青壮年农民必须达到一定的物质条件才有机会结婚并维系稳定的家庭生活。所谓全国性的“婚姻市场”，首先指人口流动打破了传统的地域性通婚范围，农村青年群体在城市就业中结识异性朋友，完成择偶和婚配；其次指农村青年男女在全国流动，在五湖四海的社会交往中缔结婚姻，改变了各种地方性的婚俗习惯；最后指受婚姻物质化的影响，经济发展水平影响不同地区的婚配状况，一些地区婚姻难度降低，而另外一些地区则出现了婚姻挤压现象。

在全国统一的劳动力市场和全国性的农产品市场中，价格决定了资源配置，农民从村庄和土地中解脱出来，变为自由流动形态，身份属性消退，成为受契约支配的生产要素。农民从事农业，也从自给自足变为面向市场交易，农产品变为商品。市场化让乡村中的人和物都变成了生产要素。婚姻虽然不是纯粹的物质关系，但是随着时代变迁却呈现出越来越浓的物质色彩，掺杂着物质考虑的农村婚姻生活，受到经济因素的影响。用“市场”这个概念来描述传统通婚圈被打破后的农村婚配形态，突出了人口流动背景下农村婚姻形态的变化。三大“市场”作为一种社会形式，共通的一点是让乡村走向了自由开放。

市场作为一种抽象社会机制，存在竞争，也存在拉平作用，打破了乡村的地方性。市场又是具体的，存在区位差异，存在边缘与中心之分。市场化的进程从总体上改变乡村社会面貌，如马克思、恩格斯所描述的，“在它已经取得了统治的地方把一切封建的、宗法的和田园诗般的关系都破坏了。它无情地斩断了把人们束缚于天然尊长的形形色色的封建羁绊”①。当代中国乡村正经历着去地方性、去乡土化的过程。不过，还需深入市场化的具体层面才能够理解乡村的变迁过程。不仅市场本身存在区位差异，而且不同地区的农民参与市场的状态也存在差异，这就造成了乡村变迁的地区差异。

先看全国统一的劳动力市场。劳动力市场是逐步发育扩大的，改革开放后，我国东部沿海地区利用区位优势，承接海外的产业转移，促进了本地工业化，比较典型的是20世纪八九十年代长三角地区乡镇企业的发展和珠三角地区“三来一补”工厂的引入。当时东部沿海地区的发展存在三个优势：一是宽松的政策

① 马克思恩格斯选集：第1卷.3版.北京：人民出版社，2012：402-403.

环境，包括税收、土地、环保等方面的政策，为沿海地区的初期粗放发展创造了条件；二是工业品供给处于全国短缺状态，卖方市场有利于企业发展；三是土地、劳动力价格便宜，生产出来的产品价格低廉，具有比较优势。早期工业化的技术门槛不高、投资强度不大，在形态上处于“低小散”状态，很多企业办在村庄里，这种低端形态的工业化就地替代了农业，改变了乡村的经济基础。长三角和珠三角地区农民是最早脱离农业生产的农民群体。

改革开放后的乡村工业化不仅让东部地区率先发展和积累了第一桶金，而且让东部地区形成了先发优势：一是产业有集聚的要求，东部地区率先发展，占领市场，积累资本，形成产业配套，改善基础设施，形成了更好的继续发展条件；二是在政策层面，近年来国家在土地、环保、税收、质检等方面强化管理，东部地区度过了初期发展阶段，而中西部地区却不再具备东部地区在初期发展阶段所依赖的政策环境；三是东部地区在发展过程中不断进行产业升级，不仅在产业和技术层面追随国家发展的总体步伐，而且在长期的发展中培养了更好的市场条件、营商环境、政企关系，政府和基层管理者能够更好地为企业发展提供服务，吸引投资的能力更强；四是东部地区的农民更早地接触市场，东部地区具备创业精神的企业家更多，不仅本地人更懂得市场规则，而且透明的市场规则也更容易吸引外来的投资和人才。总的来说，东部地区的市场化程度更高。

东部地区的工业化和城镇化程度高，提供的就业机会多，因而成为人口净流入地区。广大中西部地区，工业化程度相对低，虽然近年来由政策推动的城镇化蓬勃发展，农民进城速度加快，但进一步观察发现，中西部地区的城镇化脱离了工业化基础，以县城为重要载体的农民城镇化，只解决了农民生活空间转移问题，并未实现农民的就业转移。中西部地区农民到县城买房的资金，主要来源于到东部沿海地区务工收入，城镇化加速了中西部地区农村人口的净流出。

再看全国性的农产品市场。相比工业，发展农业的技术门槛和投资强度较低。我国不同地区自然条件差异很大，符合某一种自然条件的地区又往往存在多个，这使得因特殊自然条件而形成垄断优势的地区不多。在全国性的农产品市场中，很难依靠某种作物或某类品种长期获取超额利润。土地制度实践是影响不同地区农业发展的重要因素之一。改革开放后，我国绝大部分村庄实行了土地承包，将集体土地分配至一家一户，形成了家庭分散种植形态。均平化的土地承包方式，适应了农村人口以农业生产为主要就业方式的时代条件。而当我国工业化和城镇化持续推进，农业之外的就业机会增多，全国统一的劳动力市场形成时，农民出现了就业分化，当下只有一小部分农民继续以务农为业。在此背景下，农村土地资源面临着重新配置的矛盾。

改革开放后，第一轮土地承包刚完成不久，东部一些地区就启动了乡村工业化，乡镇企业发展和外来投资为本地农民提供其他就业机会，使得一部分农民开始脱离农业生产。土地不再构成农民唯一的生计来源，再加上当时承包土地要承担农业税费负担，东部地区较早出现了人地分离趋势。在第一轮土地承包政策背景下，农村集体经济组织拥有调整土地的权力，东部地区发挥集体统筹功能，开始推动农村土地重新走向相对集中化，如珠三角地区推行土地股份合作社、长三角地区推行“两田制”。这些做法的相似之处是，允许不从事农业生产的农户退出土地承包，将农户退出的土地集中到集体，再向专业种植户发包。上海农村曾推行的家庭农场，就是按照这个逻辑操作的。20 世纪 90 年代中期实施第二轮土地承包，最早在贵州省湄潭县实施的“生不增、死不减”做法变成了全国性政策。第二轮承包之后，土地承包关系逐步被纳入法律保护，国家通过土地确权将土地承包形态锁定。然而，东部地区早在“生不增、死不减”政策实施之前，就已经开始推行承包地的重新集中化，通过“反租倒包”来解决农民退出之后土地如何耕种的问题。反而是中西部地区，是在彻底地推行“生不增、死不减”政策之后，才开始进入城镇化和农村劳动力外流阶段，因而出现了农村土地分散化的矛盾。

当前，东部地区与中西部地区的农业发展存在三个方面的差异。一是在大田作物种植方面，东部地区较好地破解了土地承包经营权分散和地块插花问题，为农业专业化种植和适度规模经营创造了条件，适应土地整治和农业基础设施建设要求，促进了农业经营体系更新。中西部地区在土地承包经营权锁定之后，普遍存在适度规模受限、农业基础设施建设受阻、土地细碎插花等问题。二是在特色农产品种植方面，东部地区不仅存在土地制度实践方面的优势，而且靠近城市和市场，大城市带动小农村，大市场需求带动特色产品供给，使得东部地区在高附加值农业产业发展方面也具备优势。三是东部地区农民拥有更强的市场竞争能力，他们突破传统种植方式，利用新技术，改进作物品种，主动打造品牌，创造新需求，将市场运营理念带入农业经营，更有机会获得超过平均水平的超额收益。

最后看全国性的“婚姻市场”。婚姻除了具备满足情感需求和建立家庭的功能之外，还具有社会流动的性质。在全国性的“婚姻市场”中，东部地区具备两个优势：一是东部地区属于人口流入地区，大量涌入的青年男女为本地适婚人群提供了更多的择偶机会；二是东部地区经济发展水平高于中西部地区，更好的生活条件使得东部地区成为全国“婚姻市场”中的高地。

三、乡村秩序与乡村治理的东西差异

市场化改变了社会联结方式，让乡村中的人、财、物变成了自由流动的要素，市场区位决定了乡村人、财、物流动的方向。在劳动力市场、农产品市场和“婚姻市场”中，流动的主体虽然不同，但是三者之间存在一定的交互影响。例如，经济发展水平决定了劳动力的流入和流出，这进一步影响一个地区的农业形态和婚配状况。在三大市场的共同作用下，农村人、财、物总体呈现东进西出的特点，我国乡村秩序和乡村治理存在东中西的地区差异。

（一）城乡关系

城乡关系调整是一个国家或地区在推进现代化的过程中必然会发生的现象。改革开放后，我国城镇化快速推进，市场的力量伴随着城镇化率的提升而扩大，一部分人、财、物要素直接从乡村进入城市，资本、现代生活方式、商品消费文化等从城市进入乡村，改造了农村的经济社会文化形态。很多时候，“城镇化”与“市场化”是同义词。由于工业化启动时间和经济发展水平不同，我国东部地区的城乡关系与中西部地区存在着显著的差异。东部地区不仅城镇化率高于中西部地区，而且其城镇化以内生的工业化为基础。20 世纪八九十年代东部地区发展乡镇企业，2000 年以后进行了产业升级，东部地区的资本密度高，区域经济发达，大中小城市间存在有机联系。东部地区农民较早脱离农业生产和参与市场就业，在市场中提升了能力和实现了人力资本积累。从 20 世纪 80 年代算起，东部地区已经实现了两代人进城，人口市民化程度高。中西部地区的市场发育晚于东部地区。中部地区如河南、安徽、湖北等地农村劳动力大规模进入全国市场是在 2000 年之后。在早期阶段，中西部地区农民外出务工时只有少数人定居城市，绝大部分是临时外出，务工的目的是改善在家乡的生活。2010年之后，全国进入新型城镇化阶段，中西部地区开始进行大规模县城建设，农民将外出务工积攒的收入投资在家乡县城买房，就地城镇化。相对来说，西部地区农民参与市场就业的时间比中部地区更晚，大体是在2005年甚至2010年之后。与之相关，西部一些省份农民城镇化的程度要低于中部地区。

从城镇化的性质来看，中西部地区的城镇化都是外生性的，农民进城的资源来自到沿海打工所获得的收入。中西部地区的县级城市工业化程度不够，县城的消费性强而生产性弱，中西部地区县城发展的背后是对乡村资源的抽取。东部地区城镇化背后则是产业发展和经济机会增多。东部地区的城镇化有可能给乡村带来资源反馈，而中西部地区的县城发展则会加速乡村萎缩。

（二）农民收入

东部地区经济发展水平高，农民经济状况较好。东部地区农民能获得较高收入，有五个方面原因：一是东部地区农民较早参与市场活动，不仅市场竞争能力强，而且参与市场的程度高，调查发现，东部地区的年轻人外出就业首选是创业和从事经营活动，然后才是到车间工作；二是东部地区农村靠近市场，农民更容易找到满意的工作；三是东部地区工作机会多，不仅青壮年容易找到就业机会，而且60岁以上人口也容易获得非正规就业机会；四是东部地区农民在家门口就业，交通便利，方便照顾家庭，非农就业的成本低；五是东部地区的社会保障水平较高，一些农民还能获得土地补偿收益或房屋出租收益。对比来看，中西部地区远离市场中心，农民需要跨区域就业，外出就业时还要兼顾家庭照料，因此中西部地区农民外出就业成本高，在劳动力市场中处于劣势。东部地区农民较早脱离农业，但中西部地区很多家庭依然看重农业收入。进一步看，中部地区农民与西部地区农民之间也存在差别。相比西部地区，中部地区农民参与市场就业的程度更高，中部地区形成了青壮年劳动力外出务工、老年人留守务农的家庭分工形态，西部地区则普遍存在妇女留守务农、丈夫外出务工的家庭分工形态；中部地区是代际分工，西部地区则是夫妻分工。代际分工是比夫妻分工更合理的家庭分工形式，能实现家庭劳动力的更充分利用。中部地区因一些家庭缺乏体力合适的父辈从事农业生产，于是形成村庄内部的土地流转和农业适度规模经营，西部地区则维持着户户务农但规模不大的农业经营形态。东部地区农民脱离土地最彻底，中部地区农民次之，西部地区农民对土地依赖程度最高，这造成农民参与市场就业程度和农村劳动力使用程度上的差异，进而造成不同地区农民收入的差异。

（三）社会分化

市场提供了多种机会选择，有助于每个人能力的发挥。市场化在消除普遍贫困的同时，也带来了农民的分化。东部地区位于市场中心，不仅农民进入市场程度深，而且部分农民抓住市场早期发展机会，经营成功，成为企业家。中西部地区农民进入市场的时间比东部地区农民晚，中西部地区农民大规模外出就业时，市场门槛已经形成，他们主要是以一线工人的身份参与市场就业。东部地区农民由于较早参与市场并抓住机会，不仅经济收入较高，而且村庄内部分化也比较明显。调查发现，东部地区村庄中有一定比例的企业家、工厂老板，在此之外还有一批经济收入超过一般务工者的经营者，这两部分加起来在有些村庄达到40% 以上。在这两部分之外，是一般务工者——东部地区的中青年人进厂务工一般是做技术工或车间管理者，以及占比不大的贫困家庭。中西部地区农民进入市场较晚，村庄中高收入的老板或经营者为少数，占村庄 70% 的是一般务工群体，以一线工种为主，另外是村庄中的贫弱群体。东部地区村庄内部的分化程度较高，中西部地区村庄内部的分化程度较低。另外，东部地区城乡关系紧密，不少本地人在村庄周边办企业，这些村庄上层收入群体日常在村生活，使得熟人社会内部的社会分化加剧[①]。中西部地区城乡关系疏远，经济条件较好的农民进入县城或是在大城市定居，人群外流缓解了村庄内部的社会竞争。

---

① 杨华，杨姿．村庄里的分化：熟人社会、富人在村与阶层怨恨：对东部地区农村阶层分化的若干理解．中国农村观察，2017（4）.

（四）村庄形态

传统时期的村庄是血缘关系与地缘关系的结合体，而当前村庄的边界已经被打破，村庄深度融入市场体系。中西部地区位于市场边缘，城乡差异大，乡村人、财、物资源源源不断地流失，中西部地区很多村庄已经变得高度“空心化”。东部地区的村庄靠近市场，农村公共服务供给水平高，乡村生活便捷，农民在村庄中也可享受较高质量的现代生活。东部地区村庄结构更加完整，村庄生活也更加繁荣。

（五）农民家庭生活

改革开放以来农民收入增加，重要原因之一是获得了农业之外的就业机会。我国农村低收入群体主要集中在中西部地区，尤其是西部地区，原因是中西部地区距离市场远，农民参与市场的程度相对较低。东部地区农民家庭收入较高，能够支撑得起现代生活方式；中西部地区农民进城买房后，生活方式和消费习惯走向现代化，但是收入水平并没有同步提高，造成家庭负债增加。调查发现，近年来快速推进的中西部县域城镇化，在大城市与乡村之间制造出一个“非工非农”空间，中西部县城缺乏工业基础，县城生活具有收入不高、支出不低的特点。农民在县城买房后，收入没有增加，而支出压力增大，进城和生活方式转变带来的外部压力，向家庭内部挤压，比较典型的现象是年轻人在县城生活依赖于父辈的支持，加重代际剥削。同时，进城后年轻人的生育意愿降低，中西部地区的部分县城有可能出现低生育陷阱。县域城镇化带来了年轻一代整体生活方式的调整，维持城市消费的成本很高，巨大的生活压力除了变成对“一老一少”的挤压之外，还造成了家庭的脆弱性，如年轻一代的离婚率升高。在全国性的“婚姻市场”中，中西部地区遭受婚姻挤压，出现彩礼升高、结婚难、农村大龄未婚男青年增多等现象。

对比来看，东部地区农民平均收入高，农村贫弱群体比例低，东部地区农民积累了更多的城镇化资源，且进城后能够获得本地就业机会。东部地区具有更多的市场选择机会，家庭合力和韧性更强，东部地区农村代际关系更加和谐，养老状况优于中西部地区，青年群体婚姻压力小，未出现大量未婚男青年在村庄中积聚的现象。

（六）乡村治理

取消农业税后，乡村治理以资源输入为条件。尤其是广大中西部地区，缺乏村庄内生的资源获取渠道，农村公共品供给和村庄面貌改善主要靠财政资源的输入。中西部地区地方政府的财力弱，涉农资金以省级以上转移支付为主，资金监管制度严格，资源下乡压缩基层自主空间，这些在某种程度上降低了乡村治理的活力。中西部地区的乡村治理存在两种面貌：一种是财政资金投入较多的亮点村、重点村，基层工作自上而下地推动，村庄面貌好；另一种是财政资金投入较少的普通村，村级治理缺乏资源激活。东部地区的乡村治理也是重点依靠资源输入，不过在资金来源上，东部地区的涉农资金投入以地方政府为主，中央财政资金较少，还有一部分村庄拥有集体经济收入。以地方财政投入为主的资金使用比中央财政资金更加灵活，使得东部地区村级治理较中西部地区更具活力。

除此之外，东部地区与中西部地区的乡村治理还存在四个区别：一是东部地区本地精英多，村干部候选人多，中西部地区则常面临着谁来当村干部的问题；二是东部地区村级建设标准高，中西部地区的农村公共品供给仍存在很多短板；三是东部一些地区推行村级组织正规化，村级治理成本高，中西部地区村级组织则保持着简约形态；四是东部一些地区靠近城市，土地价值高，因利益分配引发的矛盾多，中西部地区村庄则利益稀薄，基层工作面临的主要矛盾是“空心化”问题。

四、“东西中国”的政策意义

市场作为一种社会机制推动了乡村变迁，市场的具体形态决定了乡村变迁的具体过程。改革开放以来，劳动力、农产品和婚姻三大“市场”的形成，深刻地改变了乡村面貌，形成了东西部不同地区的乡村差异。区分“东西中国”，不仅破除了对乡村面貌和乡村变迁的笼统想象，而且具有政策上的意义。

一是关于乡村发展不平衡性问题。党的十九大报告指出，我国社会主要矛盾已经转化为人民日益增长的美好生活需要和不平衡不充分的发展之间的矛盾。改革开放后，我国不同地区发展不平衡，与市场区位的差异有关。对于乡村发展的不平衡形态，需从两个层面认识：一是市场化使得乡村摆脱普遍贫困状况；二是市场化让一部分地区发展更快而另外一部分地区发展相对滞后。当前阶段，农村的市场化还在推进，乡村的人、财、物还会进一步流动。这意味着，只要我国的现代化进程没有结束，乡村的这种发展不平衡问题就会继续存在。

二是关于乡村发展定位。城镇化是现代化的必由之路，与之对应，现代化必然伴随着乡村的收缩。对比来看，东部地区乡村靠近市场，受到城镇化的辐射，实现了城市发展对乡村发展的带动。中西部地区属于人、财、物净流出地区，现代化推进越快，乡村收缩越快。党的二十大报告提出，到 2035 年我国基本实现社会主义现代化，到本世纪中叶全面建成社会主义现代化强国。从城乡关系看，2035 年之前我国城乡关系总体还处于城镇化推进和乡村收缩阶段，这一时期的乡村建设应当定位于对冲城镇化风险，通过基础设施建设、基本公共服务有效供给来巩固现代化的大后方。到 2035 年第一步战略目标实现之后，城乡关系趋于基本稳定，再按照更高标准开展乡村建设①。等到城乡关系稳定

① 贺雪峰 . 城乡关系变动与乡村振兴的阶段 . 贵州社会科学，2021（8）.

之后，就不会存在中西部地区乡村人、财、物大规模流出，东部地区乡村人、财、物流入，东部地区乡村挤压中西部地区乡村的现象。到那时，东部地区村庄和中西部地区村庄如何区分、如何分类规划、如何分类建设，才会有新的标准和依据。

三是乡村振兴战略实施。乡村振兴战略对乡村建设提出了全面要求。现实中，少数村庄会继续发展，大部分村庄面临着被城市吸纳的前景。乡村振兴所确定的发展目标要立足于村庄现实及其发展前景。近年来，东部地区基于经济发展条件和地方政府财政实力，在乡村建设上投入较多，在农村基础设施建设、村庄环境整治、基本公共服务供给上达到较高水平。东部地区的一些做法被提炼为乡村建设和基层治理经验，影响涉农政策制定，为中西部地区“三农”工作树立标杆。然而，实际上东部地区乡村与中西部地区乡村面临着完全不同的市场环境，东部地区一些村庄形态不构成中西部地区村庄发展的样板，东部地区乡村的发展路径无法被中西部地区乡村照搬。东部地区乡村与中西部地区乡村不是发展阶段上的差别，而是发展路径上的不同。

四是基层治理现代化。从基层发掘有效做法并抽象为一般政策，发挥基层的创造性和上级的统筹性，是我国独具特色的决策机制。近年来，国家鼓励基层进行形式多样的治理探索，东部地区在这方面投入较多，在基层治理现代化上做了很多创新。实地调研后发现，一些地区投入大量资源进行基层治理创新，是为了获得上级关注，所创造的“经验”没有推广价值，带来形式主义和浪费。现代国家治理要平衡中央和地方的关系，一方面要强化国家统筹能力，另一方面也要发挥地方的积极性。关键在于，要意识到基层的复杂性，国家的统筹性体现为政策设置时，要做到兼容并包，实现政策统一性与地方多样性的统一。基层治理现代化和“三农”政策改革，要建立在对东部地区农村与中西部地区农村进行区分的基础上。

五是具体的政策实施问题。当前中西部地区在开展乡村工作时，除了面临资源匮乏问题外，还存在政策上的被动。东部地区乡村面貌良好，基层治理相对有效，东部地区在基层治理方面投入大量的人力、物力，基层治理虽然成本高，却较少出现低级错误。中西部地区存在各类“小概率事件”，容易引发网络舆情，成为负面典型。在此情形下，东部地区主导了基层治理的发展方向，东部地区主动提供的经验和做法影响上级部门决策，进而形成了“三农”问题相对不严重的东部地区却输出“三农”工作经验的局面。东部地区的做法具有特殊性，特殊的做法变为一般经验向中西部地区推广，不仅不能解决中西部地区的问题，反而会抑制中西部地区的主动性，中西部地区的基层工作深受东部地区的牵引。然而，中西部地区面临的政策问题与东部地区十分不同，具体包括村级组织建设、村干部制度、农村宅基地制度、农业经营体系建设、农村承包地制度、乡村治理体系等。这些政策需要解决的问题在东部地区和中西部地区完全不同，政策内容和执行方式应当存在差异。

总的来说，我国地域广大，各地农村情况不同，基层工作要从实际出发，乡村治理要有自下而上的维度。“东西中国”是从农民与市场关系的角度，呈现出改革开放后乡村的变迁逻辑和分布形态。

第 17 章 将区域作为方法

中国地域广大，人口众多，不同地区情况复杂。认识中国是中国社会科学研究者的使命。对中国的认识要从具体经验开始，却又不能局限于具体经验，因为具体加总并不等于对中国的总体认识。在具体经验与总体认识之间还有着大量中间环节，其中极为重要的一个环节就是区域，只有经过区域才可以将一个一个具体经验上升为对中国的总体认识。区域既是认识中国的重要环节，也是训练社会科学研究者的主要方法。

一、通过经验认识中国

我们每个人都生活在现象之中，生活现象的沉淀和程式化，形成了我们的生活经验。生活经验通常是未经反思、不加批判的，所以是对各种生活现象的表面认识。从第三者视角来看，对生活经验进行反思、批判，就形成了具体经验，尤其是超脱自身生活经验进入另一个经验场域，理解经验背后的机制（逻辑）及看似不合理经验内在的合理性，就可以对具体经验形成具有一定深度的具体认识。

从具体经验中形成对中国的总体认识，需要有若干中间环节以及若干认识上的飞跃。在形成对中国的总体认识中，具体经验与抽象经验（总体经验）处于认识的两端，同时，相对于现象世界的另外一端是理性判断，相对于生活经验的另外一端是理论认识。即：

现象世界——理性判断；

生活经验——理论认识；

具体经验——抽象经验（总体经验）。

只通过现象和具体经验，是不可能真正认识中国式现代化实践的。如何从现象世界中形成理性判断、如何从生活经验中概括出理论认识、如何从具体经验中提炼出抽象经验，是通过经验认识中国的关键。学者通过对现象和生活经验的反思形成具体经验，再从具体经验上升到抽象经验，从而形成包含具体的抽象、包含内在结构和丰富细节的总体，完成认识的循环。

人类学的田野工作是认识具体经验的一种重要方法。人类学研究注重长期在一个异文化环境中观察体悟，尝试理解异文化的内在逻辑及合理性，形成了关于具体经验的深厚认识。从这个意义来讲，人类学是善于反思的，人类学的认识是超越了现象和生活经验的，因此，人类学往往能够发现经验的意外，对固有认知提出批判，并解构既定知识体系。不过，人类学研究的问题是，对具体经验的反思尚未达到抽象经验层次的时候，就直接上升到抽象理论层面的讨论中，或直接进入与一般理论的对话中，缺乏对总体经验的把握。此外，有的人类学研究开始关注政策问题，比如征地拆迁、城乡关系等议题，但很多想法往往只是基于一时一地的社会调查，并未形成经验上的整体判断，结果对国家政策的反思反而不接地气，也很容易带来政策上的偏误。

社会学、经济学等学科则越来越注重对统计数据的利用。全国层面以及不同区域的统计数据，可以刻画中国式现代化实践，比如 GDP 增长、农民收入、城乡差距等。全国统计数据可以称为抽象经验。抽象经验的意思是，统计数据背后的机制可能是复杂的，如果缺少对具体数据的质性理解，结果就可能误导读者。当前，中国社会科学研究越来越倾向于定量研究，越来越喜欢用数据说话，用数据去生产所谓的理论知识，却未必对数据背后的机制有深入理解，这就可能造成用复杂的方法和大量数据证明了一个常识，甚至可能连常识都不是。

通过经验认识中国，首先要有具备经验认识能力的人，其次要形成关于中国经验的整体判断，这个整体判断是包含了部分的整体，是包含了具体的抽象，是深刻的、经得起实践检验的。无论是培养具备经验认识能力的人，还是形成对中国经验的整体判断，都要经由区域比较这一研究方法。

二、区域是认识中国的重要途径

中国地域广大，不同地区差异很大，只有理解了中国的区域差异，才能理解国家统计数据的真实含义。

区域是一个包含特定经济、社会、文化和政治关系的地理社会空间。区域的尺度可以小到村庄、社区，大到国家、大陆。社会学和历史学视野中的区域通常在国家之内，常见的区域研究涉及华北平原、江南地区、巴蜀地区、岭南地区等。比较政治学视野中的区域通常是国家和地区。现代比较政治学起源于美国。萨义德指出国际“比较政治研究”中存在着“东方学”信条和根深蒂固的“权力－知识”话语，新东方学家（比较政治、比较区域研究者）接受了老东方学家对东方文化的敌视态度并且将其一直保留了下来[①]。我国比较政治研究起步晚、底子薄，有待通过扎实的区域经验研究创建有竞争力的本土化的概念和理论体系。

20多年来，我们致力于通过“田野的灵感、野性的思维、直白的文风”，深耕田野，深刻认识中国（首先是认识中国农村），建立有主体性的中国社会科学。最早对区域差异的关注，来自进入21世纪后对以村庄社会结构差异为基础的南中北区域差异的调研。

中国太大，我们的田野工作不可能将所有区域和问题都覆盖到，因此，刚开始时我们的研究目标是理解“中国80%农村的80%现象”。边疆地区的农村地广人稀，特殊性强，我们重点

---

① 萨义德．东方学．王宇根，译．北京：生活·读书·新知三联书店，1999：372.

研究汉民族聚居的农业地区[①]。在全国开展田野调查，我们很快发现不同农村地区的村庄结构存在显著差异，正是村庄结构塑造了村民独特的行为和心理模式，自外而内、自上而下的政策、法律、项目资源与特定村庄结构的对接方式，形塑了南中北区域相当不同的村庄治理样貌。

依据村庄社会结构（村庄血缘联结形式、农民认同与行动单位）的不同，中国村庄可以分为三种类型，分别是团结型宗族村庄、分裂型小亲族村庄和分散型原子化村庄。村庄社会结构与村庄历史、地理条件、种植结构以及公共品需求状况等因素有密切关系，并且呈现出显著的区域分布特征，其中团结型宗族村庄主要分布在南方的广东、广西、福建、海南、江西等省份，分裂型小亲族村庄主要分布在华北、西北地区，分散型原子化村庄则主要分布在长江流域和东北地区，由此形成了典型的南中北区域差异。不同村庄社会结构所塑造出来的人的行为与心理模式也有很大差异，比如，小亲族村庄村民往往有较强的政治性，宗族村庄村民则倾向于信任外人，原子化村庄村民主体性强，等等。

不同村庄社会结构与自外而内、自上而下的政策、法律、制度以及观念的对接方式也不同，因此产生了相当不同的结果。例如，农业税费时期，计划生育政策在原子化村庄被执行得最彻底；在小亲族村庄，村干部则很可能将计划生育政策变成整治竞

① 贺雪峰．乡村研究的国情意识．武汉：湖北人民出版社，2004.

争对手的手段，选择性执法情况比较普遍；在宗族村庄普遍出现政策执行“搁浅”“变通（交罚款）”的现象[①]。团结型宗族村庄聚族而居，对所有自外而内、自上而下的外来力量都具有一定的抵挡能力，从而削弱了外来力量对村民生活和村庄治理的影响。分裂型小亲族村庄中不同派系竞相援引外来力量，从而导致外来力量对村庄治理和村民生活的过度干预。分散型原子化村庄缺少强有力的血缘联结，也就缺少对外来力量的抵挡或者援引，外来力量在村庄中就显得来去自由。基于村庄社会结构而形成的南中北的区域差异，在村级债务、村民集体行动、农村养老等方面均具有解释力，成为我们理解整体中国的重要视角[②]。

东中西的区域差异是我们近年特别关注的另一个重要的区域差异[③]。国家统计局划分的东中西部地区是以行政建制为基础的，这样的划分便于统计，却很难揭示东中西部地区内在的差异。实际上，当前中国东中西差异最为关键的是东部沿海地区通过持续推进乡村工业化和城市化，形成了沿海城市经济带，沿海城市经济带内的农村实际上已成为城市体系的内在有机组成部分。“城乡一体”“城乡融合”，这些词都可以用来描述沿海城市经济带内

① 参见贺雪峰．村治的逻辑：农民行动单位的视角．北京：中国社会科学出版社，2009.

② 参见贺雪峰，等．南北中国：中国农村区域差异研究．北京：社会科学文献出版社，2017.

③ 贺雪峰．东西中国：中国区域差异的经济视角．开放时代，2023（2）.

的城乡关系。

在中国快速现代化和城市化过程中，沿海城市经济带经济快速发展，吸引了大量外来人口。相比之下，中西部地区农村工业化在20世纪末迅速衰败，农民仅靠农业收入已无法维持生计，因此，农村青壮年劳动力外出务工经商，农村继而出现了严重的老龄化与“空心化”。从这个意义上，虽然在行政建制上东部地区与中西部地区都存在农村，但是东部地区的农村却已融入城市，乡村工业化是内生性的，农民也都就地进入二、三产业就业，甚至农民的生活方式也已经城市化了。中西部地区农村则是人、财、物资源持续流失，乡村发展的内生性资源变得越来越稀薄。

当前东部沿海城市经济带占全国面积不到5%，却集中了全国接近一半的GDP和将近三分之一的人口①。除此之外，剩余95%的面积都可以称为中西部地区。由于中西部地区面积太大，也就可以依据人口密集程度、地形地貌、种植养殖结构进一步细分。一般来说，可以将以种植业为主、传统农业比较发达、人口相对密集的地区称为中部传统农业地区，而将地广人稀、山高林密或草原石漠地区，以及边疆少数民族地区视为主要的西部地区。

中国的市场中心在沿海城市经济带和大城市，东部沿海城市经济带同时也是市场中心，中西部地区则是远离市场中心的半市

① 贺雪峰．区域差异与中国城市化的未来．北京工业大学学报（社会科学版），2022（5）．

场中心或非市场中心，甚至是市场力量难及的偏远地带[①]。东部沿海发达地区内也有人口流出、市场不及的农村，中西部地区也有包括省会城市在内的区域中心城市及其市场所能覆盖的农村地区。因此，在类型上，东部非市场中心的农村和中西部大城市覆盖的郊区农村，可以分别划入对应区域进行认识。

无疑，当前中国东中西的区域差距最显著的表现是 GDP 的差距，是发展水平与发展阶段的差异。中国现代化一定要缩小区域差距，在这个意义上，东部地区的现在就是中西部地区的未来。当前东部地区农村发展经验（以及教训）对中西部地区的发展就具有极为重要的意义。同时，又因为中国经济是一个整体，东部地区形成了规模庞大的沿海城市经济带，就使中西部地区农村进一步丧失了工业化的可能。结果就是，东部地区农村城市化了，中西部地区农村却“空心化”以及回归到以农业为主的发展模式上来，东部地区的现在并非中西部地区的未来，东中西部地区农村走上了各自不同的发展道路，且正是东部地区占据了发展先机，导致中西部地区农村不再有发展和实现乡村工业化的可能。这种情况下，东部地区的发展模式就不适合中西部地区，东部地区县域经济是沿海城市经济带的底盘，中西部地区县域经济却只是县域农业的集成。以城市二、三产业为基础的东部地区县

① 贺雪峰. 半市场中心与农民收入区域差异. 北京工业大学学报（社会科学版），2020（4）.

域轻松成为百强县，作为农业集成的中西部地区县域经济甚至都不可能为当地农民提供足够的二、三产业就业机会，更多是作为公共服务的供给者而存在。这样看来，当前东部地区为全国创造了大多数发展经验，并上升到国家政策层面，实际上却是无法全面示范，难以全面推广①。

城乡视角也是区域视角的一种。20多年前，我们提出农村是中国现代化的稳定器与蓄水池，论证中国城乡关系是一动一静、一阳一阴、对立统一、相反相成的辩证关系，中国城乡二元结构正在由过去的剥削型二元结构变成保护型二元结构。正是保护型城乡二元结构使中国农村为中国现代化提供了极其重要的稳定器与蓄水池的作用，避免了发展中国家通常容易出现的社会政治不稳定②。

城乡之间的关系除了市场因素、制度因素之外，还有社会因素在起关键作用，经济学家们通常都忽视了社会这个关键层面。在保护型城乡二元结构下，城乡社会相辅相成，农民可以自由进城就业，为家庭发展积累经济资本，也可以在年老体弱或进城失败时返乡退养。农民之所以能够返乡，是国家制度为农民提供了生活居住的田地、宅基地以及社会资本丰富的乡村熟人社

---

① 贺雪峰，卢青青，桂华．扩权赋能与县域发展的定位．社会发展研究，2023（2）.

② 贺雪峰．乡村的前途：新农村建设与中国道路．济南：山东人民出版社，2007.

会[1]。进城失败的农民返乡之后，继续支持子代进城读书、就业、购房，渐进推动中国高质量城市化。

经济学家们主张构建生产要素更加充分流动的市场制度，以为生产要素充分流动可以创造更大的经济增长，但经济越发展，社会保障也要越充分。当保护农民自由进城返乡的土地被私有化、市场化之后，巨量农民“进不了城、返不了乡”，就有可能诱发严重的社会政治危机，落入中等收入陷阱。

从区域比较视角来看，我们可以更加完整和深刻地理解中国经验与实践，为中国式现代化提供深刻的理论支撑和系统有用的政策建议。任何经验和实践都是具体的，从具体经验与实践上升到总体经验和抽象经验，要经由区域这个重要环节。区域也是结构，甚至是最为关键的结构，正是通过对包括区域在内的诸多结构的认识，可以形成对中国整体的认识与判断，可以找到更加普适、一般的对中国式现代化发展规律的认识。也就是说，区域是我们认识中国、建立有主体性的中国社会科学的一个基本方法。

三、通过区域进行经验训练

区域是社会思考和行动的关键结构。但只是做区域研究，并

① 魏程琳．双轨分层与中国的弹性社会结构．南京农业大学学报（社会科学版），2018（5）.

不必然达到对整体中国、总体经验的把握和理解。具体的、地方性的经验与实践，要上升到总体经验和抽象经验，需要经由区域比较研究这个重要的学术训练环节。

每个人都生活在现象世界，并因此形成不言自明、未经反思的生活经验。社会科学研究者往往将自己的生活经验对象化，对生活经验进行反思，而非视作理所当然。一个对生活经验缺少反思能力的人，只是生活在文化本能与情绪本能中，很难成为一个好学者。通过反思生活经验获得对经验的认识，并非社会科学研究的唯一办法，也不是最好的办法。一个更好的办法是以第三者身份进入区域田野，通过深入田野获得对经验的系统认识。进入有着区域结构的田野，通过经验现象 A，进入与 A 相关的现象 B，再进入与 B 相关的现象 C，理解经验本身的自洽性，形成相对完整的关于经验的总体认识。这种认识反过来也会深化自己对生活经验的反思和理解。在田野中，研究者不断深入经验，由 A 到 B 到 C，一直到 Z，再回头来认识 A。研究者对 A 就形成了带有总体认识的具体经验，而不再是刚开始对 A 的现象层面的理解。或者说，经过对一系列关联性现象的理解，研究者就能够揭示出 A 的深刻属性。更重要的是，在这样一个由 A 到 B 到 C 再到 Z 和回到 A 的过程中，研究者不仅完成了对一个具体经验的认识，而且训练了对经验本身进行深入认识的重要能力。

通过区域研究能够获得关于区域的全面性认识，但还不足以形成对于中国的整体性认识和判断。对社会科学研究的经验训练而言，研究者对经验的总体把握能力是极为关键的，这是一种超越具体区域经验的整体理解能力和判断力[①]。根据我们团队多年的研究经验，刚刚接触经验的博士生，通过10个具有区域差异特征的田野点的深入调研（每个田野点用大约20天开展全方位调研，我们称之为“村治模式调研”），大致可以形成一定的经验质感，即对中国经验进行总体把握的能力。

为什么经过10个有着区域差异特征的“村治模式调研”就可以形成经验质感？其中一个重要原因是，借区域之间的显著差异来不断强化研究者对经验的感性认识和理性理解，从而训练出研究者对经验的良好感知力，这种感知力也可以说是对经验的某种平衡感，或我们经常所说的经验质感。

区域田野先验于研究者存在，本身又是复杂的、多元的，具有内在自洽性的。因此，研究者进行田野工作要理解经验，就必须进入经验自身的逻辑。这个过程也是对研究者的认识进行改造与重构的过程，正如学习语言形成语感，骑自行车要掌握平衡，学习者全身心投入田野就会自然而然地打通经验认知的脉络。

有两种进入田野形成经验质感的方式。第一种是长期在一个田野点调研，优点是，长期在一处用力，可以细致深入地理解田野经验的微妙之处，并通过理解经验提升对经验的感知能力；缺点是，因为田野不存在本质的经验，研究者长期在一个田野点调

① 贺雪峰．在野之学．北京：北京大学出版社，2020.

研，必然以自身生活经验或第二手经验来形成对经验的聚焦，甚至将具体经验上升到抽象经验，导致经验事实受个人主观意识的过度影响，调查者获得的信息都是与自己预设一致的经验材料，这就难以通过深入的田野调查调整调查者的主观认识，更难以训练调查者对经验的总体把握能力。

第二种是在多个地点进行田野工作，通过不同田野调研点之间细微的差异来深入认识经验，提升个人的经验认知能力。多点调研的一个重要特征是选择不同区域的田野进行调研，通过区域比较研究形成超出单个区域田野的总体认识。多点调研的最大好处是，通过对田野经验的建构和解构、建立和破除的不断反复，进入对田野经验的深入理解，形成与之匹配的田野认识能力。多点调研的一个重要方式是选择不同区域的田野点进行广泛调研，从而通过区域比较来形成超出单个田野点的总体认识。多点调研兼具深入性与丰富性，田野调研过程同时或更是进行经验训练形成经验质感的过程。

也就是说，以区域作为方法，开展持续深入的多点调研，是形成经验质感、培养优秀社会科学学者的重要办法。不能真正做到见多识广，缺少对经验与实践的想象力，无论有多少理论知识，都不可能做好中国研究，也不可能深刻认识中国。对于社会科学研究者来讲，田野调研不仅是搜集研究资料的过程，也是进行经验训练形成经验质感的过程。尤其是在进行经验研究之初，研究者必须要对经验保持充分的开放性，通过田野来训练自己，将形成经验质感作为进行田野工作最重要的目的。

一个有经验质感的学者，具备了进行复杂思考的能力，直面理论、模型和数据时就容易有主体性，就有能力在复杂经验中抓住主要矛盾和矛盾的主要方面，就可能做出创新性的研究，而不会人云亦云，将自己的研究作为西方理论的注脚。当前中国社会科学研究中存在的问题是，在缺少对经验本身深入理解的情况下，形成了很多脱离语境的理论和学术对话，过于注重学术的规范表达而非实质性的理论创新，结果变成了社会科学研究者的自说自话。更大的问题是，当前中国社会科学研究中出现了平庸的精致，即大量研究看起来精致，提出的问题或得出的结论却是常识，是不必要的精致。社会科学研究严重内卷与空转，既无力从经验与实践中汲取研究营养，又不能回馈经验与实践。

当前中国社会科学研究应当在深耕经验的基础上，从土里长出自己的学术议题，然后再分门别类一个问题一个问题地进行深入研究，以真正理解我们这个伟大时代。同时，一个具有对经验的总体把握能力的学者，或具有经验质感的学者，对理论、数据和现象就具备想象力，就容易抓住要害，而不是对所有经验现象进行排列组合。无论如何，通过区域来训练社会科学研究者对经验的总体把握能力或经验质感，是非常重要的甚至最重要的方法。

四、区域方法与中国社会科学研究的大循环

习近平总书记强调要将论文写在祖国大地上，社会科学研究要为中国式现代化建设服务。只有理解当前中国正在进行的伟大的社会主义现代化实践并且可以为中国式现代化实践提供服务，中国社会科学才有前途。中国社会科学不能脱离中国实践，必须要回应实践中的问题，而不能变成抽象的智力游戏。脱离中国实践的社会科学研究是没有前途的，也是走不远的。

中国式现代化建设实践是复杂的、独特的，对中国社会科学研究提出了更高的期待和要求。从实践中提出问题，运用既有理论与方法来解释实践，形成对实践的理论性认识，再回到实践中来，通过实践检验理论，丰富理论和发展理论，从而形成具有中国主体性的社会科学，这样一种社会科学研究的进路，可以称为社会科学研究的大循环，这种大循环不同于以对话式研究为代表的小循环。

社会科学研究的小循环，是指从既有理论中提出问题，通过经验来验证理论的对话式研究。改革开放以来，中国重建社会学、政治学等社会科学，不仅从西方翻译了大量社会科学经典著作，引进了丰富的理论与方法资源，而且从西方引进了社会科学研究的问题意识，或研究的对话对象。尤其是在世纪之交，社会科学界兴起的学术规范化运动，片面强调社会科学研究应与美国接轨，在研究和写作方式上及问题意识来源上都出现了国际化压

倒本土化、国际期刊压倒国内期刊、美国标准压倒中国标准的倾向。更严重的是，随着部分国内权威期刊和部分权威学者倒向以规范化为显著特征的对话式研究，真正回答中国实践中的问题的研究变得边缘化。在某种意义上，中国社会科学研究的主流未经百花齐放、野蛮成长就过早地“低水平成熟”了。许多规范化的对话式研究看起来精致，实则是缺少实践生命力的平庸研究，这种对话式研究无论进行何种精致的包装，都既难以回应中国现实问题，又难以形成理论本身的成长。在大量对话式研究中，中国社会科学自外于中国实践，中国实践成为检验西方理论的经验碎片，最终使得这些研究变成美国社会科学的附庸，这突出地表现在中国的经济学研究中，社会学、政治学学科也正在步其后尘。

与社会科学研究的小循环不同，社会科学研究大循环的目标首先是理解中国实践并服务于中国实践，因此要从实践中提出问题。从实践中提出问题，既离不开有提出问题能力的学者，又离不开正确提出问题的方法。区域比较方法正好可以在这两个方面发挥重要作用。

首先，通过区域训练可以形成有经验质感的学者，这是以大循环为基础的社会科学研究的前提。只有正确地从经验中提出问题，才能将经验纳入有效的学术研究之中。当前学者的学术训练，比较注重理论与方法训练，缺少真正的经验训练，尤其缺少通过区域比较形成经验质感的训练。通过区域比较训练，研究者能够较快地获得经验质感，形成对具体问题的经验感知，并在多点调研中形成对经验的总体把握，进而形成对特定问题的深刻认识。通过这种学术训练方法，可以培养出大量具备经验质感的优秀青年学者，为中国社会科学研究的大循环储备足够多的科研有生力量。

其次，区域方法可以对具体经验进行识别，从而为作为大循环起点的具体经验提供认知条件。社会科学研究的小循环很容易出现对具体经验的全局化，将某些丰富的具体经验当成经验的全部甚至是经验抽象之后的综合，并将其过早地理论化。区域方法可以对每一个具体经验进行定位，保证具体经验的丰富性与复杂性，确保具体经验在区域范围内的深刻性，防止具体经验的片面性。从这个角度看，区域方法为高质量的大循环研究提供了丰富的经验起点和问题意识来源。区域比较方法的独特性在于，通过区域比较可以防止社会科学大循环在经验研究的开始阶段一触即跳，并将分析紧贴经验，充分展现出经验本身的丰富性与复杂性，为后续理论解释提供过硬的经验条件。

与很多自上而下地看问题的研究方法不同，区域方法特别重视自下而上地看问题。每个具体经验都是特殊的，不同区域以及不同时期特殊经验的比较，构成了超出个案的厚重经验，这为一般性的理论思考和自上而下的政策落地提供了广阔的解释空间。区域方法可以打破小循环的局限性，防止从具体经验简单粗暴地直接上升到一般理论。区域方法在理解具体经验时，关心的是经验的内在机制，追问的是经验的内在逻辑，可以最大限度地防止碎片化利用经验的小循环研究，杜绝精致而平庸的学术生产机制。

值得再次提醒的是，在社会科学研究领域，有两类不同的典型经验：一是个案经验或地方经验，二是全国统计数据。地方经验的加总不等于全国经验，同时，全国统计数据很可能会掩盖不同地区内在机制的差异。通过对经验长期的研究，形成对经验区域发生机制的理解，就为认识中国提供了桥梁。或者说，以区域为基础来认识中国，是建立有主体性的中国社会科学不可缺少的途径。

中国式现代化的丰富实践呼唤有主体性的中国社会科学研究高潮的到来。当前中国社会科学的重要任务是通过社会科学研究“经验—理论—经验”的大循环从经验中提出问题、汲取营养，茁壮成长，并通过经验来验证理论、回馈理论、发展理论。这个过程既是培养高水平社会科学学者的方法，又是形成理解中国经验、服务中国式现代化实践的理论的不二选择。

通过区域来训练中国社会科学研究者的经验质感，以及通过区域比较来认识中国实践，都是区域研究极为重要的功能。综上，将区域作为方法有两个层面的内涵：第一个层面是通过区域比较研究提升中国社会科学研究者对复杂中国经验的总体把握能力，以抓住问题的要害、做出一流的研究；第二个层面则是通过区域比较研究来认识中国，避免理论研究和政策执行以点代面、以偏概全。目前，我们正通过东西区域比较，意图澄清当前某些政策的误区乃至学术研究的误区[1]，可以算是区域作为方法的一个尝试。区域方法是向所有的社会科学研究领域敞开的，这无疑需要更多的社会科学研究者走出封闭而精致的小循环研究，加入中国社会科学研究的大循环中来。

① 仇叶．中国土地制度实践的区域差异与改革逻辑．求索，2023（4）.

后　记

一

中国地域广大、历史绵长。自 20 世纪 90 年代开始，我们一直奔走在全国不同地区调研，呼啸着奔向田野。进入田野之前总有自己对田野的想象，进入田野后却总是发现真实的田野与想象有着不小的落差。我们不断依据真实的田野校正自己的想象，从而对全国有了一个较为切实的认识，也意外发现了中国不同地区的差异。

最早发现的区域差异是对“南北中国”的认识。我们发现，依据村庄血缘联结的程度，可以将中国村庄划分为团结型宗族村庄、分裂型小亲族村庄和分散型原子化村庄。宗族村庄是聚族而居形成的村庄，村庄存在强烈的血缘认同并具有一致行动能力；小亲族村庄是指村庄内血缘联结仅限于五服以内，超出五服即不再认为是自己人，也就缺乏认同与一致行动能力；原子化村庄血缘联结比较弱，即使是兄弟之间，也缺乏强有力的认同与一致行动能力，现代规范是调节兄弟关系的主要规则。不同的血缘联结造就了不同的村庄社会结构，村庄社会结构又反过来影响了村庄治理及村民心理与行为模式。村庄社会结构构成了乡村治理的社会基础。

更为有趣的是，村庄社会结构分布具有显著的区域差异，其中宗族村庄主要集中在华南地区，小亲族村庄主要集中在华北地区和西北地区，长江流域和东北地区的大多数村庄则是原子化程度很高的分散型村庄，由此可依据村庄社会结构将中国农村划分为南中北不同区域。2017 年我们将相关研究成果汇编为《南北中国》一书出版了[①]。

二

进入 21 世纪以后，中国经济高速发展，城市化进入快车道，全国农村不分南北普遍出现了“空心化”和老龄化现象，村庄社会结构亦在发生变化。正是在经济高速发展和城市化快速推进的过程中，全国经济发展出现了显著的不平衡，这种不平衡表现在两个方面：一是城乡不平衡，二是区域不平衡。其中区域不平衡的关键是，借出口导向发展战略和加入 WTO 的历史机遇，东部沿海地区经济高速发展，从而形成了不分城乡的东部沿海城市经济带。东部沿海城市经济带不断吸纳全国的资本与人口，越来越发达，越来越繁荣，而中西部广大农村地区人、财、物则不断流出，变得越来越萧条。

东部沿海城市经济带的县域经济从表面看仍属于县的体制，

① 贺雪峰，等．南北中国：中国农村区域差异研究．北京：社会科学文献出版社，2017.

实际上在经济、就业和文化生活上早已城市化了。沿海发达地区城市经济带有着最多的具有强大经济实力的“百强县”，这些“百强县”是沿海城市经济带的内在组成部分，是城市的“脚”。中西部地区县域经济缺乏现代制造业的支撑，其主要服务对象是从事农业生产的农民和在外务工经商的农民工，主要是为农民提供基本公共服务，因此，中西部地区县域经济就是农业、农村和农民的“脑”，其重点应当是服务农民。也就是说，东部地区县域经济的重点是生产性的，而中西部地区县域经济的重点则是服务性的。

东部沿海城市经济带与中西部广大的农业型农村地区存在显著差异，这些差异表现在经济发展、土地制度实践、农业发展、社会结构、生活方式、县域教育、农民收入、婚姻家庭和基层治理的各个方面。东部沿海地区与中西部农业型农村地区不仅在形态上具有显著差异，而且已经形成了相当不同的发展与运行逻辑。可以肯定地说，东部沿海城市经济带的现在并非中西部农业型农村地区的未来。

当前东部沿海城市经济带的发展形成了很多经验，包括“三农”工作的经验。如果将东部沿海城市经济带内的农村理解为城市经济的内在组成部分，东部农村就不可能为中西部农村的发展提供示范，因为中西部大多数农村注定是要随着城市化的进一步推进而更加萧条的。不理解中国农村的东西差异，就既无法理解当前东部沿海农村地区与中西部农村地区农民生产生活的差异，也无法理解政策的区域实践差异，也就可能因此产生理论误会和政策误判。

三

进入21世纪以来，中国东西部地区的差异越来越显著，且越来越重要。我和我们团队同仁一直关注正在发生且正在成形的东西差异，因此有了写作《东西中国》的计划。这个计划在2023年开始实施并很快完成。

《东西中国》是集体智慧的结晶。由我提出《东西中国》写作大纲，然后分工负责，由我们团队的20位作者共同完成，其中每章撰文者为：

第1章（贺雪峰），第2章（卢青青、林辉煌），第3章（仇叶），第4章（陈义媛），第5章（安永军、朱战辉），第6章（焦长权、王伟进），第7章（魏程琳），第8章（杨华），第9章（杜鹏），第10章（雷望红、易卓），第11章（李永萍），第12章（刘燕舞），第13章（夏柱智），第14章（孙敏），第15章（杜姣），第16章（桂华），第17章（贺雪峰）。

撰文者单位如下：

贺雪峰：武汉大学社会学院教授

卢青青：华中师范大学中国农村研究院讲师

林辉煌：华南理工大学公共政策研究院研究员

仇　叶：武汉大学社会学院副教授

陈义媛：中国农业大学人文与发展学院教授

安永军：北京工业大学社会学院副教授

朱战辉：武汉大学新闻与传播学院讲师

焦长权：北京大学马克思主义学院助理教授

王伟进：国务院发展研究中心公共管理与人力资源研究所研究员

魏程琳：同济大学政治与国际关系学院副教授

杨　华：武汉大学社会学院教授

杜　鹏：南开大学社会学院副教授

雷望红：中南大学公共管理学院讲师

易　卓：武汉大学社会学院博士后

李永萍：西北农林科技大学人文社会发展学院教授

刘燕舞：武汉大学社会学院教授

夏柱智：武汉大学社会学院副教授

孙　敏：湖南师范大学历史文化学院副教授

杜　姣：武汉大学政治与公共管理学院副教授

桂　华：武汉大学社会学院教授

全书由贺雪峰统稿。

希望《东西中国》可以推进对中国区域差异的认识，并在理论和实践两方面都有所贡献。

贺雪峰

2024 年 7 月 6 日于武汉大学家中

图书在版编目（CIP）数据

东西中国 / 贺雪峰等著 . -- 北京 : 中国人民大学出版社，2024. 10. -- ISBN 978-7-300-33223-9

Ⅰ. D668

中国国家版本馆 CIP 数据核字第 20242070EJ 号

东西中国

贺雪峰　等　著

Dongxi Zhongguo

出版发行	中国人民大学出版社		
社　　址	北京中关村大街 31 号	**邮政编码**	100080
电　　话	010-62511242（总编室）		010-62511770（质管部）
	010-82501766（邮购部）		010-62514148（门市部）
	010-62515195（发行公司）		010-62515275（盗版举报）
网　　址	http://www.crup.com.cn		
经　　销	新华书店		
印　　刷	北京昌联印刷有限公司		
开　　本	890 mm × 1240 mm　1/32	**版　　次**	2024 年 10 月第 1 版
印　　张	14　插页 2	**印　　次**	2025 年 9 月第 4 次印刷
字　　数	268 000	**定　　价**	69.00 元